노션 N 덕후의 놀라운 꿀팁 아카이브

기본 사용법과 고급 활용법을 넘나드는 마스터 플랜

전소라 지음

노션 N 덕후의 놀라운 꿀팁 아카이브

저자소개

전소라(쉽게 알려주는 소짱)

5년 차 노션 덕후이자 1년에 2,000명에게 노션을 알려주는 노션 강사.
일과 일상을 노션으로 쉽고 재미있게 기록할 수 있도록 돕고 있습니다.

Ⓝ **노션 포트폴리오**   sora.oopy.io
🗨 **블로그**   blog.naver.com/ssora413
▣ **인스타그램**   instagram.com/ssora_is

언제까지 노션을
메모장으로만 쓸 건가요?

》노션 왕초보들이 흔히 겪는 일

노션(Notion)이 좋다는 말은 많이 들었는데 막상 써보려니 어디서부터 해야 할지 몰라 막막한가요? 템플릿이 좋아 보여서 다운로드는 했는데 자신의 워크스페이스로 옮겨오는 법을 몰라 머뭇거렸나요? 겨우겨우 복제는 했는데 딱 만들어진 데까지만 쓰고, 수정도 삭제도 못 한 채 쌓아두고 있진 않나요?

남들은 잘만 쓰는 것 같은데 왜 나는 활용하지 못하는지, 나랑은 맞지 않는다며 노션 창을 닫고 있나요? 저를 찾아온 많은 분이 그러했어요. 이 책을 펼쳐보는 분들도 그런 경험이 있을 거라 생각됩니다. 저 또한 그랬으니까요. 저도 처음에는 노션을 아이콘과 텍스트만 써도 꽤 괜찮은, 아주 예쁜 메모장이라 생각했어요. 어떤 기능이 있는지도 모른 채 그저 회사에서 쓰라고 해서 얼떨결에 시작한 게 저의 첫 노션이었습니다.

심지어 그때는 한국어를 지원하지 않아서 영어로만 써야 했습니다. 회사에서 사용하는 터라 뭔가 잘못 건드리면 안 될 것만 같고, 익숙하게 쓰던 도구들과 달랐기에 힐끔힐끔 눈치를 보았지요. 이미 잘 쓰는 분들을 보며 비교가 되니 갓 입사한 회사에 적응하랴 노션에도 적응하랴 혼자 분주했던 기억이 납니다.

》노션 덕후는 노션을 이렇게 씁니다

그랬던 제가 이제는 자칭 타칭 노션 덕후가 되었습니다. 노션을 쓴 지 올해로 5년, 자의 반 타의 반 계속 활용하다 보니 노션의 참맛을 알아버렸습니다. 그리고 어느 순간부터 노션 없이는 일도, 일상 기록도 못 하는 상태가 되었습니다. 저의 모든 기록은 노션에서 시작해서 노션으로 끝납니다. 무언가 생각이 나면 노션 창부터 켜고 아이디어 페이지를 열어 카테고리로 분류해둔 갤러리 데이터베이스 안에 입력합니다. 그러고는 이전 아이디어와 달라진 점이 있는지 바로 찾아보고 추가합니다.

생각날 때마다 기록을 남기는 아이디어 페이지

각종 모집 및 안내 페이지, 운영 페이지도 모두 노션으로 만들어서 사용하고 있습니다.

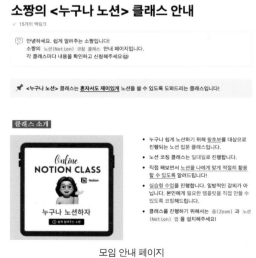

모임 안내 페이지

사업 홈페이지부터 개인 포트폴리오, 심지어 인스타그램 프로필 링크까지 모두 노션으로 만듭니다.

노션 포트폴리오

노션 인스타그램 프로필 링크

무엇보다 회사 밖에서 홀로서기 위해 고군분투한 지난 시간 동안, 그리고 지금까지 매일 아침 노션에 해야 할 일을 적습니다. 그리고 밤에는 내가 나를 고용했다는 마음으로 오늘 하루 무얼 했는지 확인하고, 그게 나의 이번 달 계획과 어떻게 연결되는지를 정리합니다.

802일차

📅 날짜	2023년 10월 6일
✅ Daily report	☑
🧍 스트레칭	☑
📝 블로그 글쓴 갯수	1
☀️ 프로젝트	노션클래스 마빅브 소짱컴퍼니
🔥 활동	휴식 CS 업무 신청 기획 글쓰기
〰️ 컨디션점수	7
↗ 📕 My Book list	📗 모든 삶은 흐른다
↗ 23. 10월 Monthly ...	⬛ 노션 클래스
	🤍 다정한 연구소

데일리 리포트 (1)

그렇게 그날의 컨디션과 감정을 기록하며 하루를 마무리합니다.

데일리 리포트 (2)

이제는 성숙한 노셔너(notioner)가 되어 노션으로 돈도 벌고 있습니다. 꾸준히 노션 코칭, 노션으로 기록하는 모임 운영, 탈잉 노션 튜터링을 하며 네이버 엑스퍼트 노션 전문가로서 기관 및 대학, 기업으로 강의도 다닙니다. 이 외에도 노션 템플릿을 제작해서 판매하거나 제작 의뢰를 받는 등 파이프라인도 여러 갈래로 뻗어나가고 있습니다. 노션으로 할 수 있는 일이 점점 늘어나며 다양한 분야의 사람들과 교류할 수 있게 되었습니다.

》이제 당신도 노셔너가 될 차례!

더 이상 노션을 일부만 사용하거나 협업 도구로만 활용하지 말고, 한 걸음 더 나아가봅시다. 그동안의 튜터링 대상자들만 봐도 대학생부터 60대까지, 연령과 하는 일이 굉장히 다양했습니다. 기업에서 취업 과제로 노션을 활용한 데이터베이스 정리 능력을 요구하기도 하고, 노션 포트폴리오를 제출하면 가점을 주는 경우도 보았습니다. 필수 역량에 노션 활용 능력을 언급하는 곳도 있습니다.

이제는 정말 노션을 쓰고 싶은데 어려워서 망설였던 분들께 이 책이 도움이 되길 바랍니다. '이 기능들만 알면 노션을 더 깔끔하고 센스 있게 쓸 수 있을 텐데 아쉽고 안타깝다.'라는 생각을 가지고 열심히 준비했습니다. 일대일로 100여 분을 만나고 강의로는 2,000여 명 이상을 만나면서 반복하여 알려드리던 내용을 이제는 이 책 한 권으로 끝내려고 합니다.

노션을 메모장 이상으로 쓰고 싶다면, 깔끔하고 센스 있게 노션을 활용하고 싶다면 이 책에 등장하는 실습을 따라 해보며 관련된 기능을 꼭 내 것으로 만들길 바랍니다.

》꿀팁 자료가 담긴 노션 페이지 복제하기

이 책에서 소개하는 [따라 만들기]와 수식 및 외부 사이트 등을 정리한 링크입니다. 노션에 로그인한 후 아래 URL에 직접 접속하거나 스마트폰 카메라로 QR 코드를 찍어 확인해보세요.

– 독자 제공 노션 자료: m.site.naver.com/1fCVA

이제 해당 페이지를 복제해둡시다. 화면 오른쪽 상단에 있는 복제 버튼(🗐)을 클릭합니다.

모바일에서는 [···] 버튼을 클릭한 후 [페이지 복제]를 클릭합니다.

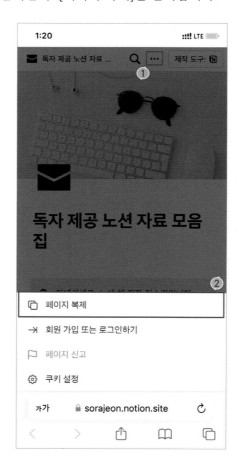

그러면 해당 페이지가 내 계정의 노션 워크스페이스로 복제됩니다. 제공된 노션 페이지를 이 책과 함께 보면 좀 더 쉽게 학습할 수 있을 것입니다.

목차

저자 소개   II

Intro 언제까지 노션을 메모장으로만 쓸 건가요?   III

PART 01

노션 시작하기   1

STEP 01 **노션 제대로 시작하는 법**   2

  1 잠깐, 시작 전에 세팅부터 점검하고 갈게요   2

  2 님아, 노션 페이지 그냥 만들지 마오   3

  3 폴더 정리하듯 하나로 모으세요   6

  4 노션 용어 익히기   8

STEP 02 **꿀팁 대방출 – 기본 블록 편**   12

  1 노션의 시작은 페이지에서부터   12

    》[따라 하기] 새 페이지 만들기

  2 제일 많이 쓰는 노션 단축키 알고 갑시다   20

    》[따라 하기] 기본 블록 만들기

  3 콜아웃 줄 바꿈 못 해본 사람 손 들어보세요   22

    》[따라 하기] 콜아웃 블록 만들기

  4 블록 나누기도 손쉽게   27

    》[따라 하기] 블록 열 나누기

  5 내 노션 페이지는 200평이야   30

STEP 03 **꿀팁 대방출 – 텍스트 블록 편**   32

  1 이제 회색 바탕에 빨간 글씨가 뭐냐고 묻지 마세요   32

    》[따라 하기] 코드로 표시와 텍스트 편집하기

  2 배경색은 한 끗 차이   34

    》[따라 하기] 글자색과 배경색 설정하기

  3 텍스트 크기는 더도 말고 덜도 말고 딱 4개   39

》[따라 하기] 제목 블록 활용하기

4 글 정렬 탭 하나로 완성하세요   42

5 텍스트 스타일도 느낌 있게   44

》[따라 하기] 텍스트 스타일 바꾸기

STEP 04 **따라 만들기**   **48**

예시 페이지 1 - 셀프 인터뷰 페이지   48

예시 페이지 2 - 주간 회고 페이지   55

예시 페이지 3 - 일 경험 페이지   62

PART 02

노션과 친해지기   71

STEP 01 **꿀팁 대방출 – 미디어 블록 편**   **72**

1 미디어 블록은 이미지부터   72

2 링크도 그냥 넣지 않지   74

》[따라 하기] 북마크로 링크 추가하기

》[따라 하기] 임베드로 링크 추가하기

3 동영상 임베드하기   78

4 노션에 파일 한 숟가락 얹기   81

》[따라 하기] 파일 업로드 & 임베드하기

STEP 02 **꿀팁 대방출 – 고급 블록 편**   **88**

1 목차도 원샷 원킬   88

》[따라 하기] 목차 만들기

2 좌표만 찍으면 순간 이동 완성   91

3 한 번에 동기화하는 매직   94

4 클릭 한 번으로 완성하는 버튼   100

》[따라 하기] 루틴 버튼 만들기

목차

STEP 03 꿀팁 대방출 - 워크스페이스 세팅 편   **108**

  1 워크스페이스도 도메인도 나답게   108

  2 한 계정 여러 워크스페이스   110

  3 꼭 한 계정만 쓰란 법은 없다   117

  4 무료 업그레이드 혜택 야무지게 챙기기   119

  5 여럿이서 쓰면 더 재미있는 노션   122

STEP 04 따라 만들기   **131**

  예시 페이지 1 - 생일 파티 초대 페이지   131

  예시 페이지 2 - 덕질 페이지   142

  예시 페이지 3 - 프로젝트 페이지   149

  예시 페이지 4 - 회의록 페이지   157

PART 03

노션의 핵심, 데이터베이스   **165**

STEP 01 꿀팁 대방출 - 데이터베이스 1편   **166**

  1 1분 안에 데이터베이스 훑고 갑시다   166

  2 인라인과 전체 페이지를 알고 있나요?   172

    》[따라 하기] 데이터베이스 표 만들기

  3 이 중에 하나쯤은 필요한 게 있겠지, 데이터베이스 속성   178

    》[따라 하기] 기본 속성 추가하기

    》[따라 하기] 관계형과 롤업 속성 추가하기

STEP 02 꿀팁 대방출 - 데이터베이스 2편   **208**

  1 점 3개를 알면 노션 성공 시대가 열린다!   208

    》[따라 하기] 갤러리 속성 추가 및 표시하기

  2 디테일이 노션을 빛나게 한다!   216

    》[따라 하기] 갤러리 레이아웃 설정 바꾸기

3 이렇게도 보고 저렇게도 보고　　226

4 필터로 차렷, 정렬로 열중쉬엇　　230

　》[따라 하기] 필터와 정렬 사용하기

5 너와 나의 연결고리, 하위 항목과 종속성　　239

STEP 03 꿀팁 대방출 – 데이터베이스 3편　　**246**

1 링크된 데이터베이스 보기 생성을 안다면 당신은
노션 중수 이상!　　246

2 이게 변신 로봇이야 노션이야?　　252

3 설마 매번 복붙해서 쓰나요?　　258

　》[따라 하기] 회의록 템플릿으로 만들기

4 데이터베이스에서도 버튼 활용하기　　266

　》[따라 하기] 데이터베이스에 버튼 연결하기

5 수식을 알면 열리는 노션 신세계　　273

STEP 04 따라 만들기　　**282**

예시 페이지 1 - 일정 및 할 일 관리 페이지　　282

예시 페이지 2 - 데일리 리포트 페이지　　297

예시 페이지 3 - 새해 목표 & 분기별 계획 페이지　　318

예시 페이지 4 - 소비 일지 페이지　　332

PART 04

노션 레벨 업!　　**347**

STEP 01 노션 AI 시대의 시작　　**348**

1 챗GPT보다 유용한 노션 AI　　348

2 노션 AI로 부스터 달기　　351

3 챗GPT랑 노션 함께 쓰는 방법　　361

목차

STEP 02 알아두면 쓸모 있는 노션 꿀팁들   **369**

   1 링크 공유할 때 나만 불안한가요?   369

   2 기록과 복원으로 페이지 안전 관리 완료!   374

   3 내 페이지 누가 얼마나 봤을까?   378

   4 노션으로 가져오기 & 노션에서 내보내기   383

   5 페이지 사용자 지정과 잠금 기능   389

STEP 03 내 노션에 날개 달기   **392**

   1 전 세계 노션 템플릿을 구경하고 싶다면   392

   2 노션을 웹사이트처럼 쓰려면 우피를 활용하세요   393

   3 웹 클리핑 기능으로 편하게 아카이빙합시다   394

   4 위젯으로 노꾸 업그레이드하기   397

   5 노션도 퍼스널 컬러 전성시대   399

   6 그래프와 차트도 뚝딱!   402

STEP 04 캘린더의 끝판왕, 노션 캘린더   **408**

   1 노션 캘린더 시작하기   408

   2 노션 캘린더 5단계 기본 설정하기   412

   3 구글 캘린더와의 차이점   418

   4 노션 데이터베이스와 연동하기   420

   5 협업 일정을 잡는 첫 번째 방법: 가능 여부 공유   422

   6 협업 일정을 잡는 두 번째 방법: 빠른 회의   425

   7 메뉴표시줄에서도 일정 확인하기   426

   8 데이터베이스 보기와 필터로 일정 골라오기   428

Outro 나를 돕는 스마트 도구, 노션   433

Index   434

PART 01

노션
시작하기

STEP 01 노션 제대로 시작하는 법

STEP 02 꿀팁 대방출 – 기본 블록 편

STEP 03 꿀팁 대방출 – 텍스트 블록 편

STEP 04 따라 만들기
　　　　　　예시 페이지 1 – 셀프 인터뷰 페이지
　　　　　　예시 페이지 2 – 주간 회고 페이지
　　　　　　예시 페이지 3 – 일 경험 페이지

STEP 01 노션 제대로 시작하는 법

1. 잠깐, 시작 전에 세팅부터 점검하고 갈게요

노션(Notion)을 제대로 써보겠다는 마음에 야심 차게 노션 가입까지 완료했다면 노션을 시작할 때 알아두면 좋은 점을 알려드릴게요. 특히 놓치기 쉬운 노션 세팅부터 점검하고 가봅시다.

》노션 프로그램 설치

혹시 인터넷 창으로만 노션을 사용하셨나요? 노션도 데스크톱(desktop) 버전으로 다운로드하여 사용할 수 있습니다. 데스크톱을 비롯해 모바일, 태블릿에 노션 앱을 설치해서 사용하는 것을 추천합니다. 훨씬 빠르고 쾌적하게 사용할 수 있으며 탭 사용도 편리하고 좋답니다. 맥(Mac), 윈도우(Windows) 버전 모두 설치가 가능합니다. 노션 홈페이지에서 자신이 쓰는 운영 체제에 맞게 다운로드해보세요.

- 노션 데스크톱 앱 다운로드: notion.so/ko-kr/desktop

》언어 설정 확인하기

노션은 2020년 8월 다행히도 한국어가 제공되기 시작했습니다. 그런데 가끔 여전히 노션이 영어로 되어 있다는 분들을 만나곤 합니다. 혹시 그렇다면 언어 설정부터 확인하고 시작하도록 해요.

노션 페이지 왼쪽에서 [설정과 멤버]를 클릭합니다.

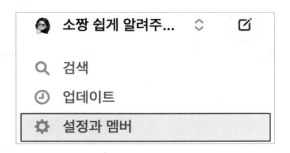

[언어와 지역]에서 언어를 바꿀 수 있습니다.

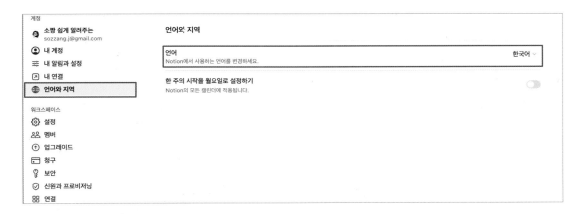

2. 님아, 노션 페이지 그냥 만들지 마오

노션을 시작할 때 가장 흔히 저지르는 실수는 바로 페이지(page)부터 만드는 것입니다. 노션에서 페이지는 가장 기본이 되는 밑바탕입니다. 이때 페이지를 어떻게, 왜 만들어야 하는지에 대한 생각 없이 바로 페이지부터 만드는 건 마치 도면 없이 집을 짓겠다고 무작정 시멘트부터 붓는 것과 같습니다. 건축 도면 없이 집을 지으면 어떤 일이 일어날까요? 기초 공사도 되지 않고 무작정 손 가는 대로 짓다가 제대로 된 집을 완성할 수 없겠죠.

노션도 마찬가지입니다. 내가 페이지를 어떻게 구성하고 왜 사용하며, 얼마나 자주 사용할지 등 기본적인 계획을 정리하지 않고 만들면 제대로 활용할 수 없습니다. 몇 번은 끄적이다 노션이 잘 안 맞는다고 생각하며 사용하지 않을 가능성이 무척 높습니다.

》노션 시작하는 방법

노션을 제대로 시작하고 싶다면 목적과 방향, 구체적인 기록 내용 등에 대해 꼭 생각해보고 만들어야 합니다. 만들고 싶은 페이지는 무엇인지, 무슨 내용을 어떤 방식으로 기록하고 싶은지, 원하는 배치나 구성이 있는지 등 가볍게 밑그림을 그리듯 생각해보세요. 다음과 같이 원하는 바를 적어본 후 노션 페이지를 제작하면 스스로에게 더욱 잘 맞고 깔끔하게 노션을 쓸 수 있을 것입니다.

노션 페이지 구성

응원하는 문장

프로젝트별 페이지
- 프로젝트 1,2,3
- 프로젝트별 타임라인

전체 캘린더
- 일정 분류
(업무 프로젝트/개인 일정)
- 진행 상태 표시
- 관련 페이지 연결

개인용 페이지
- 독서기록
- 일기장
- 가계부

노션 페이지 구성 예시

예를 들어 일정 관리 페이지를 만든다고 할 때 사람마다 생각하는 일정 관리 페이지의 모습이 다릅니다. 누군가는 다음과 같이 캘린더로 스케줄 정리 페이지를 만들고 싶어 합니다.

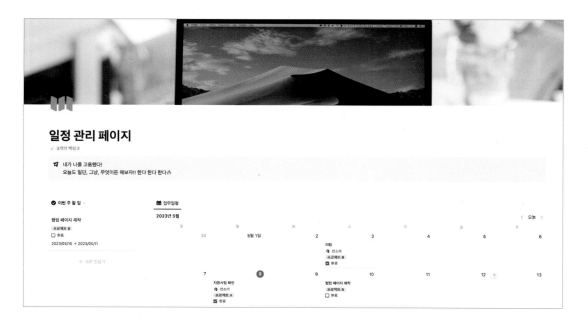

누군가는 요일별로 해야 할 일을 정리할 페이지를 만들고 싶어 하기도 하며, 또 누군가는 매일의 일기를 기록할 페이지를 만들고 싶어 하기도 합니다.

나는 어떤지 생각해보고 무엇을, 왜, 얼마나 자주 쓰고 싶은지 점검한 후에 페이지를 만드세요. 그렇게 만들면 실패 없이 차근차근 노션을 쓸 수 있을 것입니다.

3. 폴더 정리하듯 하나로 모으세요

노션을 계속 쓰다 보면 페이지가 늘어가는 건 아주 당연합니다. 그런데 이때 노션을 잘 쓰는 고수들은 상위 페이지를 활용합니다. 하나의 페이지에 한 가지 내용만 담는 게 아니라 상위 페이지 하나에 하위 페이지들을 모아서 쓰는 것입니다. 마치 컴퓨터 폴더를 정리하듯이 말이죠.

》 상위 페이지 활용하기

한 번 페이지를 만들고 끝이 아니라 앞으로 계속 쓸 것에 대해서도 생각해야 합니다. 차곡차곡 페이지를 쌓아간다는 생각으로 만들어보세요. 한 달, 1년, 2년, 3년 그 이상 내가 기록한 내용이 쌓여갈 것을 고려해 기본 토대가 되는 페이지를 만들기를 추천합니다.

예를 들어 독서 기록 페이지를 만든다고 합시다. 어떻게 페이지를 만드는 게 좋을까요? 책별로 페이지를 만들되 기본 페이지인 상위 페이지를 만들고 그 안에 책별로 페이지를 만든다면 훨씬 깔끔하게 정리될 것입니다.

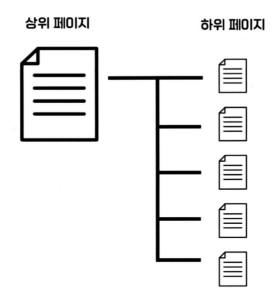

상위 페이지   하위 페이지

다음은 실제 사용 중인 독서 기록 페이지입니다. '소짱이 책장'이라는 상위 페이지 안에 책별로 페이지가 정리된 내용을 보면 이해하기 쉬울 거예요.

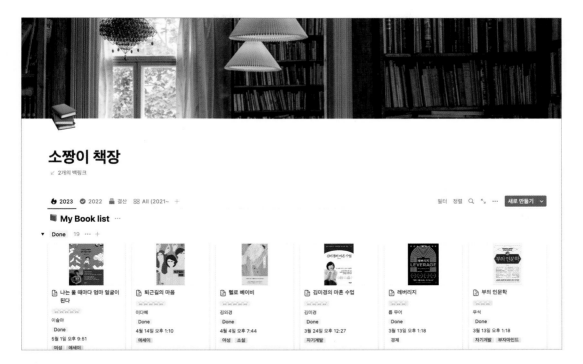

또, 하나의 페이지를 연도별로 구분하는 방식이 해가 거듭될 때마다 같은 페이지를 새로 만드는 것보다 효율적입니다. 다음의 페이지처럼 말이죠. 2021년에 처음 만들어서 2022년, 2023년 3년째 계속 사용하고 있어요. 기본 토대를 잘 만들어두면 이렇게 오래오래 편하게 쓸 수 있답니다.

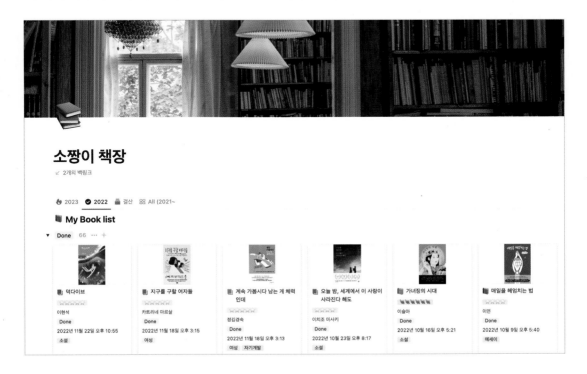

4. 노션 용어 익히기

이제 노션을 본격 시작하기 전, 마지막으로 소개할 내용은 바로 노션 용어들입니다. 노션에서만 사용되는 용어들이 있어요. 생소하기도 해서 가끔 이 용어들이 무엇을 의미하는지 갸우뚱할 수 있어요. 그다지 어렵지 않은 용어들이니 이 기회에 함께 살펴보고 갑시다.

》 블록

블록(block)은 노션에서 사용하는 기능들을 의미합니다. 쉽게 생각해서 노션에서의 한 줄, 한 칸이 바로 한 블록이라 여기면 됩니다.

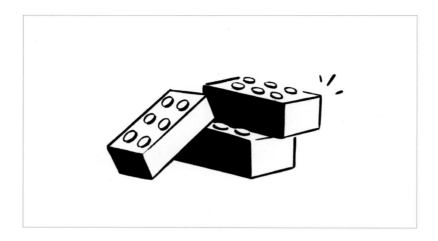

글뿐만 아니라 노션에 입력하는 이미지, 영상, 파일 등 모든 것이 블록에 해당합니다. 기본 블록, 텍스트 블록, 이미지 블록이라고 부릅니다.

노션 페이지는 블록을 원하는 대로 쌓아올려 완성하는 형태입니다. 마치 블록 놀이를 하듯이 블록을 자유자재로 옮기고 쌓을 수 있어요. 위아래로 쌓을 뿐 아니라 다음과 같이 좌우로도 쌓을 수 있습니다.

드래그해서 옮기기

겉으로 보기에는 그냥 페이지에 입력된 것처럼 보이지만 하나씩 살펴보면 각각의 블록이 쌓인 형태로 이뤄져 있습니다.

노션을 쉽게 알려주는 사람, 전소라

노션 강사 전소라 • Sora Jeon

↙ 8개의 백링크

┃ 안녕하세요. 노션을 쉽게 알려주는 사람, 전소라입니다.
제 소개 페이지에 와주신 여러분을 환영합니다:-)   **콜아웃 블록**

   ☺ 노션 강사이자 컨설턴트, 코치로 활동하는 전소라입니다.
개인과 기업, 학교, 기관에 필요한 맞춤형 강의 및 코칭을 진행
이미지 블록   합니다.   **콜아웃 블록**

저는 한 사람의 변화가 세상을 바꾼다는 믿음으로 교육합니다.

현재는 내 일은 내가 만든다는 마음으로,
회사 밖에서 나만의 일을 만들어가고 있습니다.

contact@dajeonghan.kr
텍스트 블록   Blog | Instagram | Talk   교육의 본질은 쉽게 알려주는 것이라 생각합니다.   **제목3 블록**
누군가의 성장을 돕는 일에 보람을 느끼며 교육합니다.

이렇듯 노션은 원하는 대로 블록을 배치해서 활용할 수 있는 재미있는 도구입니다.

》워크스페이스

워크스페이스(workspace)란 각 사람에게 주어지는 노션 계정 공간을 의미합니다. 누구나 노션에 가입하면 워크스페이스가 주어집니다. 나만의 노션 공간이라 생각하면 좋습니다. 보통 가입하면 'OO의 노션'이라고 뜹니다. 개인별, 팀별, 프로젝트별 워크스페이스로 구분해서 사용할 수 있습니다.

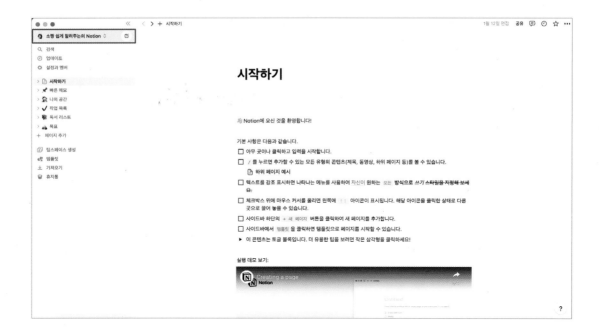

》 사이드바

사이드바(side-bar)는 노션 페이지 왼쪽에 있는 안내 공간을 의미합니다. 노션 워크스페이스 전반에 설정할 수 있는 기능이 있고 페이지 목록, 템플릿, 가져오기, 휴지통 등 기본적인 안내 표시가 있습니다. 마치 노션의 제어판이자 설정하는 공간으로 이해하면 좋습니다.

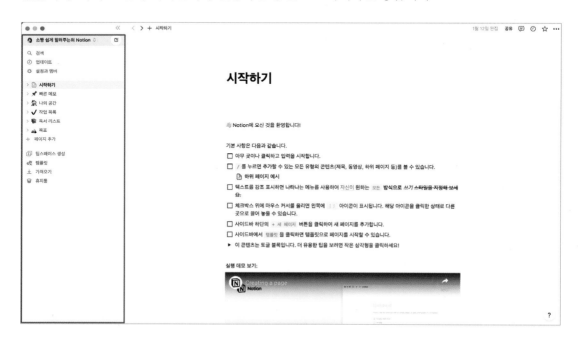

》데이터베이스

데이터베이스(databases)란 노션에서 제공하는 문서 포맷이자 페이지를 모아 정리할 수 있는 방식을 의미합니다. 노션은 사용하는 사람이 무얼 필요로 하는지 잘 아는 똑똑한 프로그램입니다. 문서 작업으로 할 수 있는 모든 틀을 제공해줍니다.

표(table), 보드(board), 리스트(list), 캘린더(calendar), 갤러리(gallery), 타임라인(timeline) 여섯 가지 데이터베이스가 있습니다. 자세한 내용은 'Part 03 노션의 핵심, 데이터베이스'에서 다루겠습니다. 지금은 노션에서 사용할 수 있는 기본 포맷이 있다는 정도로 이해하고 넘어가도 좋습니다.

꿀팁 대방출 – 기본 블록 편

1. 노션의 시작은 페이지에서부터

이제 본격 노션을 시작해 봅시다. 페이지를 만드는 것부터 시작입니다. 한글이나 워드에서 작업을 시작할 때 새 문서가 열리고, 엑셀(Excel)에서는 새 시트(sheet)가 열리듯이 노션에서는 새 페이지가 기본으로 열립니다. 빈 도화지 위에 밑그림을 그리듯 노션의 빈 페이지에 밑그림을 그려보도록 합시다. 첫 시작인 페이지를 만들어봅시다.

》페이지 만들기

사이드바에서 [+ 새 페이지] 버튼 또는 개인 페이지에 [+] 버튼을 클릭하면 페이지가 추가됩니다. 노션은 새 페이지를 추가할 때마다 다음과 같은 화면이 나타납니다. 이때 <Enter>를 누르거나 [빈 페이지]를 클릭한 후 페이지에 내용을 입력합니다.

페이지 안에 페이지를 추가할 때는 </> 키를 눌러서 만듭니다.

또는 빈 블록 왼쪽에 있는 [+] 버튼을 클릭하여 페이지를 생성합니다.

》페이지 꾸미기

페이지 제목 위에 마우스 커서를 올리면 [아이콘 추가], [커버 추가], [댓글 추가] 버튼이 생깁니다. 나만의 노션 페이지를 꾸미고 싶을 때 활용하면 좋은 기능입니다. 마치 다이어리 꾸미기를 하는 다꾸처럼 노션 페이지를 꾸미는 노꾸(노션 꾸미기)의 세계로 여러분을 초대합니다.

》 아이콘 종류 살펴보기

아이콘은 이모지(emoji), 아이콘(icon), 사용자 지정 총 세 가지 종류가 있습니다.

- **이모지**: 이모지는 사용하는 컴퓨터 운영 체제에 따라 모양이 조금 다를 수 있어요. 원하는 종류를 선택 하거나 검색해서 찾아 사용할 수 있습니다.

- **아이콘**: 아이콘은 단순한 모양과 색상이라 더욱 깔끔하게 쓰기 좋습니다.

약 800개 이상이 제공되며 색상도 열 가지로 바꿔서 쓸 수 있어요.

- **사용자 지정**: 사용자 지정은 내가 갖고 있는 그림을 업로드해서 사용할 수 있는 기능입니다. 말 그대로 자신만의 맞춤형 아이콘을 넣는 거죠.

다음과 같이 취향대로 꾸밀 수 있습니다.

잠깐!

아이콘 이미지의 크기는 280x280픽셀(pixel)을 권장합니다.

》커버 추가하기

아이콘도 추가했다면 그다음은 커버(cover)를 추가할 차례입니다. 다이어리 꾸미기에 버금가는 노션 페이지 꾸미기를 해봅시다. 커버를 추가하는 방법도 세 가지가 있습니다.

- **갤러리**: 노션에서 제공되는 이미지를 추가하는 것으로 처음에는 무작위로 추가됩니다. 갤러리 내에서 원하는 다른 이미지로 바꿀 수 있습니다.

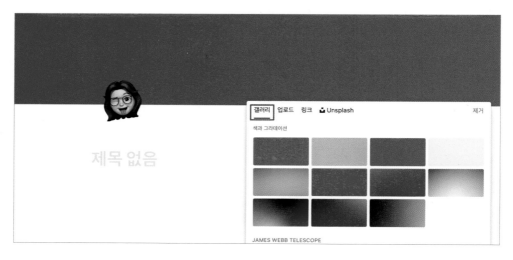

- **업로드**: 내가 가진 이미지 파일을 추가하는 것으로 나만의 특색 있는 노션 페이지를 만들고 싶을 때 활용합니다.

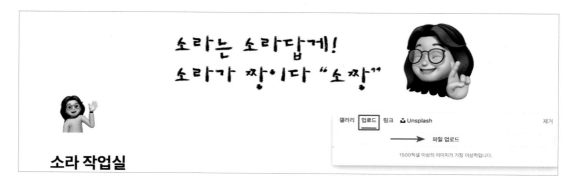

잠깐!

커버 이미지 크기는 노션 창 크기에 따라 자동으로 달라지기 때문에 딱 정해져 있지는 않아요. 다만 가로가 1,500픽셀(pixel) 이상인 이미지를 추천합니다. 1,500x400 정도 크기면 적절하게 맞습니다.

- Unsplash: 무료 이미지 사이트인 언스플래시에서 키워드를 검색해서 추가하는 방법입니다. 키워드는 영어로 검색해야 합니다.

》[따라 하기] 새 페이지 만들기

새 페이지를 만들고 페이지에 제목, 아이콘과 커버를 추가해보세요. 그리고 앞으로 노션을 어떻게 쓰고 싶은지 노션으로 만들고 싶은 페이지들을 적어봅시다.

1　사이드바에서 [새 페이지 추가] 또는 [+] 버튼을 클릭해서 새 페이지를 만듭니다.

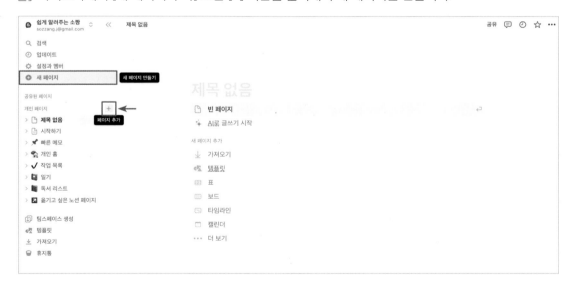

2 페이지 제목을 입력하고 [아이콘 추가] 버튼을 클릭합니다.

3 [아이콘] 탭에서 마음에 드는 것을 선택합니다. 원하는 모양과 색상을 선택합니다.

4 이번에는 페이지에 어울릴 만한 커버 이미지를 찾기 위해 [커버 추가] 버튼을 클릭합니다.

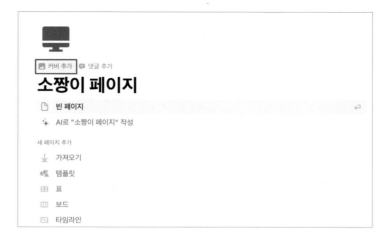

5 랜덤으로 정해지는 커버 이미지가 마음에 들지 않는다면 [커버 변경]을 클릭합니다.

6 더욱 다양한 커버 이미지를 찾고 싶다면 [Unsplash] 탭에서 검색해보세요.

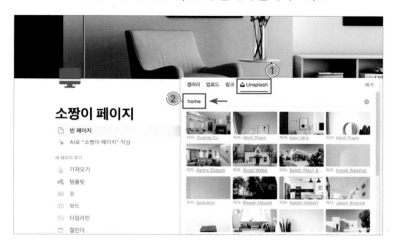

7 이제 페이지 꾸미기도 끝났으니 페이지를 입력해봅시다. 앞으로 노션으로 만들고 싶은 페이지 주제들을 적어봅시다.

이제 이 페이지를 기억하고 하나둘 차근차근 만들어가요. 이 책을 덮을 때쯤에는 여러분의 노션 워크스페이스에 페이지들로 가득 채워져 있기를 기대해봅니다.

2. 제일 많이 쓰는 노션 단축키 알고 갑시다

이미 업무와 작업을 하며 익히 쓰는 단축키들이 많이 있을 것입니다. 노션에서도 사용하는 단축키가 정말 많습니다. 처음에는 쉽게 익힐 수 있는 단축키부터 사용하길 추천합니다.

》노션 단축키로 살펴보는 기본 블록

자주 사용하는 기본 블록들 단축키부터 살펴보도록 합시다. 가장 많이 사용하고 알아두면 좋은 기본 블록들입니다.

- 글머리 기호
- □ 할 일 목록
- ▶ 토글
  │ 인용

  구분선

  🗣 콜아웃

노션에 적용된 기본 블록을 살펴보았습니다. 이제는 기본 블록들의 단축키를 다음 표로 살펴보겠습니다.

블록 이름	사용 방법	단축키
글머리 기호	문장을 구분해주는 표시 기호	<-> + <Space>
할 일 목록	할 일 여부를 표시하기 쉬운 체크박스	<[> + <]> + <Space>
토글	입력한 내용을 여닫을 수 있게 하는 기능	<>> + <Space>
인용	문장을 인용하는 표시 부호이자 문서 정렬할 때 사용	<"> + <Space>
구분선	블록 간 구분을 표시	<-> 3번 누르기
콜아웃	노션의 포스트잇과 같은 기능으로 강조하거나 메모할 때 사용	'/콜아웃'

다음은 노션 페이지에서 정리한 기본 블록 단축키입니다. 각 단축키 모양은 실제 노션에서 적용되는 모양과 닮았습니다. 다음 그림을 살펴보며 단축키를 익혀봅시다.

노션에서 무언가 만들고 싶다면 : /

만들고 싶은 블록 불러오기 : / + 블록 이름

● 글머리 기호 : - , + , * 누르고 스페이스

☐ 할 일 목록 : [ ] + 스페이스

구분선 : - 연달아 3번 누르면 자동 생성

▶ 토글 : > + 스페이스

┃ 인용 : " + 스페이스

노션에서 무언가를 불러오고 싶다면 : @
● @ + 페이지 → 페이지 불러오기
● @ + 사람 → 사람 불러오기
● @ + 날짜 → 리마인더(알람 기능)

나머지 <Command>, <Control> 단축키는 일반 컴퓨터 단축키와 동일합니다. 예를 들어 우리가 복사와 붙여 넣기 할 때 쓰는 단축키 <Ctrl> + <C>, <Ctrl> + <V>도 동일하게 적용됩니다. 평소에 다른 문서 프로그램이나 컴퓨터를 쓸 때 자주 사용하던 단축키들이 있다면 한번 사용해보세요. 생산성을 높여 작업이 한결 더 빨라질 것입니다.

》[따라 하기] 기본 블록 만들기

앞서 소개한 기본 블록을 순서대로 만들어볼까요? 글머리 기호부터 할 일 목록, 토글, 인용, 구분선, 콜아웃까지 하나씩 만들어봅시다. 단축키까지 사용해본다면 더욱 쉽고 빠르게 익힐 수 있습니다.

1 '/'를 입력하고 하나씩 기본 블록 이름을 검색해서 추가해봅시다.

- 글머리 기호
  ● 리스트
[] 할 일 목록
☐ 할 일
> 토글
  ▶ 토글
" 인용
┃ 비어 있는 인용
— 구분선

/콜아웃

🔥 기본 블록 정복하기

3. 콜아웃 줄 바꿈 못 해본 사람 손 들어보세요

》노션의 포스트잇, 콜아웃

평소 포스트잇(post-it)을 자주 사용하나요? 업무에서나 일상에서 무언가 메모하거나 중요한 내용을 전달할 때 종종 사용합니다. 노션에서도 포스트잇과 같이 활용할 수 있는 기본 블록이 있습니다. 콜아웃(call-out) 블록입니다.

🌱 콜아웃 블록

》콜아웃 줄 바꾸기

콜아웃에서 줄 바꿈을 하지 못해 하염없이 작성한 적이 있지 않나요? 콜아웃에서 내용을 입력하고 평소 줄 바꾸던 때처럼 <Enter>를 입력하면 콜아웃 밖으로 커서가 옮겨집니다. 그럴 때는 당황하지 말고 <Shift> + <Enter>를 함께 누르면 콜아웃 블록이 길어집니다.

🌱 콜아웃 블록

시프트 + 엔터를 눌러주세요!

바로 이렇게요!

》콜아웃 아이콘 변경하기

콜아웃을 조금 더 활용할 수 있는 꿀팁으로 콜아웃 블록에서도 아이콘 변경이 가능합니다. 콜아웃을 만들면 자동으로 아이콘이 생성되는데 왼쪽에 있는 [아이콘] 버튼을 클릭하면 변경할 수 있는 창이 열립니다.

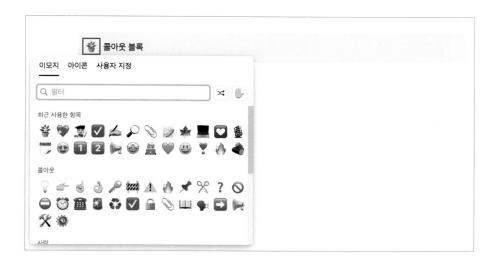

》콜아웃 색상 변경하기

이뿐만 아니라 콜아웃의 배경 색상과 글자 색상을 바꿀 수도 있습니다. 콜아웃 블록 왼쪽에 있는
메뉴 버튼(⠿)을 클릭해 [색]을 선택합니다.

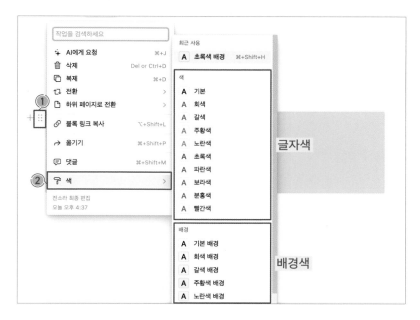

콜아웃 글자색을 활용하면 배경색 없이 글자색만 넣을 수 있습니다.

또는 배경색을 넣을 수도 있습니다. 각자 취향대로 페이지 스타일에 맞춰 콜아웃 블록도 꾸며봅시다.

》[따라 하기] 콜아웃 블록 만들기

콜아웃 만드는 방법부터 콜아웃 늘리기, 아이콘, 배경색 바꾸는 것까지 하나씩 따라 만들어봅시다.

1️⃣ '/콜아웃'을 입력하고 콜아웃 블록을 클릭합니다.

2️⃣ 콜아웃 아이콘을 바꿔봅시다. 아이콘을 클릭하고 [이모지], [아이콘], [사용자 지정] 중 원하는 것을 선택합니다.

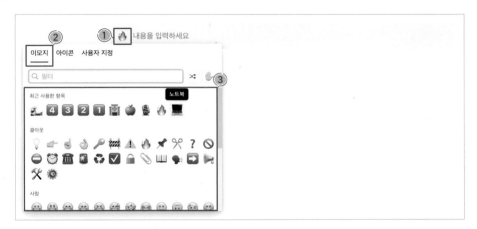

3️⃣ 이번에는 콜아웃 글자색을 바꿔봅시다. 콜아웃 왼쪽 메뉴 버튼(⠿)을 클릭합니다.

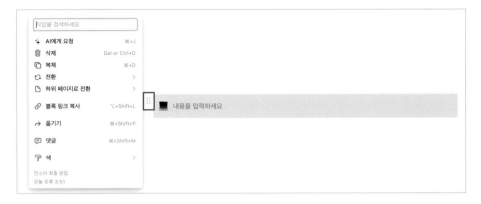

4 [색]을 클릭하고 글자색을 선택합니다.

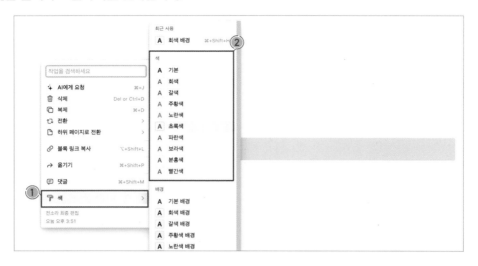

5 글자색만 선택할 시에 콜아웃 배경은 투명합니다.

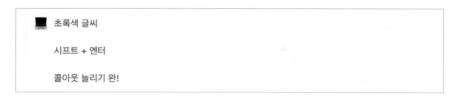

6 이번에는 콜아웃 늘리기를 해봅시다. <Shift> + <Enter>로 칸을 늘린 후 배경색을 바꿔봅시다. 콜아웃 블록 왼쪽 메뉴 버튼(⠿)을 클릭한 후 [색]에서 배경색을 선택합니다.

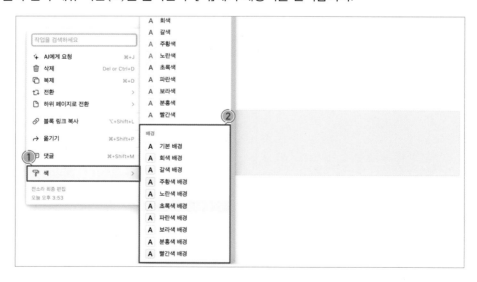

7 초록색 배경으로 바뀌었습니다.

> 🖥 초록색 글씨
>
> 시프트 + 엔터
>
> 콜아웃 늘리기 완!

이 네 가지를 한 번씩만 해봐도 콜아웃 마스터가 될 수 있답니다. 이제 언제 어디서나 원하는 콜아웃 블록을 손쉽게 만듭시다.

4. 블록 나누기도 손쉽게

노션은 마치 블록 놀이와 같다고 했습니다. 그렇기에 블록을 나누는 방법은 필수로 알아둬야 하는 기능입니다. 블록을 나누는 데에는 두 가지 방법이 있어서 하나씩 소개하겠습니다.

》블록 나누는 첫 번째 방법: 블록 옮기기

노션에서 입력하는 모든 블록 왼쪽에는 항상 표시되는 버튼이 있어요. 바로 [+], 메뉴 버튼(⠿)입니다.

> ＋ ⠿ AI 기능은 '스페이스 키', 명령어는 '/' 입력

이 중 메뉴 버튼(⠿)은 블록에 대한 설정을 바꿀 수 있고 블록을 원하는 위치로 옮길 수도 있는 버튼입니다. 메뉴 버튼(⠿)을 클릭한 채로 블록을 이동할 수 있습니다. 특히 블록의 배치를 바꿀 때는 꼭 하늘색 선으로 표시되는 위치를 확인하고 옮겨야 합니다.

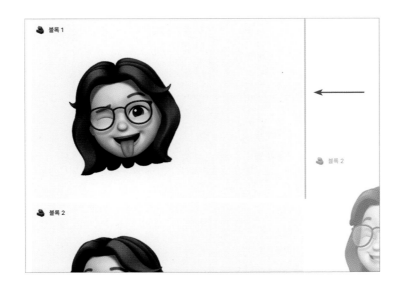

기준선이 되는 하늘색 선을 따라 옮기면 다음과 같이 이미지 블록이 나란히 배치됩니다.

》블록 나누는 두 번째 방법: 열 나누기

직접 옮기는 방법도 있지만 한꺼번에 여러 개 열로 나누고 싶다면 이 방법을 이용하세요. 빈 페이지에서 '/열'을 입력하면, 고급 블록에 있는 [OO개의 열]이 보입니다. 2개 열부터 5개 열까지 원하는 만큼 블록 열을 나눌 수 있습니다. 페이지를 만들 때부터 미리 열 블록을 활용한다면 더욱 편리하게 블록을 배치할 수 있답니다.

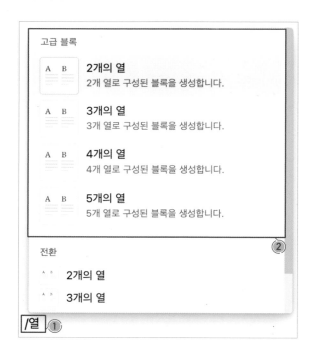

》[따라 하기] 블록 열 나누기

블록 열을 마우스 또는 키보드로 나누어봅시다.

1️⃣ 먼저 마우스로 열을 나누는 방법입니다. 블록 왼쪽 메뉴 버튼(⠿)을 클릭한 채로 왼쪽 또는 오른쪽으로 끌고갑니다.

2️⃣ │ 하늘색 선이 보이면 마우스 클릭을 멈춥니다.

3️⃣ 이제 2개의 열로 나뉜 블록을 확인해봅시다.

4️⃣ 이번에는 키보드로 나눠봅시다. '/열'을 입력하고 원하는 열을 선택합니다.

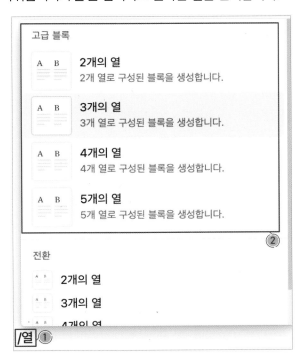

5️⃣ 3개의 열 블록을 선택하면 다음과 같이 나뉩니다.

이렇게	3개	열 나누기

6 2개 열, 1개 열, 3개 열의 차이를 살펴봅시다.

마우스로	열 나누기	2개 열 나누기
		1개 열
이렇게	3개	열 나누기	3개 열 나누기

마우스로 블록을 끌고 직접 옮기는 손맛도 느껴보고, 키보드로 간편하게 2~5개까지 열을 나누는 재미도 느껴보면 노션 페이지를 넓게 꽉 채워 만드는 재미가 배가 될 것입니다.

5. 내 노션 페이지는 200평이야

블록 나누기를 열심히 해도 페이지 폭이 너무 좁아서 이게 맞나 싶었다면, 노션 페이지를 확장하는 방법을 알려드릴게요. 20평대 아파트에서 초호화 저택으로 순간 이동하듯이 폭 좁던 노션 페이지가 확장되는 경험을 해봅시다.

》페이지 너비 조절하기

노션 페이지 너비를 조절할 수 있는 기능입니다. 평소 기본 너비로 설정되어 있지만 전체 너비 설정으로 바꿔서 좀 더 폭넓게 쓸 수 있습니다.

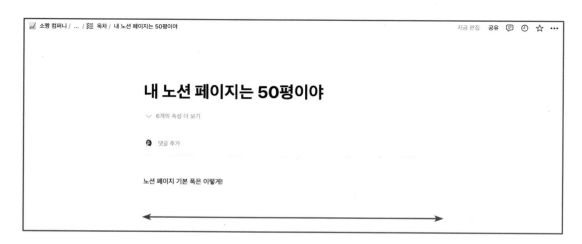

전체 너비로 만드는 방법은 노션 페이지 오른쪽 상단에서 [⋯] 버튼을 클릭한 후 [전체 너비]를
활성화하면 됩니다.

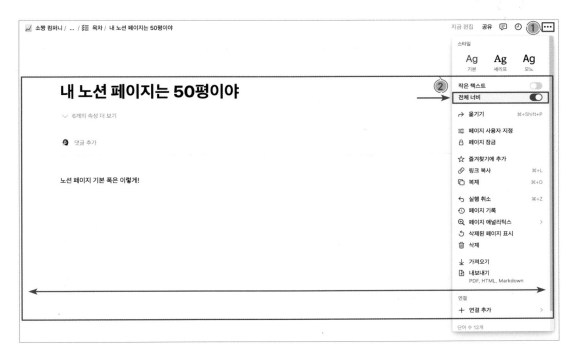

확실히 폭이 넓어진 것을 알 수 있습니다. 이렇게 만들고 나서 블록 열 나누기를 하면 5개 열까지
거뜬하게 만들 수 있습니다.

STEP 03 꿀팁 대방출 – 텍스트 블록 편

1. 이제 회색 바탕에 빨간 글씨가 뭐냐고 묻지 마세요

혹시 다른 사람들이 만든 노션 페이지를 보다가 '저건 어떻게 만드는 거지?'라고 생각했던 기능이 있었나요? 혹시 그게 회색 바탕에 빨간 글씨였다면 이 기능을 주목하세요.

> `바로 이것이 회색 바탕에 빨간 글씨입니다`

》코드로 표시 기능 적용하기

생각보다 많은 분이 어떻게 쓰는지 모르는 기능입니다. 설령 몰랐다 하더라도 괜찮습니다. 여러분만 몰랐던 게 아니니까요. 그럼 어떻게 만드는지 같이 살펴보겠습니다.

먼저 원하는 텍스트를 입력하고 드래그한 후 코드로 표시 [<>] 버튼을 클릭하면 다음과 같이 적용됩니다.

> `회색 바탕에 빨간 글씨 쓰기`

코드로 표시 기능은 코딩할 때 코드를 입력 시 사용하는 기능이지만 노션에서 텍스트를 편집하는 기능으로 활용하고 있습니다. 강조하고 싶은 단어, 핵심이 되는 표현 등을 표시할 때 주로 사용합니다.

다음은 실제로 회고하면서 작성한 내용 중 일부인데 중간에 코드로 표시가 입력된 부분이 있습니다. 이런 식으로 강조하고 싶은 단어를 표시할 때 활용합니다.

》코드로 표시를 비롯한 텍스트 단축키

코드로 표시를 빠르게 만들 수 있는 단축키는 <Ctrl/Cmd> + <E>입니다.

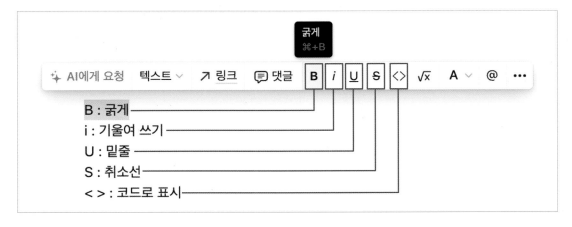

코드로 표시 기능과 함께 텍스트 편집 기능들도 가볍게 살펴보고 갑시다. 텍스트를 입력하고 드래그한 후 [B], [i], [U], [S] 버튼을 선택하면 됩니다. 단축키로도 빠르게 입력이 가능합니다.

다음은 텍스트 블록에 관한 노션 단축키입니다.

블록 이름	표시 내용	단축키
B	굵게 표시	<Ctrl/Cmd> + <B>
i	기울임 꼴로 표시	<Ctrl/Cmd> + <I>
U	밑줄 표시	<Ctrl/Cmd> + <U>
S	취소선 표시	<Ctrl/Cmd> + <Shift> + <S>
< >	코드로 표시	<Ctrl/Cmd> + <E>

》[따라 하기] 코드로 표시와 텍스트 편집하기

텍스트를 다양하게 표현할 수 있는 방법을 이제 알았다면 지금 바로 써볼 시간입니다.

① 굵게, 기울여 쓰기, 밑줄, 취소선, 코드로 표시를 하나씩 직접 적용해봅시다.

2. 배경색은 한 끗 차이

노션에서 흰 것은 종이요 검은 것은 텍스트뿐이라 아쉬웠다면 이 꿀팁을 익혀보세요. 알록달록 노션 페이지를 꾸밀 수 있는 방법입니다. 코드로 표시로 회색 바탕에 빨간 글씨를 만들어봤다면 이제는 다른 색깔들로 만들어볼 차례입니다.

》글자색과 배경색 설정하기

텍스트를 입력하고 드래그하면 나타나는 긴 바에서 [A] 버튼을 클릭합니다.

글자색 또는 배경색을 바꿀 수 있는데, 두 가지 옵션 중 한 가지만 선택해야 합니다.

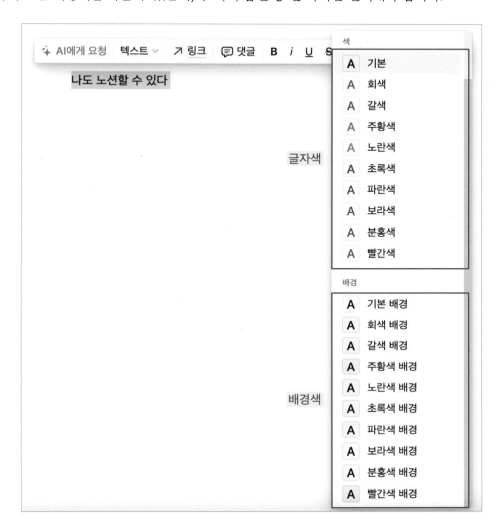

》블록 배경색 설정하기

그런데 배경색을 추가하는 방법은 한 가지 더 있습니다. 바로 블록에 배경색을 입히는 방법입니다. 만드는 방법은 블록 왼쪽 메뉴 버튼(⠿)을 클릭한 후, [색]에서 배경색을 선택합니다.

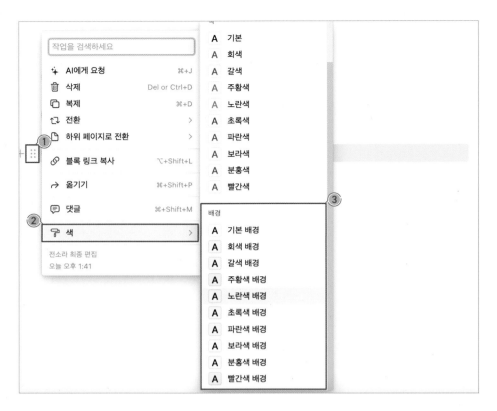

이렇게 만든 배경색과 글자 배경색이 무엇이 다른지 궁금하죠? 글자 배경색은 형광펜으로 밑줄 그은 듯 텍스트에만 배경색이 표시됩니다. 반면 블록 배경색은 블록 전체에 배경색이 입혀집니다. 똑같은 배경색을 만들더라도 텍스트에만 만들 건지, 블록 전체에 만들 건지 생각해보고 선택합니다.

》코드로 표시 색상 변경하기

글자색과 배경색은 '코드로 표시'로도 바꿀 수 있습니다. 코드로 표시에서 다양한 배경색과 글자색으로 표시해보세요. 앞서 배운 글자색과 배경색 변경법과 코드로 표시 기능을 같이 쓰면 더욱 다양한 조합으로 표현할 수 있습니다.

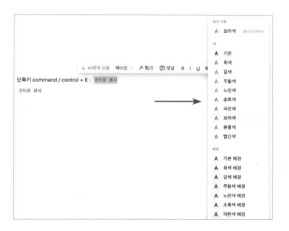

치트키 텍스트 드래그 → 코드로 표시 [<>] → [A] → 글자색 또는 배경색 선택

》[따라 하기] 글자색과 배경색 설정하기

내 노션 페이지도 알록달록 꾸미고 싶다면 이 기능들을 활용합시다. 글자와 배경, 블록에 색을 입힐 뿐만 아니라 코드로 표시에도 중복으로 사용할 수 있는 꿀팁이니 따라 해보고 익혀갑시다.

1️⃣ 텍스트를 입력하고 드래그한 후 코드로 표시 [<>] 버튼을 클릭합니다.

2️⃣ 드래그했던 텍스트가 바뀐 것을 확인할 수 있습니다.

3️⃣ 코드로 표시에서 글자색을 바꿔봅시다. [A] 버튼을 클릭합니다.

4 원하는 글자색을 선택합니다.

5 배경색을 바꿔봅시다. 똑같이 드래그한 후 코드로 표시 [<>] 버튼을 클릭하고, 그 후에 [A] 버튼을 클릭하여 배경색을 선택합니다.

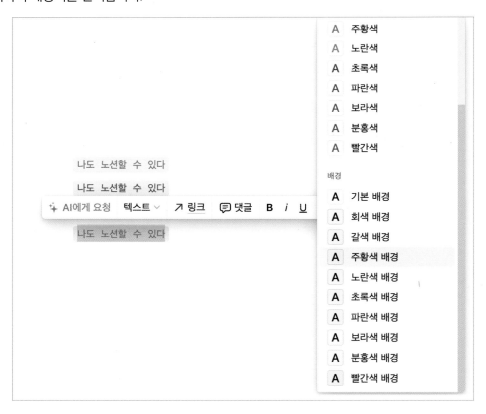

6 코드로 표시가 입력된 블록 배경색을 바꿔봅시다. 코드로 표시가 적용된 텍스트 왼쪽 메뉴 버튼(⠿)을 클릭한 후 [색]에서 배경색을 선택합니다.

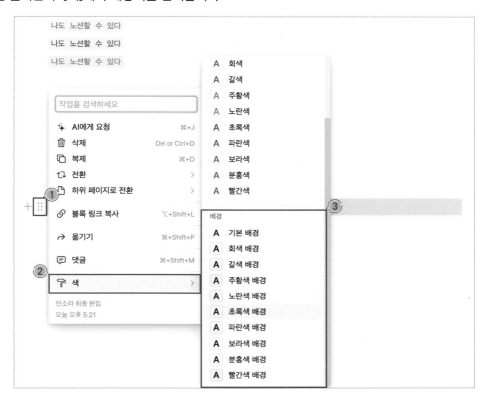

7 이제 다음과 같이 알록달록 꾸밀 수 있습니다.

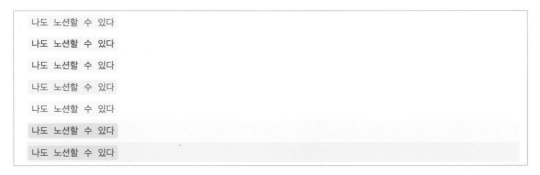

3. 텍스트 크기는 더도 말고 덜도 말고 딱 4개

"이 문서는 제목은 20pt로, 본문은 11pt로 작성해서 보내주세요."라는 안내를 받아본 적 있나요? 일정한 규격을 맞춰서 작업해야 할 때 보통 이렇게 텍스트 크기를 균일하게 맞추곤 합니다. 그런데 노션에서는 텍스트 크기가 딱 4개만 있습니다.

》노션 텍스트 크기

노션에서 제공되는 텍스트 크기는 기본 텍스트와 제목 블록 세 가지, 총 네 가지 크기만 있습니다.

》제목 블록 활용하기

기본 블록을 만들던 방법과 마찬가지로 '/제목'을 입력하고 제목1, 제목2, 제목3 블록 중 원하는 블록을 선택합니다.

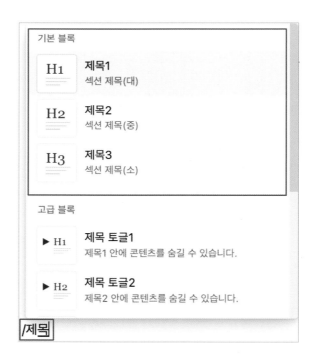

》제목 블록 단축키

이때 제목 블록을 좀 더 빠르게 만들고 싶다면 단축키를 활용합시다. 번호 기호(#)를 기억하면 됩니다.

<#> + <Space>는 제목1, <##> + <Space>는 제목2, <###> + <Space>는 제목3입니다. <#>을 몇 번 누르냐에 따라 제목 블록이 달라지니 더욱 쉽게 기억할 수 있겠죠?

🗯 제목을 빠르게 완성하는 단축키😎

제목 1 (큰 글씨) : # + 스페이스

제목 2 (중간 글씨) : ## + 스페이스

제목 3 (작은 글씨) : ### + 스페이스

》[따라 하기] 제목 블록 활용하기

1 번호 기호(#)를 입력한 후 <Space>를 누릅니다. 회색 글씨로 '제목1'이라는 표시가 나타납니다.

제목1

2 '제목1'이라 표시된 부분에 원하는 제목을 입력합니다.

제목1

제목 1

제목 2

제목 3

샵으로

빠르고 쉽게

글자크기 바꾸기

3 이제 번호 기호를 두 번 입력하여(##) 제목2 블록을, 세 번 입력하여(###) 제목3 블록을 만들어봅시다.

4. 글 정렬 탭 하나로 완성하세요

쓰다 보니 줄줄이 길어진 글, 어떻게 하면 한눈에 들어오도록 정리할 수 있을까 고민했다면 이 꿀팁 기능을 사용하세요. 문장별, 문단별 구분도 더 확실하게 할 수 있습니다. 바로 키보드에 있는 <Tab>을 활용하는 방법입니다.

》 글머리 기호, 번호 들여쓰기 기능

노션에서 글머리 기호와 번호는 자동으로 리스트 블록으로 만들어집니다. 들여쓰기가 필요할 때는 <Tab>을 눌러주세요.

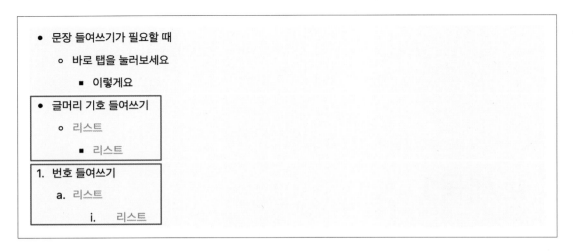

글머리 기호와 번호를 들여 썼을 때 각 불릿 기호의 모양이 달라진 것을 확인할 수 있어요. <Tab>을 한 번, 두 번 누르느냐에 따라 들여 쓰는 간격이 달라지고 부호 모양도 달라집니다.

》 들여쓰기가 안 먹힐 때

간혹 쓰던 내용이 지워지거나 들여쓰기를 할 수 없는 경우가 있는데, 이때 '리스트'라고 회색 글자가 적혀있는지 확인해보세요. '리스트'라고 나타나면 블록이 제대로 입력된 상태입니다.

간혹 <Enter>를 입력하니 써둔 내용이 지워지는 경우도 있는데 이럴 때는 다음 줄로 이동해서 쓰는 것을 추천합니다. 보통 자동으로 입력이 가능하지만 가끔 이렇게 안 될 때도 있으니, 그럴 때는 당황하지 말고 다음 줄로 부드럽게 이동해보세요.

》 가운데 정렬하는 방법

들여쓰기 외에 가운데 정렬을 원했는데 그동안 하지 못해 아쉬웠다면 수학 공식 블록을 활용해서 가능한 방법을 살펴봅시다. 노션에서 고급 블록으로 제공되는 수학 공식은 노션 자체 기능으로 가능하지 않았던 기능들을 추가로 가능하게 합니다. 알아두면 마치 마법 공식처럼 사용할 수 있습니다.

먼저 '/수학 공식'을 입력한 후 수학 공식 블록을 선택합니다.

$$|x| = \begin{cases} x, & \quad x \geq 0 \\ -x, & \quad x < 0 \end{cases}$$

수학 공식을 입력하는 창에 원하는 단어를 입력하면 자동으로 가운데 정렬이 됩니다.

띄어쓰기가 적용되지 않아서 조금 불편하다고요? 그렇다면 띄어쓰기까지 가능한 공식도 익혀봅시다. 중괄호 안에 입력한 텍스트는 띄어쓰기가 자동으로 적용됩니다. 이제 가운데 정렬로 강조하고 싶은 내용을 걱정 없이 편하게 입력할 수 있습니다.

5. 텍스트 스타일도 느낌 있게

하늘 아래 같은 노션 페이지는 없는 법! 텍스트의 모양도 원하는 대로 쓰고 싶다면 주목하세요. 노션에서 나만의 텍스트 스타일링이 가능합니다.

》노션 텍스트 스타일 바꾸기

노션에서 제공하는 텍스트 스타일은 총 세 가지로, 전체 페이지에서 설정을 바꿀 수 있습니다. 페이지 오른쪽 상단의 […] 버튼을 클릭하면 스타일 항목이 보입니다. 여기서 스타일을 바꾸면 됩니다.

잠깐!

텍스트를 부분만 바꾸는 건 안 되고 전체 페이지 스타일을 한 번에 바꾸는 것입니다. 페이지 콘셉트에 맞게 사용하길 추천합니다.

》노션 텍스트 세 가지 스타일 비교

세 가지 스타일 전격 비교 들어갑니다. 기본 스타일은 산세리프(Sans-serif)로 가장 깔끔하게 입력되는 스타일입니다. 군더더기 없이 쓰이고 노션 인터페이스(interface)와도 잘 어울립니다.

이번에는 두 번째 스타일인 세리프(Serif) 스타일을 소개합니다.

뉴스, 블로그 게시에 좋은 스타일이라고 소개하고 있는데 과연 어떤 스타일인지 살펴봅시다.

마지막 스타일은 모노(Mono) 스타일입니다.

원고 초안이나 메모 작성에 추천하는 스타일이라고 소개하고 있는데, 타자기로 입력한 스타일처럼 보입니다. 특색 있게 표현하고 싶을 때 잘 어울리는 스타일입니다.

》[따라 하기] 텍스트 스타일 바꾸기

① 새 페이지를 만들고 오른쪽 상단 […] 버튼을 클릭한 후 원하는 스타일을 선택합니다.

2 [세리프]를 선택하면 제목 부분부터 스타일이 변환됩니다.

3 이제 이 페이지에 입력하는 모든 텍스트는 세리프 스타일로 작성됩니다.

4 나만의 개성을 담아내는 노션 텍스트 스타일을 골라봅시다. 여러분은 어떤 스타일이 가장 마음에 드나요? 페이지 콘셉트에 따라 바꿔봅시다.

STEP 04 따라 만들기

앞서 배운 기본 블록과 텍스트 블록 기능으로 어떻게 노션 페이지를 만들 수 있을지 하나씩 살펴봅시다. 다음 등장할 예시 페이지들은 모두 앞서 배운 내용으로만 제작한 페이지입니다. 각 표시된 블록을 살펴보면서 하나씩 따라 만들어보세요.

예시 페이지 1 - 셀프 인터뷰 페이지

노션으로 포트폴리오를 만들기 전에 추천하는 셀프 인터뷰 페이지입니다. 자신을 소개하는 질문을 쓰고 해당 답변을 하나씩 써보면서 소개 방향을 잡을 때 활용할 수 있습니다.

다음 페이지에 사용된 블록 종류는 오직 네 가지뿐입니다. 단 4개의 블록으로도 이렇게 심플하면서도 필요한 내용만 쏙쏙 있는 페이지를 만들 수 있는 비법, 지금 공개합니다!

다음은 단축키로 쉽게 페이지 만드는 방법입니다.

치트키 1. 콜아웃 블록: '/콜아웃'

2. 제목1 블록: '/제목1'

3. 블록 배경색: 메뉴 버튼(⠿) → [색] → 배경색 선택

4. 글머리 기호 블록: '/글머리 기호'

》페이지 세팅

이렇게 네 가지 블록을 활용해서 만들었습니다. 어떤 순서로 만들었는지 단계별로 살펴봅시다. 앞서 배운 페이지 추가와 아이콘, 커버 추가도 복습할 겸 순서대로 따라 해봅시다.

왼쪽 사이드바에서 새 페이지를 추가합니다. 제목을 써볼까요?

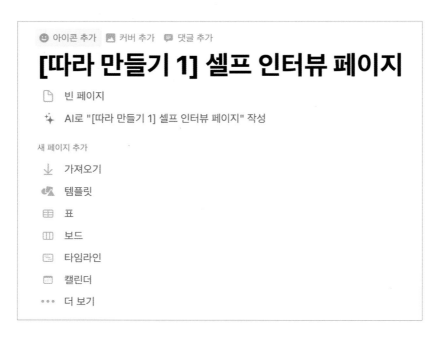

페이지를 만들고 아이콘을 추가해 노션을 꾸며봅시다. [아이콘] 또는 [이모지] 탭에서 원하는 것을 선택합니다.

[커버 추가]를 클릭한 후에 [커버 변경]을 클릭합니다.

[Unsplash]에서 원하는 키워드를 입력한 후 이미지를 선택합니다. 이제 기본적인 노션 페이지 세팅은 끝났습니다.

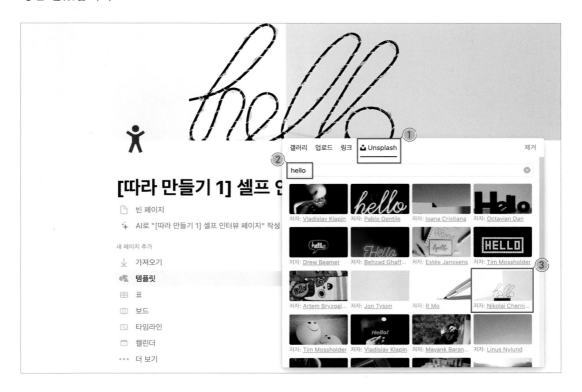

》 콜아웃 블록

이렇게 세팅한 페이지에 앞서 살펴본 블록 4개를 어떻게 추가했는지도 같이 살펴봅시다. 전혀 어렵지 않으니 꼭 바로 따라 해보세요.

'/콜아웃'을 입력한 후 콜아웃 블록을 추가합니다.

콜아웃 블록의 아이콘을 바꿔볼까요? [아이콘] 탭에서 원하는 모양과 색을 선택합니다.

》제목1 블록

'/제목1'을 입력한 후 제목1 블록을 추가합니다.

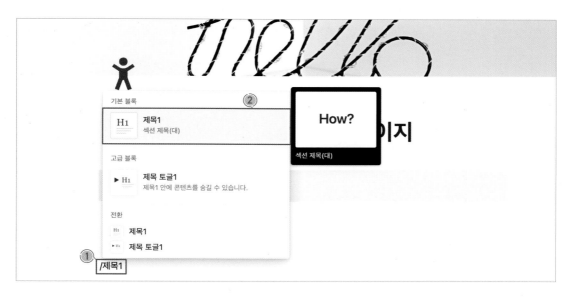

추가한 제목 블록에 다음과 같이 질문을 입력합니다. 질문은 얼마든지 바꿔도 좋습니다.

》블록 배경색

제목 블록 배경색을 추가합시다. 메뉴 버튼(⠿)을 클릭한 후 [색]을 클릭합니다.

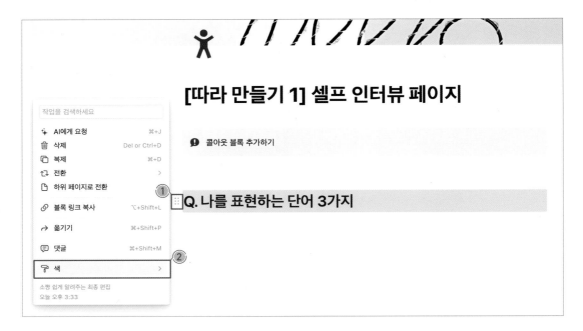

원하는 배경색을 선택합니다.

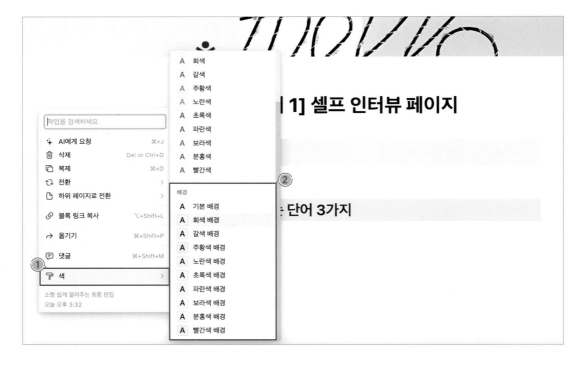

》글머리 기호 블록

'/글머리 기호'를 입력한 후 글머리 기호 블록을 추가합니다.

이제 질문에 답을 써볼까요? 글머리 기호 블록은 한 번 만들고 나서 <Enter>를 입력하면 자동으로 추가 생성됩니다.

Q. 나를 표현하는 단어 3가지

- 다정한
- 꼼꼼한
- 친절한

이제 앞서 생성한 제목 블록과 글머리 기호 블록은 복사해서 추가로 더 만들면 됩니다. 질문은 셀프 인터뷰 페이지를 참고해서 만들고 답을 작성해봅시다. 나만의 셀프 인터뷰 페이지가 멋지게 완성될 거예요.

예시 페이지 2 - 주간 회고 페이지

'오늘 뭐 했지?', '벌써 뭐 했다고 한 주가 갔지?' 이런 생각들을 종종 한다면 주간 회고를 작성해 보는 것을 추천합니다. 주간 회고라 해서 거창하게 하기보다 이번 주 했던 굵직한 일, 기억하고 싶은 순간이나 문장, 이번 주를 보낸 스스로를 칭찬하는 등 짧은 질문을 적어보는 것부터 시작해 보세요. 하루가, 한 주가 더욱 소중하게 느껴질 것입니다.

다음 페이지에 사용한 블록은 몇 개일까요? 셀프 인터뷰 페이지와 비슷하면서도 추가된 블록이 있습니다.

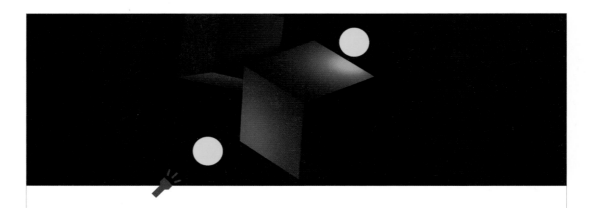

[샘플] 이번 주를 돌아보며

∠ 1개의 백링크

💙 비판, 비난은 넣어두어요.
이번 주 수고한 나를 토닥거리는 마음으로 찬찬히 돌아보아요😌

이번 주 내가 '한 일'을 적어볼까요?🏯

- 필라테스 : 역시 필테를 해야 몸이 가벼워진다..!
- 노션 강의 : 열띤 호응과 적극적인 반응에 힘이 팍팍 났던 시간!
- 수영강습 : 배영을 드디어 배웠다~
- 문토 모임 준비 : 4월이 가기 전에 진행할 수 있어 감사!

이번 주 기억하고 싶은 문장 or 이야기가 있다면✍

\# 문장

어떤 일이든 결과가 나오기까지는 시간이 꽤 걸린다. 10년이 걸릴 수도 있다. 그동안 사람들이 보기에는 내가 이룬 게 보잘 것 없을 것이다. 도대체 뭐 하고 다니는 거냐고, 뭐 하나 제대로 되어가는 게 있냐며 또다시 나를 끌어내릴 수 있다. 그래도 이 시간을 견뎌야 한다. **나답게 살아간다는 것은** 그만큼 강단과 확신 **이 필요한 일이다.** 타인에게 보여주려고 빨리 결과를 내는 데 집착하지 말고, 처음부터 단단히 마음먹고 내 길 을 가야 한다.
- '김미경의 마흔 수업' p.128

이번 주의 나를 칭찬해요😊

- 물을 무서워하는 내가 수영을 포기하지 않고 배워온 것만으로도 대견한데, 더더욱 계속해서 성장하고 더 나아지는 나 너무 멋져😎
- 바쁘고 할 일이 많은 와중에도 내 마음을 돌보고 스스로를 격려하며 보낸 나 칭찬해😊

앞서 배운 내용으로만 이루어져 있으니 여기까지 따라왔다면 알아낼 수 있을 것입니다.

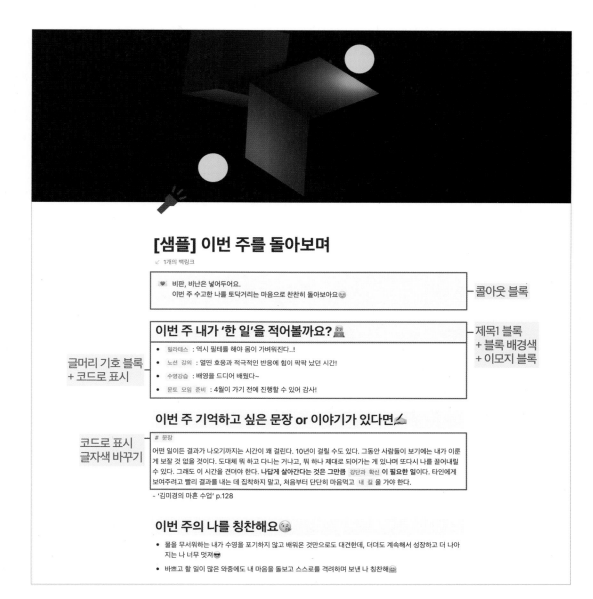

[샘플] 이번 주를 돌아보며

↙ 1개의 백링크

> 🖤 비판, 비난은 넣어두어요.
> 이번 주 수고한 나를 토닥거리는 마음으로 찬찬히 돌아보아요😊

— 콜아웃 블록

이번 주 내가 '한 일'을 적어볼까요?🙇

- 필라테스 : 역시 필테를 해야 몸이 가벼워진다..!
- 노션 강의 : 열띤 호응과 적극적인 반응에 힘이 팍팍 났던 시간!
- 수영강습 : 배영을 드디어 배웠다~
- 문토 모임 준비 : 4월이 가기 전에 진행할 수 있어 감사!

— 제목1 블록
+ 블록 배경색
+ 이모지 블록

글머리 기호 블록
+ 코드로 표시

이번 주 기억하고 싶은 문장 or 이야기가 있다면✍

`# 문장`
어떤 일이든 결과가 나오기까지는 시간이 꽤 걸린다. 10년이 걸릴 수도 있다. 그동안 사람들이 보기에는 내가 이룬 게 보잘 것 없을 것이다. 도대체 뭐 하고 다니는 거냐고, 뭐 하나 제대로 되어가는 게 있냐며 또다시 나를 끌어내릴 수 있다. 그래도 이 시간을 견뎌야 한다. 나답게 살아간다는 것은 그만큼 `강단과 확신` 이 필요한 일이다. 타인에게 보여주려고 빨리 결과를 내는 데 집착하지 말고, 처음부터 단단히 마음먹고 `내 길` 을 가야 한다.
- '김미경의 마흔 수업' p.128

코드로 표시
글자색 바꾸기

이번 주의 나를 칭찬해요😭

- 물을 무서워하는 내가 수영을 포기하지 않고 배워온 것만으로도 대견한데, 더뎌도 계속해서 성장하고 더 나아지는 나 너무 멋져😎
- 바쁘고 할 일이 많은 와중에도 내 마음을 돌보고 스스로를 격려하며 보낸 나 칭찬해😊

다음은 단축키로 쉽게 살펴보는 페이지 만드는 방법입니다.

치트키 1. 콜아웃 블록: '/콜아웃'

2. 제목1 블록: '/제목1'

3. 이모지 블록: '/이모지'

4. 블록 배경색: 메뉴 버튼(⠿) → [색] → 배경색 선택

5. 글머리 기호 블록: '/글머리 기호'

6. 코드로 표시: 텍스트 드래그 → [<>]

7. 코드로 표시 글자색: 텍스트 드래그 → [A]

》 페이지 세팅

사이드바에서 새 페이지를 추가한 후 페이지 제목을 입력합니다.

페이지 꾸미기의 진수, 페이지 아이콘을 추가합니다.

이번에는 커버를 추가합니다.

》콜아웃 블록

'/콜아웃'을 입력 후 콜아웃 블록을 추가합니다.

콜아웃 블록에는 회고하는 마음가짐을 작성합니다. 콜아웃 블록을 늘리고 싶다면 <Shift> + <Enter>를 입력합니다.

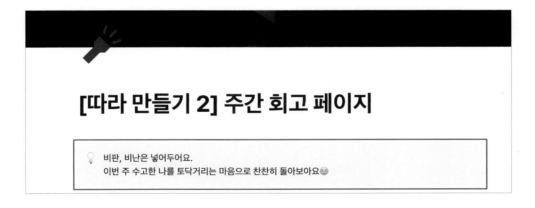

》제목1 블록

'/제목'을 입력 후 제목1 블록을 추가합니다.

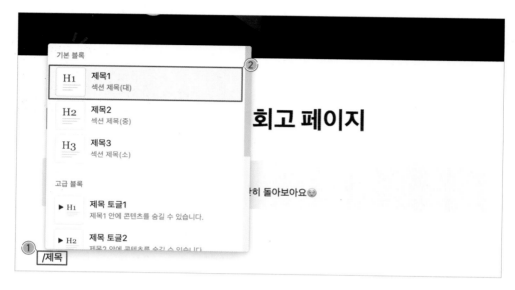

회고 질문을 제목1에 작성하고 '/이모지'를 입력하여 이모지 블록을 생성합니다.

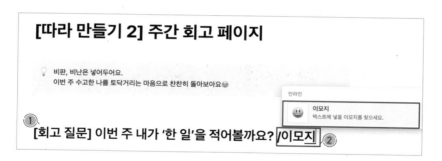

제목 블록 배경색은 블록 왼쪽 메뉴 버튼(⠿)을 클릭한 후 [색]에서 배경색을 선택합니다.

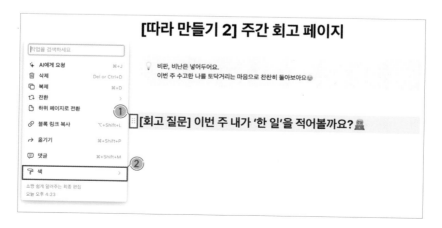

》글머리 기호 블록

'/글머리 기호'를 입력하고 글머리 기호 블록을 추가합니다.

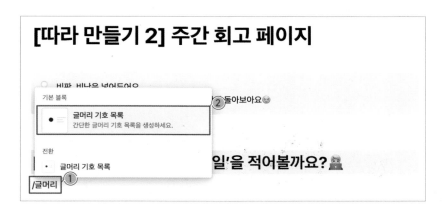

회고 질문에 대한 답변을 작성합니다. 강조할 텍스트 부분을 코드로 표시로 바꿔봅시다. 텍스트를 드래그한 후 코드로 표시 [<>] 버튼을 클릭합니다.

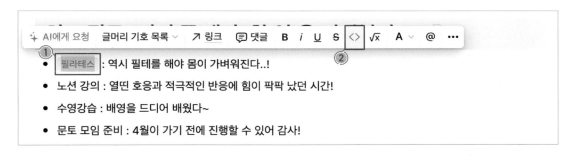

코드로 표시도 글자색을 바꿀 수 있습니다. 다시 드래그한 후 [A] 버튼을 클릭하여 글자색을 바꿉니다.

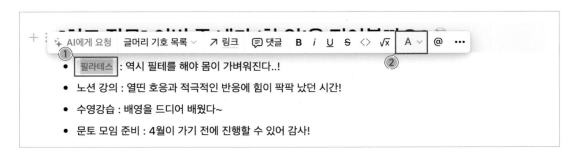

주간 회고로도 활용 가능하고 매일, 월간, 분기별 회고로도 활용 가능한 페이지입니다. 앞서 살펴본 것처럼 제목 블록, 글머리 기호 블록, 코드로 표시를 활용하여 질문을 추가하고 답변을 적어보세요. 하루, 일주일, 한 달이 더욱 알차게 기록될 것입니다.

예시 페이지 3 - 일 경험 페이지

자기소개서나 이력서를 쓰거나 노션 포트폴리오를 만들 때 미리 한 번 정리해둔 내용이 있다면 더욱 수월하겠죠? 차곡차곡 경험을 쌓고 정리할 페이지를 만들어봅시다. 지금까지 배워 온 내용을 이 페이지를 만들면서 한 번씩 활용합시다.

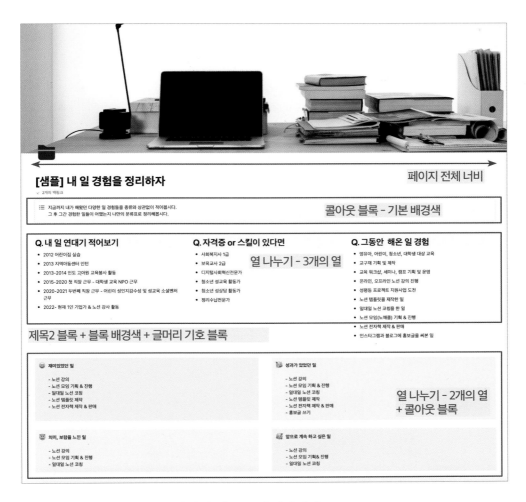

다음은 단축키로 쉽게 살펴보는 페이지 만드는 방법입니다.

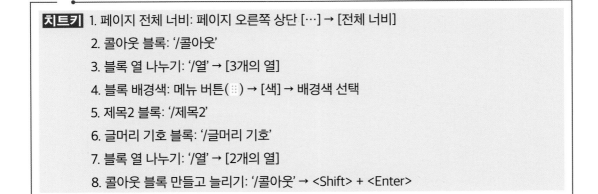

치트키 1. 페이지 전체 너비: 페이지 오른쪽 상단 [⋯] → [전체 너비]

2. 콜아웃 블록: '/콜아웃'

3. 블록 열 나누기: '/열' → [3개의 열]

4. 블록 배경색: 메뉴 버튼(⠿) → [색] → 배경색 선택

5. 제목2 블록: '/제목2'

6. 글머리 기호 블록: '/글머리 기호'

7. 블록 열 나누기: '/열' → [2개의 열]

8. 콜아웃 블록 만들고 늘리기: '/콜아웃' → \<Shift\> + \<Enter\>

복잡해 보여도 단계별로 따라 하면 금세 만들 수 있습니다. 같이 따라 만들어봅시다.

》페이지 세팅

새 페이지를 추가하고 아이콘과 커버를 추가합니다.

페이지 오른쪽 상단 [⋯] 버튼을 클릭한 후 [전체 너비]를 활성화합니다.

》콜아웃 블록

'/콜아웃'을 입력한 후 콜아웃 블록을 추가합니다.

이번에는 콜아웃 글자색을 바꿔봅시다. 메뉴 버튼(⠿)을 클릭한 후 [색]에서 글자색을 선택합니다.

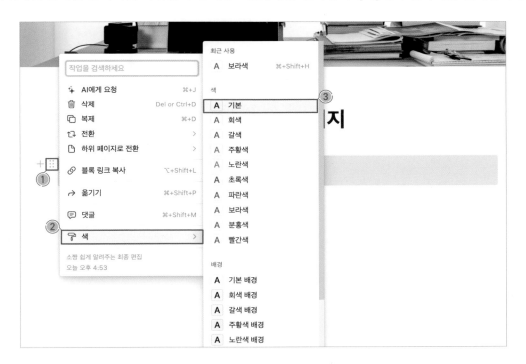

원한다면 콜아웃 블록의 아이콘도 바꾸고 내용을 작성합니다. 줄 바꿈은 <Shift> + <Enter> 알죠?

》블록 열 분할

'/열'을 입력한 후 3개의 열 블록을 선택합니다.

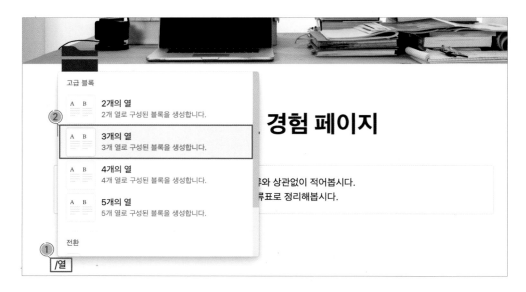

》블록 배경색

나눈 열을 전체 드래그한 후 메뉴 버튼(⠿)을 클릭한 후 [색]에서 배경색을 선택합니다. 블록 배경색은 이제 눈 감고도 만들 수 있죠?

》제목2 블록과 글머리 기호 블록

배경색을 추가한 곳에 제목을 추가합시다. '/제목2'를 입력한 후 제목2 블록을 선택합니다.

나의 업무적인 경험을 큰 주제로 나누어 제목2 블록에 작성합니다. 글머리 기호 블록으로 답변도 작성해봅시다.

Q. 내 일 연대기 적어보기	Q. 자격증 or 스킬이 있다면	Q. 그동안 해온 일 경험
• 2012 어린이집 실습	• 노션(notion)	• 영유아, 어린이, 청소년, 대학생 대상 교육
• 2013 지역아동센터 인턴	• 사회복지사 1급	• 교구재 기획 및 제작
• 2013-2014 인도 고아원 교육봉사 활동	• 보육교사 2급	• 교육 워크샵, 세미나, 캠프 기획 및 운영
• 2015-2020 첫 직장 근무 - 대학생 교육 NPO 근무	• 디지털사회혁신전문가	• 온라인, 오프라인 노션 강의 진행
• 2020-2021 두번째 직장 근무 - 어린이 성인지감수성 및 성교육 소셜벤처 근무	• 청소년 성교육 활동가	• 성평등 프로젝트 지원사업 도전
• 2022- 현재 1인 기업가 & 노션 강사 활동	• 청소년 성상담 활동가	• 노션 템플릿을 제작한 일
	• 정리수납전문가	• 일대일 노션 코칭을 한 일
		• 노션 모임(노매클) 기획 & 진행
		• 노션 전자책 제작 & 판매
		• 인스타그램과 블로그에 홍보글을 써본 일

잠깐!

이 내용은 한 번에 모두 작성하기보다 차근차근 생각날 때마다, 또 새롭게 바뀌는 상황이 있을 때마다 추가하는 것을 추천합니다.

》블록 열 나누기

'/열'을 입력한 후 2개의 열 블록을 선택합니다.

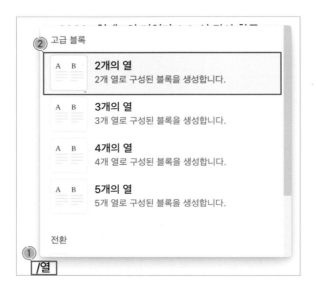

》콜아웃 블록 추가

나뉜 열에 콜아웃 블록을 만듭니다. 총 4개의 콜아웃을 만들 것입니다. 콜아웃 배경색은 메뉴 버튼(⠿)을 눌러 바꿉니다.

이제 콜아웃 블록에 경험들을 분류해봅시다. '재미', '성과', '보람', '지속성'을 기준으로 나눠 입력합니다. 여러분도 여러분만의 기준과 분류로 정리해보세요.

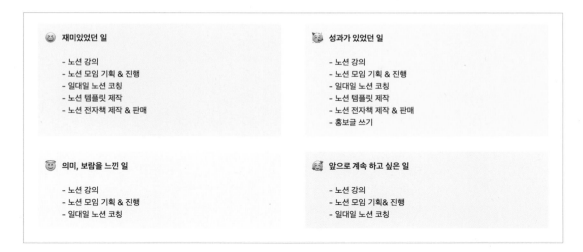

잠깐!

콜아웃에서는 줄 바꿈이 <Shift> + <Enter>인 거 기억하죠? 이때 다른 블록을 추가하고 싶다면 콜 아웃 블록 밖에서 생성한 후, 콜아웃 안으로 끌고 오면 됩니다.

PART 02

노션과 친해지기

STEP 01 꿀팁 대방출 – 미디어 블록 편

STEP 02 꿀팁 대방출 – 고급 블록 편

STEP 03 꿀팁 대방출 – 워크스페이스 세팅 편

STEP 04 따라 만들기
   예시 페이지 1 – 생일 파티 초대 페이지
   예시 페이지 2 – 덕질 페이지
   예시 페이지 3 – 프로젝트 페이지
   예시 페이지 4 – 회의록 페이지

STEP 01 꿀팁 대방출 – 미디어 블록 편

1. 미디어 블록은 이미지부터

'노션에서 글 쓰는 건 식은 죽 먹기지!'라는 생각이 든다면 노션과 깊게 친해질 타이밍이 되었군요. 앞서 배운 기본 블록과 텍스트 블록에 이어 미디어 블록에 대해 같이 살펴봅시다.

》미디어 블록 소개

미디어 블록에는 이미지, 북마크, 동영상, 오디오, 코드, 파일 블록이 있습니다. '/미디어'라고 입력하면 다음과 같이 미디어 블록을 확인할 수 있습니다.

》이미지 블록 넣기

그중 가장 많이 활용하는 이미지 블록부터 넣는 방법을 살펴봅시다. 포트폴리오에 사진을 넣을 수도 있고, 좋아하는 사진으로 노션 페이지를 꾸미거나 프로젝트 관련 이미지 자료를 공유하는 등 다양한 작업에 사용할 수 있습니다.

'/이미지'를 입력하고 이미지 블록을 선택합니다.

이미지를 추가하는 방법은 총 네 가지가 있습니다. 페이지에 커버를 추가하던 때가 아른거리지 않나요? 거기에 한 가지 선택지가 더 추가됩니다. 바로 GIPHY 기능입니다. 이 방법들을 통해 어떤 이미지를 추가할 수 있는지 확인해봅시다.

- **업로드**: 기존에 보유한 이미지 파일을 노션 페이지에 추가합니다.

- **링크 임베드**: 링크로 웹상에 있는 이미지를 추가합니다.

- Unsplash: 무료 이미지 사이트인 언스플래시에서 이미지를 검색하여 추가합니다.

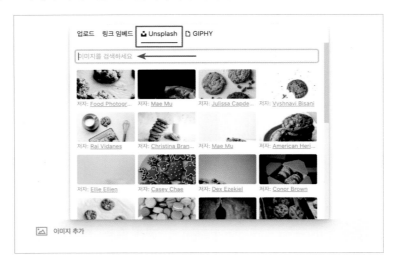

- GIPHY: 움직이는 이미지인 그래픽 인터체인지 포맷(Graphics Interchange Format, GIF) 파일을 검색하여 추가합니다. 이때 키워드는 꼭 영어로 검색합니다.

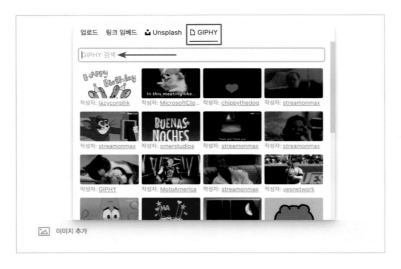

2. 링크도 그냥 넣지 않지

누군가에게 어떤 웹사이트를 소개하거나 공유할 때 링크를 주고받는 경우가 많죠. 노션에서도 개인 SNS 계정이나 웹상에서 작업한 페이지, 기사 등을 링크로 첨부할 때가 많습니다. 이럴 때 사용하기 좋은 꿀팁입니다.

》 북마크 소개

웹사이트 링크를 박스 형태로 삽입한 것을 북마크(bookmark)라고 합니다. 박스 표시된 부분이 바로 북마크 블록입니다.

》 북마크 만드는 법

가져오고 싶은 웹 페이지 링크를 복사한 후 노션에 붙여 넣고 [북마크 생성]을 클릭합니다.

그러면 링크가 북마크 형태로 노션 페이지에 추가됩니다. 웹 페이지 링크가 보기 좋고 깔끔하게 입력되길 원한다면 이 기능을 활용해보세요.

》 임베드 추가하기

이번에는 웹사이트 화면을 그대로 노션 페이지 안에 가져오는 임베드(embed) 기능을 살펴봅시다. 누군가에게 노션 페이지를 공유할 때, 받는 사람이 페이지에 삽입한 링크를 클릭해보지 않을 것 같아 걱정된다면 사용해보세요. 링크를 클릭하지 않아도 웹사이트 내용을 바로 볼 수 있게 해주는 기능입니다.

노션에서 보여주고 싶은 웹사이트 주소를 복사합니다. 페이지에 붙여 넣은 후 [임베드 생성]을 선택합니다.

이렇게 웹사이트 화면 전체를 그대로 노션 페이지에 불러왔습니다. 임베드된 페이지 크기를 변경하고 싶다면 임베드 영역의 경계 부분을 움직여 조절합니다.

잠깐!

가끔 웹사이트 형식에 따라 임베드되지 않는 경우도 있습니다. 그럴 때는 아쉽지만 북마크 블록을 활용하길 추천합니다.

》[따라 하기] 북마크로 링크 추가하기

노션 페이지에 링크를 추가하는 두 가지 방법을 모두 따라 해봅시다. 먼저 북마크 생성부터 살펴봅시다.

1 노션에 추가하고 싶은 웹사이트 주소를 복사합니다.

2 노션 페이지에 붙여 넣은 후 [북마크 생성]을 클릭합니다.

3 다음과 같이 북마크 블록이 추가되었습니다.

》[따라 하기] 임베드로 링크 추가하기

이번에는 링크를 임베드 형식으로 가져와봅시다. 동일한 웹사이트 주소를 사용해 북마크 방식과 비교해서 살펴봅시다.

1️⃣ 웹사이트 주소를 복사하고 노션 페이지에 붙여 넣은 후 [임베드 생성]을 선택합니다.

2️⃣ 임베드된 모습을 확인할 수 있습니다.

기록해두고 싶은 SNS 계정, 자주 살펴보고 싶은 웹 페이지, 스크랩하고 싶은 기사 등 주소만 알고 있다면 북마크 또는 임베드 형식으로 노션에 추가할 수 있습니다.

3. 동영상 임베드하기

꼭 소개하고 싶은, 혹은 소장하고 싶은 영상을 발견했을 때 링크만 복사해두기 아쉽다면 노션에 임베드해보세요. 영상 섬네일을 그대로 노션 페이지에 가져올 수 있습니다.

》링크로 임베드하는 방법

동영상 링크를 노션에 붙여 넣은 후 [임베드 생성]을 클릭합니다.

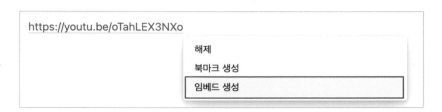

다음과 같이 붙여 넣은 링크가 임베드되었습니다.

》파일을 임베드하는 방법

업로드하고 싶은 동영상 파일을 준비합니다.

잠깐!

파일을 임베드할 때는 용량이 제한될 수 있고 형식에 따라 임베드가 생성되지 않을 수도 있습니다. 유튜브(Youtube)에 업로드하거나 비메오(Vimeo)와 같은 동영상 업로드 사이트를 활용해 링크로 임베드하길 추천합니다.

노션 페이지에서 '/동영상'을 입력하고 동영상 블록을 선택합니다.

[업로드] 탭을 클릭한 후 업로드하려는 동영상 파일을 선택합니다.

잠깐!

퀵타임 포맷 MOV 파일은 제대로 임베드되지 않는 경우가 있어요. MOV 파일을 업로드하고 싶다면
MP4 형식으로 변환한 후 업로드하는 것을 추천합니다.

영상이 업로드된 것을 확인할 수 있습니다.

4. 노션에 파일 한 숟가락 얹기

이번에는 노션에 파일을 추가하는 방법을 소개하겠습니다. 업로드한 파일을 제목으로만 표현하거나 파일이 열린 화면을 노션 페이지에 바로 불러옵니다. 모두 소개할 테니 필요한 방식대로 써 보세요.

》 파일 업로드하기

'/파일'을 입력한 후 파일 블록을 선택합니다.

업로드할 파일을 내 컴퓨터에서 선택합니다.

업로드한 파일의 제목이 노션 페이지에 추가되었습니다. 친절하게 용량까지 표시됩니다.

pdf 외에도 한글 파일(hwp), 이미지 파일(png), (jpg), 엑셀 파일(xlsx) 등 다양한 형식의 파일을 업로드할 수 있습니다.

> 🔼 (전소라) 강의계획서.hwp 159.5KB
> 🔼 노션 특강 참가자 명단_강사용.xlsx 17.8KB
> 🔼 노션 사용법 안내.png 20.9KB

》파일 임베드하기

파일 자체를 업로드하는 것에 이어, 지원되는 형식의 경우 노션 페이지에 바로 불러오는 임베드도 가능합니다. 파일을 열었을 때 보이는 화면을 그대로 보여줍니다.

'/임베드'를 입력한 후 임베드 블록을 선택합니다.

불러올 파일을 선택합니다.

파일 용량에 따라서 로딩이 있을 수 있습니다.

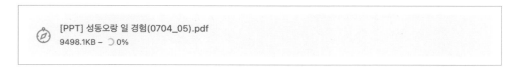

파일 임베드가 완료되면 미리 보기 화면이 뜹니다. 다음 그림에 표시된 가장자리 선을 이용해서
임베드된 창 크기를 조절할 수 있습니다.

잠깐!

모든 파일을 임베드할 수는 없습니다. 지원되는 파일 형식인지 확인이 필요합니다. PDF, 구글 프로
그램(문서, 스프레드시트, 프레젠테이션)은 임베드할 수 있습니다. 점차 노션에 활용할 수 있는 파일
종류가 늘어나고 있으니, 임베드하고 싶은 파일이 있다면 가능한지 시도해보세요.

》파일 수정 및 다운로드하기

파일을 노션 페이지에 업로드 또는 임베드한 후 이름을 바꾸거나 올려둔 파일을 다운로드할 수도 있습니다. 업로드한 파일 오른쪽 […] 버튼을 클릭합니다.

[다운로드], [바꾸기], [이름 바꾸기] 등을 통해서 해당 파일에 대해 설정할 수 있습니다.

임베드한 파일에서도 마찬가지입니다. 파일 오른쪽 […] 버튼을 클릭하고 원하는 설정을 선택하면 됩니다.

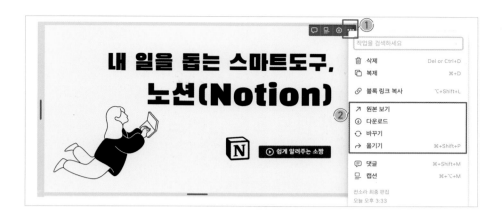

》[따라 하기] 파일 업로드 & 임베드하기

1. 프로젝트, 과제, 자료 등을 모아두는 페이지를 만들어봅시다. '/파일'을 입력한 후 파일 블록을 선택합니다.

2. 업로드할 파일을 선택합니다.

3 파일이 업로드되었습니다.

4 이번에는 '/임베드'를 입력한 후 임베드 블록을 선택합니다.

5 임베드할 파일을 선택합니다.

6 다음과 같이 파일이 임베드되었습니다. 파일 업로드 결과와 임베드 결과를 나란히 살펴보세요.

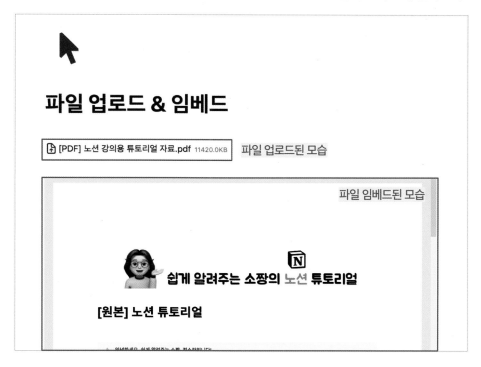

STEP 02 꿀팁 대방출 - 고급 블록 편

1. 목차도 원샷 원킬

아직도 일일이 목차를 만들고 있나요? 제목에 따라 자동으로 목차가 생성되면 어떨지 상상해본 적이 있다면 기뻐하십시오. 노션에서는 가능합니다. 제목 블록만 추가하면 자동으로 목차를 생성합니다. 생성된 목차를 클릭하면 해당 위치로 바로 이동하는 센스까지 있습니다.

》목차 만드는 방법

목차를 만들려면 먼저 제목이 필요합니다. 노션에서 '/제목'을 입력하고 원하는 제목 블록을 클릭합니다. 좀 더 빠르게 제목 블록을 만들고 싶다면 번호 기호(#)를 떠올려주세요. 번호 기호(#) 1개에 제목1, 2개에 제목2, 3개에 제목3 블록을 만들 수 있답니다.

제목을 나눠서 입력했다면 이제는 목차를 만듭시다. '/목차'를 입력한 후 목차 블록을 선택합니다.

이제 앞서 입력한 제목들이 어떻게 목차로 만들어졌는지 확인해봅시다. 들여쓰기 정렬이 자동으로 완성된 목차가 만들어졌습니다. 이제 목차에 있는 제목을 클릭하면 그 제목에 해당하는 페이지 위치로 이동합니다.

제목 1

　제목 1-1

　　제목 1-2

제목 2

　제목 2-1

　　제목 2-2

목차 기능을 사용하면 노션 페이지가 아무리 길어도 손쉽게 원하는 위치로 이동할 수 있습니다. 다음은 목차를 활용한 모습입니다. 제목 블록을 활용해 페이지 내용을 정리하고 목차 블록을 추가하면 이렇게 보기 좋게 페이지에 대해 안내할 수 있습니다.

🔖 목차 : 원하는 제목을 클릭하면 바로 이동합니다!

💡 노션이 **처음**이라면 **순서대로** 읽으면서 따라 해보시길 추천합니다.
중간에 `Task` 를 넣어두었습니다. 샘플 페이지를 보며 따라 해보세요!

그렇다면 이 전자책을 다 읽었을 때는 분명 노션 중수 이상을 되어있을 거예요😎

🔖 저자 소개

　쉽게 알려주는 소짱, 전소라

　소짱 노션 포트폴리오 구경가기••

🔖 목차 : 원하는 제목을 클릭하면 바로 이동합니다!

🔖 Intro

　당신도 노션을 메모장으로만 쓰고 있나요?

　⚠ 잠깐, 시작 전에 노션 세팅부터 점검하고 갈게요!

🔖 꿀팁 대방출 - 기본 블록편

　0) 노션 용어부터 익히기

　1) 제일 많이 쓰는 노션 단축키부터 알고 갑시다!

　2) 콜아웃 줄 바꿈 못해본 사람 손 들어보세요🙋

　3) 진정한 노꾸는 여기서부터 시작된다!

목차 생성된 부분

》 [따라 하기] 목차 만들기

1 '/제목'을 입력해 세 가지 제목 블록을 추가합니다.

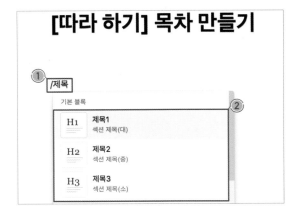

2 '제목1', '제목2', '제목3' 부분에 원하는 내용을 작성합니다.

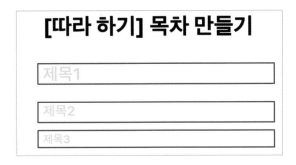

3 '/목차'를 입력한 후 목차 블록을 선택합니다.

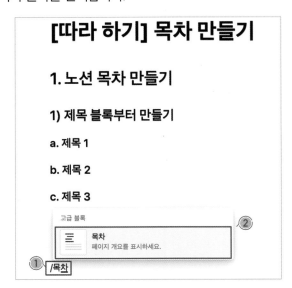

4 입력한 제목 블록의 뎁스에 따라 자동으로 목차가 완성되는 재미를 맛볼 수 있습니다.

[따라 하기] 목차 만들기

1. 노션 목차 만들기

1) 제목 블록부터 만들기

a. 제목 1

b. 제목 2

c. 제목 3

```
1. 노션 목차 만들기
    1) 제목 블록부터 만들기
        a. 제목 1
        b. 제목 2
        c. 제목 3
```

2. 좌표만 찍으면 순간 이동 완성

목차에 이어, 페이지에서 원하는 위치로 쉽게 이동할 수 있는 방법이 또 있습니다. 바로 블록 링크를 활용하는 것입니다. 노션에서는 콘텐츠가 모두 블록에 담기며 블록마다 링크를 만들 수 있습니다.

》블록 링크 만들기

노션 블록 왼쪽에는 항상 [+] 버튼과 메뉴 버튼(⠿)이 있습니다. 메뉴 버튼(⠿)을 클릭합니다.

[블록 링크 복사]를 선택합니다. 링크를 복사한 블록은 하늘색으로 표시됩니다.

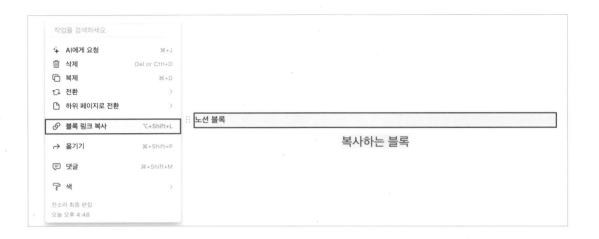

복사하는 블록

》 블록 이동 링크 만들기

이제 이동 좌표가 될 표시를 남기겠습니다. 다음과 같이 간단하게 작성해도 됩니다. 그리고 해당 문구를 드래그합니다.

드래그하면 자동으로 나타나는 메뉴 바에서 [링크] 버튼을 클릭합니다. 아까 복사한 블록 링크를 붙여 넣을 차례입니다. 링크를 붙여 넣으면 나타나는 블록에 대한 링크를 클릭합니다.

'블록으로 이동하기' 글씨가 연해지고 밑줄이 생겼습니다. 이는 블록 이동 링크가 완성된 모습입니다.

이제 블록 이동 링크를 클릭하면 해당 위치로 바로 이동합니다. 이 기능은 노션 포트폴리오나 긴 텍스트 페이지에 유용하게 활용됩니다. 긴 노션 페이지 중간중간 '목차로 이동하기' 링크를 제공하거나 페이지 맨 마지막에 '맨 위로 올라가기' 등을 원하는 대로 넣을 수 있습니다.

》 페이지 이동 링크 만들기

블록 이동 링크를 응용하면 페이지 이동도 가능합니다. 페이지도 블록이기 때문입니다. 페이지 이동 링크를 만드는 방법은 더 쉽습니다. 페이지 제목만 검색하면 링크를 생성할 수 있습니다.

이동 링크로 만들 텍스트 '다음 페이지로 가기'를 작성합니다. 텍스트를 드래그한 후 [링크] 버튼을 클릭합니다.

넘어갈 페이지 이름을 검색합니다. 몇 글자만 입력해도 자동으로 관련된 페이지들이 검색되니 그 중에서 이동할 페이지를 선택합니다.

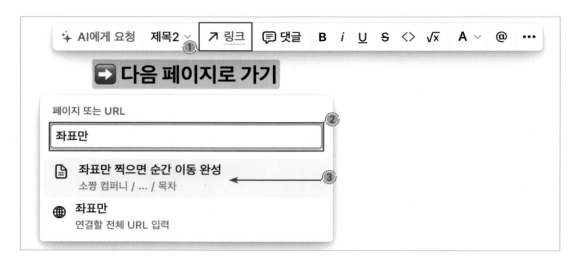

그럼 이제 '다음 페이지로 가기'를 클릭하면 '좌표만 찍으면 순간 이동 완성' 페이지로 이동합니다. 특히 누군가에게 안내하는 페이지를 만들 때 '여기를 클릭해보세요', '자세히 보러 가기' 등 안내 멘트와 함께 페이지 이동을 유도할 수 있습니다.

3. 한 번에 동기화되는 매직

같은 내용을 여러 페이지에서 활용하고 싶을 때 흔히 복붙(복사, 붙여 넣기)을 합니다. <Ctrl> + <C>, <Ctrl> + <V> 단축키로 해결할 수 있죠. 하지만 문제는 그 후에 생깁니다. 같은 부분을 모두 수정해야 할 때, 복사해둔 페이지마다 찾아다니며 하나씩 수정하느라 시간이 걸렸던 적 없나요? 그럴 때 유용하게 사용할 수 있는 동기화 기능을 소개하겠습니다.

》 동기화 블록 만들기

동기화 기능은 노션에서 각기 다른 페이지에 같은 내용을 입력할 때 어디에서 수정하든 상관없이 한 번에 동기화되는 기능입니다. 굳이 페이지를 옮겨다니며 따로 수정할 필요가 없습니다. 이 블록을 하나 만들어두면 자동으로 내용이 동시에 수정되고 저장됩니다. 동기화 블록을 추가하는 방법을 살펴보겠습니다.

'/동기화'를 입력한 후 고급 블록에 속하는 동기화 블록을 선택합니다.

생성된 동기화 블록에 내용을 입력합니다. 일반적으로 페이지에 입력하는 것처럼 빨간 네모 박스 안에 작성하면 됩니다.

글뿐만 아니라 이미지 블록도 추가할 수 있습니다. 페이지에 만들 수 있는 블록은 모두 추가할 수 있으며 여기에 담긴 내용은 고스란히 다른 페이지에도 동기화됩니다.

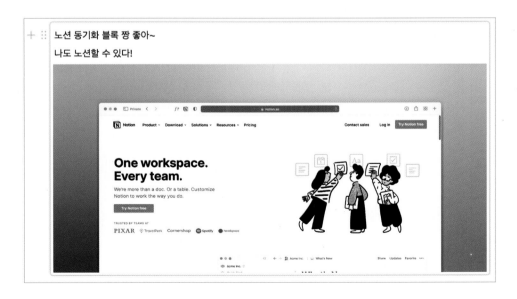

내용을 어느 정도 작성했으면 이제 다른 페이지로 블록을 복제해봅시다. 동기화 블록 오른쪽 상단에 있는 [복사하고 동기화하기] 버튼을 클릭합니다.

다음과 같이 동기화 블록 아래에 복사 완료 안내 메시지가 나타납니다.

》 동기화 블록 추가하기

이제 새로운 페이지로 옮겨봅시다. 새 페이지를 만들고 앞서 복사 완료된 동기화 블록을 붙여 넣습니다.

복사된 페이지에 텍스트를 입력하니 원래 페이지에도 입력한 텍스트가 바로 추가되었습니다.

이제 이 두 페이지 안에 있는 동기화 블록은 실시간으로 연동되어서 어느 페이지에서 수정하든 상관없이 똑같은 내용으로 저장됩니다.

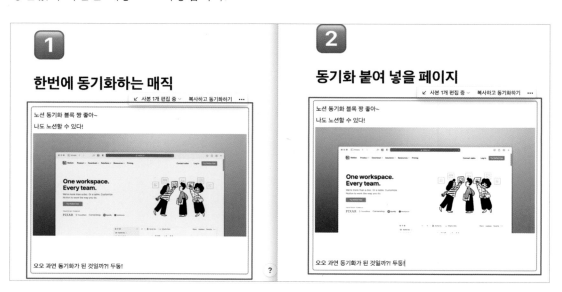

동기화 블록을 어디에 만들었는지, 몇 개나 만들었는지 확인하고 싶다면 상단의 [사본 1개 편집 중] 버튼을 클릭해보세요. 그러면 어디가 원본 페이지고, 어떤 페이지에 동기화 블록이 옮겨져 있는지 한 번에 확인할 수 있습니다.

》동기화 블록으로 전환하기

만약 처음부터 동기화 블록으로 만들지 않았다가 중간에 동기화 블록으로 바꾸고 싶다면 어떻게 할 수 있을지 궁금하다고요? 걱정하지 마세요. 아주 쉽게 전환하는 방법이 있습니다.

이미 만들어둔 블록 왼쪽 메뉴 버튼(⠿)을 클릭합니다. 그리고 [전환]을 클릭합니다.

전환 가능한 블록 중에서 [동기화 블록]을 클릭합니다.

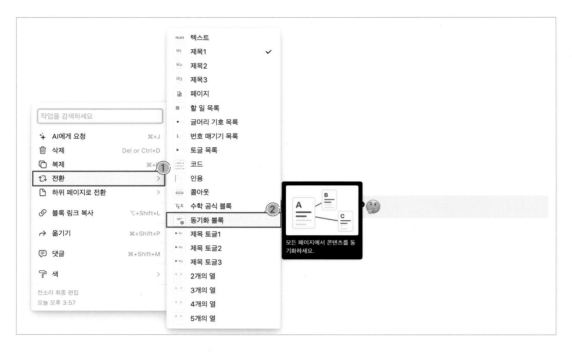

다음과 같이 동기화 블록으로 바뀌었습니다.

이 내용을 동기화할 수 있을까?🤔

동기화 블록은 클릭하면 빨간 네모 박스 형태로 보입니다. 이 네모 박스가 보인다면 동기화 블록으로 잘 만들어진 것입니다. 그 후 다른 페이지나 다른 위치에 추가하고 싶다면 앞서 살펴본 것처럼 동기화 블록을 복사한 후 붙여 넣으면 됩니다.

4. 클릭 한 번으로 완성하는 버튼

'버튼 하나만으로 사용하려는 페이지를 자동으로 불러오고, 입력하려던 내용이 착착 입력되면 얼마나 좋을까?'라고 생각해본 적이 있나요? 매번 내용을 찾기 위해 이동 경로를 따라 연이어 클릭하는 것에 지쳤다면, 업무 속도를 좀 더 높이고 싶다면 알아야 하는 기능입니다.

》 버튼 블록 만드는 방법

버튼 블록은 클릭 한 번으로 입력해둔 내용을 불러오는 블록입니다. 특별히 반복해서 입력하는 내용이 있거나 자주 복제하는 내용이 있다면 버튼 블록을 통해 시간을 단축할 수 있습니다.

'/버튼'을 입력한 후 버튼 블록을 선택합니다.

새 버튼에 이름을 입력하고 아이콘을 추가합니다.

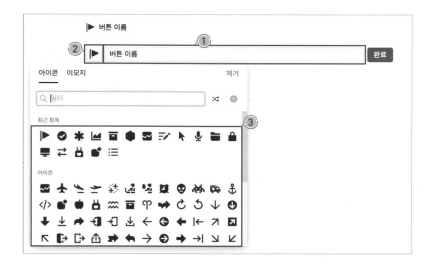

버튼으로 불러올 내용을 선택합니다.

버튼으로 설정해두고 불러올 수 있는 내용들입니다.

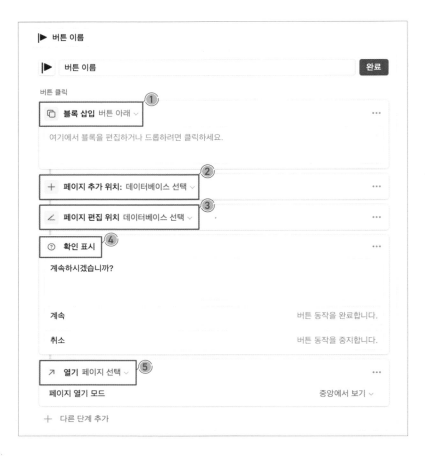

다음은 각 내용의 설명입니다.

① **블록 삽입**: 노션에 있는 모든 블록 중 하나를 선택할 수 있습니다.

② **페이지 추가 위치**: 데이터베이스에 새로운 페이지를 추가합니다.

③ **페이지 편집 위치**: 데이터베이스에 추가한 페이지의 속성을 편집합니다.

④ **확인 표시**: 버튼 동작을 계속할지 안내창을 표시합니다.

⑤ **열기**: 특정 페이지를 선택하여 열리도록 합니다.

> **잠깐!**
>
> 아직 데이터베이스를 살펴보기 전이라 블록을 입력하는 방법만 소개해보려 합니다. 이후 데이터베이스 기능을 살펴본 후에 데이터베이스에서 버튼을 활용하는 방법을 설명하도록 하겠습니다. 우선은 지금까지 배운 블록 기능들을 활용한 버튼 기능만 익혀보도록 합시다. 데이터베이스에서의 버튼 활용은 266쪽에서 확인하세요.

》버튼 내용 입력하기

[블록 삽입]을 클릭하여 앞서 배운 기본 블록, 텍스트 블록, 미디어 블록 등 페이지에 사용할 수 있는 모든 블록을 삽입할 수 있습니다.

원하는 내용을 입력하고 [완료]를 클릭합니다. 여기에서는 구분 선과 할 일 목록 블록으로 작성했습니다.

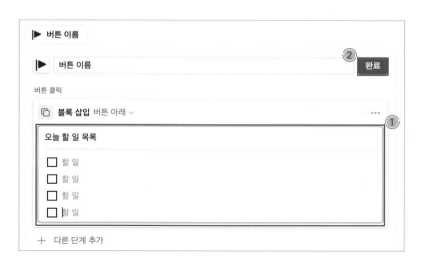

다음과 같이 페이지에 버튼이 보입니다.

완성된 버튼을 클릭하면 앞서 입력한 내용이 자동으로 불러와집니다.

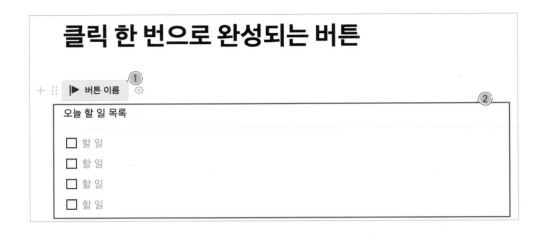

》버튼 수정 및 편집하기

버튼을 만들고 나서 내용을 수정하거나 편집해야 할 때가 있습니다. 또한, 버튼으로 블록을 딱 하나만 만들 수 있는 것도 아닙니다. 여러 개 블록을 순서대로 추가 또는 삭제할 수 있습니다.

버튼 블록 오른쪽에 있는 [편집] 버튼을 클릭합니다.

[…] 버튼을 클릭하면 위 또는 아래에 블록을 추가하거나 복제 및 삭제할 수 있습니다. 또 [+ 다른 단계 추가] 버튼을 클릭해서 다른 내용을 추가할 수도 있습니다.

버튼은 블록을 아래에서 위 순서로 불러옵니다. 버튼을 클릭한 후 가장 먼저 나타나길 원하는 내용은 블록 가장 아래에 추가해주세요. 밑에서부터 쌓인 블록 순서대로 페이지에 입력됩니다.

》[따라 하기] 루틴 버튼 만들기

1 '/버튼'을 입력한 후 버튼 블록을 클릭합니다

2 버튼 이름과 아이콘을 입력합니다.

3 [+ 단계 추가] 버튼을 클릭하고 [블록 삽입]을 선택합니다.

4 '/블록 이름'을 입력하고 블록을 선택합니다.

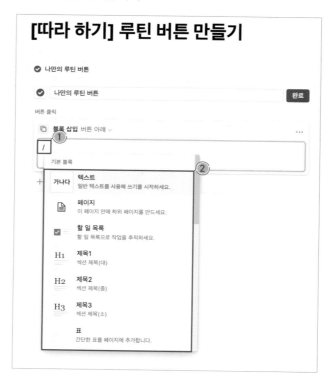

5 루틴 버튼을 만들기 위해 제목2 블록과 할 일 목록 블록을 입력합니다. '/제목2'와 '/할 일 목록'을 입력하고 블록 배경색을 설정한 후 [완료] 버튼을 클릭합니다.

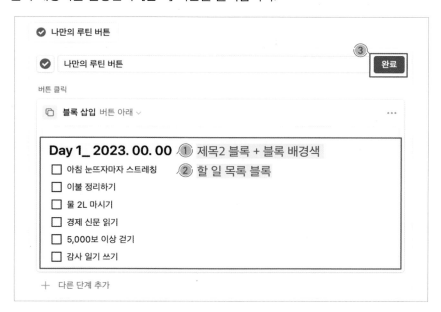

6 완성된 '나만의 루틴 버튼'을 클릭합니다.

7 앞서 입력한 내용이 자동으로 불러와집니다.

이렇게 매일 반복해서 쓰거나 자주 입력하는 내용에 활용하면 좋습니다. 예를 들어 일기, 루틴 기록, 회의록 등 매번 정해진 포맷을 쓴다면 제격입니다. 버튼 블록에 자주 사용하는 내용들을 미리 만들어둔다면 간편하게 클릭 한 번으로 여러분의 업무와 기록이 더욱 수월해질 것입니다.

꿀팁 대방출
– 워크스페이스 세팅 편

1. 워크스페이스도 도메인도 나답게

'이게 바로 내 노션이다.'라고 분명하게 말하고 보여주고 싶다면 워크스페이스와 도메인으로 표현하는 방법이 있습니다. 새로 산 공책에 이름을 적듯이 노션에도 이름을 크게 적어봅시다.

》워크스페이스 이름 설정하기

노션에 가입하면 주어지는 공간을 워크스페이스라고 부르는데, 이 워크스페이스의 이름은 얼마든지 바꿀 수 있습니다. 기본적으로 가입할 때 입력한 이름, 닉네임에 따라 'OO의 노션'으로 나타납니다. 워크스페이스의 이름을 바꿔봅시다.

사이드바에서 [설정과 멤버]를 클릭합니다.

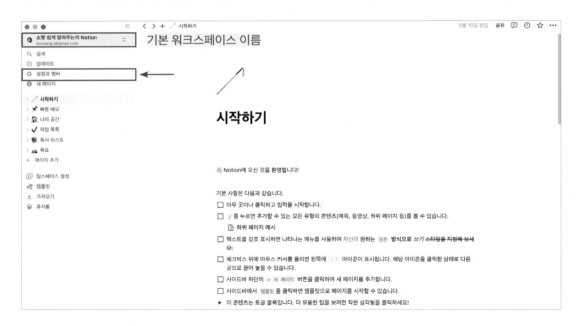

[설정]을 클릭하고 워크스페이스 설정에서 이름을 수정합니다. 이름뿐만 아니라 아이콘도 바꿀수 있어요.

다음과 같이 변경되었습니다.

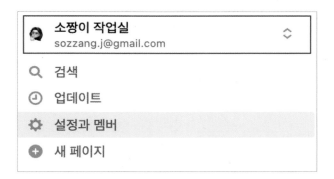

》 도메인 주소 설정하기

워크스페이스 이름을 바꾼 것과 마찬가지로 노션 페이지가 링크되는 도메인 주소도 일부 수정할 수 있습니다. 노션 페이지를 공유할 때마다 기본으로 나타나는 도메인 주소의 앞부분을 수정하는 것입니다.

사이드바에서 [설정과 멤버]를 클릭하고 [설정]을 선택합니다. 도메인 항목에서 영문으로 내용을 입력합니다.

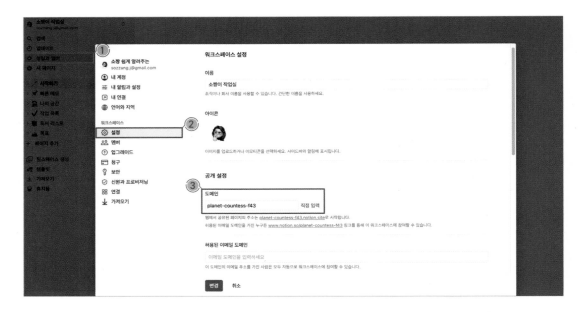

영문으로만 입력이 가능하며 사용 가능한 도메인이라고 떠야 설정이 완료됩니다. 이제 노션 페이지를 공유할 때마다 'https://도메인.notion.site/페이지 주소'라고 링크가 만들어집니다.

2. 한 계정 여러 워크스페이스

한 지붕 아래 여러 사람이 함께 살고 각자 쓰는 방이 따로 있듯이 노션도 한 계정에 여러 워크스페이스를 만들 수 있습니다. 업무용과 개인용을 확실하게 구분해서 쓰고 싶다면 워크스페이스를 분리해서 쓰는 것을 추천합니다.

》 워크스페이스 추가로 만드는 방법

사이드바에서 워크스페이스를 클릭합니다. 그 후 계정 오른쪽의 […] 버튼을 클릭한 후 [워크스페이스 생성 또는 참여]를 클릭합니다.

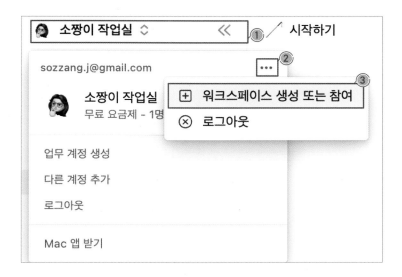

처음 노선에 가입했을 때처럼 사용 목적을 선택하고 [계속] 버튼을 클릭합니다.

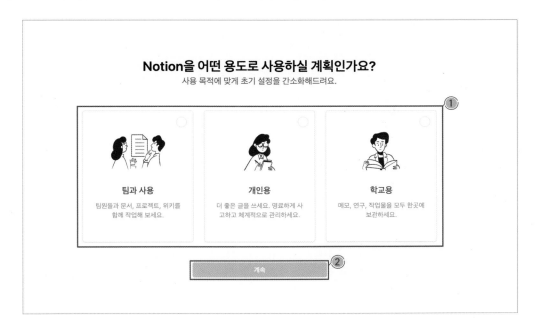

새로운 워크스페이스가 열리면서 시작하는 화면이 뜹니다.

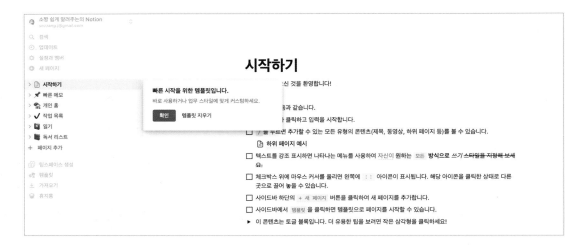

그 후 다시 사이드바에서 워크스페이스를 클릭하면 기존 워크스페이스와 함께 새롭게 추가된 워크스페이스가 보입니다.

》 워크스페이스 간 페이지 옮기기

이렇게 워크스페이스를 분리해서 쓸 때 기존 워크스페이스에 있던 내용을 어떻게 새로운 워크스페이스로 옮겨야 하나 고민된다고요? 그럴 때 활용할 수 있는 쉽게 옮기는 방법도 살펴봅시다.

옮기고 싶은 페이지를 선택하고 페이지 이름 오른쪽 […] 버튼을 클릭한 후 [옮기기]를 클릭합니다.

하단에 워크스페이스를 선택하는 버튼이 있습니다. 여기에서 옮길 워크스페이스를 선택합니다.

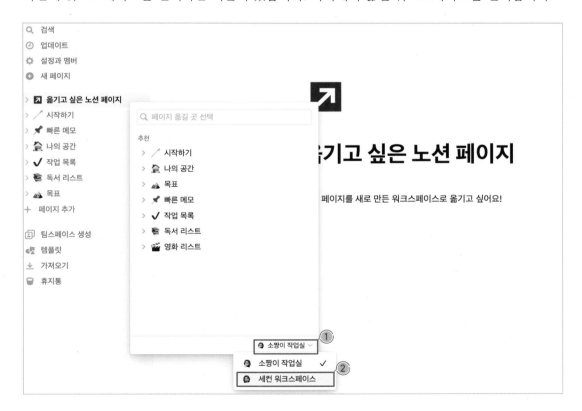

옮길 워크스페이스를 선택한 후에 옮길 페이지 위치로 [개인 페이지]를 선택합니다.

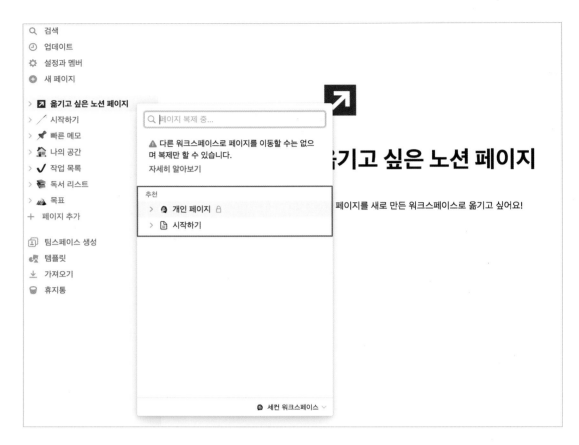

복제된 페이지가 동일하게 유지되지 않을 수 있고 복제본을 만드는 과정이라는 안내창이 뜹니다. 즉, 지금 페이지를 옮긴다는 건 복제하는 것이기에 이후 수정한 내용은 반영되지 않습니다. [복제하기] 버튼을 클릭합니다.

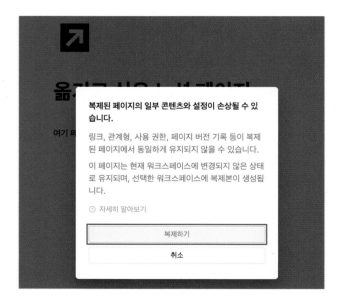

소짱이 작업실 워크스페이스에 있던 '옮기고 싶은 노션 페이지'가 세컨드 워크스페이스로 무사히 옮겨졌습니다.

잠깐!

현재 옮긴 페이지는 복제본이라 동시 수정 및 작업은 불가하다는 사실을 기억하고 사용해주세요.

》워크스페이스를 삭제하는 방법

워크스페이스를 만드는 개수는 제한이 없습니다. 다만 너무 많이 만들면 효율성이 떨어질 뿐 아니라 노션 프로그램 속도도 느려지고 관리가 불편해집니다. 그래서 적절한 개수로 만드는 것을 추천합니다. 이미 많이 만들었을 때 어떻게 워크스페이스를 삭제하는지도 살펴봅시다.

삭제할 워크스페이스에서 사이드바에 있는 [설정과 멤버]를 클릭합니다.

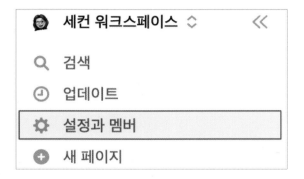

[설정]에서 [워크스페이스 삭제] 버튼을 클릭합니다.

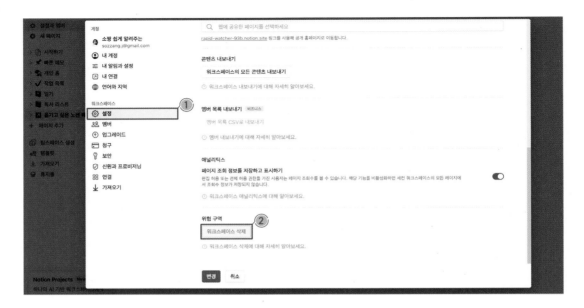

워크스페이스 삭제와 관련한 안내창이 뜨면 워크스페이스 이름을 똑같이 입력합니다.

다음과 같이 워크스페이스 이름을 작성하고 [워크스페이스 영구 삭제] 버튼을 클릭합니다.

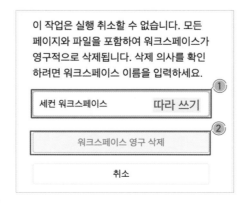

3. 꼭 한 계정만 쓰란 법은 없다

한 계정에서 워크스페이스를 여러 개 만들 수 있으니 그걸로 됐다 싶을 수 있지만 꼭 한 계정만 만들어서 쓰란 법은 없습니다. 즉 여러 계정을 만드는 것도 가능하단 이야기죠. 회사 계정으로도 가입해서 쓰고 개인 계정으로도 가입해서 쓸 수 있습니다. 계정을 만드는 수에도 제한이 없어서 원하는 만큼 만들 수 있습니다. 무료 요금제로 이용하면서도 다양하게 활용할 수 있는 꿀팁입니다.

필자는 총 3개의 계정을 쓰고 있습니다. 교육용 이메일을 활용한 계정, 팀 프로젝트용으로 사용했던 계정, 해당 도서의 예시를 위해 추가로 만든 계정까지 총 3개의 계정을 사용하고 있습니다.

각 계정으로 로그인을 한 번만 해두면 워크스페이스를 왔다 갔다 하는 게 어렵지 않습니다. 별도로 로그아웃하지 않는 이상 자동 로그인 상태로 지속되어서 워크스페이스 간 이동이 편리합니다.

》노션 계정 추가하기

워크스페이스를 클릭하고 [다른 계정 추가] 버튼을 클릭합니다.

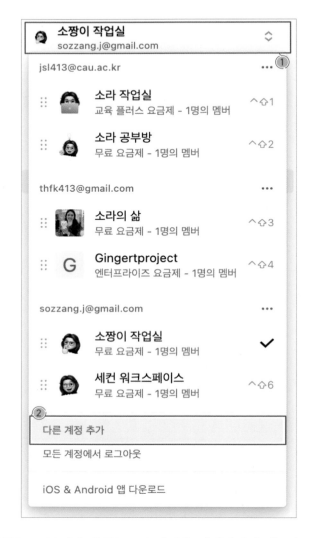

계정 추가 창에서 구글(Google)이나 애플(Apple) 계정을 선택하거나 새로운 이메일 주소를 선택합니다. 처음 노션에 가입할 때와 마찬가지로 입력하면 금방 다른 계정이 추가됩니다.

4. 무료 업그레이드 혜택 야무지게 챙기기

현재(2024.01. 기준) 노션은 무료로 쓸 수 있습니다. 혼자서 쓰는 데에는 무료 요금제도 충분합니다. 다만 다른 사람들을 초대하거나 협업해서 쓸 때는 무료 요금제로는 한계가 있습니다. 그럴 때 유료 요금제로 업그레이드하는 방법도 살펴보세요.

	무료 $0	플러스 $8 매달 멤버 1인당	비즈니스 $15 매달 멤버 1인당	엔터프라이즈 $20 매달 멤버 1인당
연간 결제 매달	현재 요금제	업그레이드	업그레이드 체험판 요청하기	업그레이드 체험판 요청하기
콘텐츠				
페이지와 블록	개인 사용자는 무제한, 멤버가 2명 이상인 경우 블록 개수가 제한된 체 험판	무제한	무제한	무제한
파일 업로드	최대 5MB	무제한	무제한	무제한
페이지 기록	7일	30일	90일	무제한
페이지 애널리틱스	기본	기본	고급	고급
공유와 공동 작업				
공동 워크스페이스	✓	✓	✓	✓
게스트 공동 작업자	10	100	250	사용자 지정
공개 홈페이지를 위한 notion.site 도메 인 커스텀		✓	✓	✓
사용 권한 그룹	✓	✓	✓	✓
팀스페이스(공개 & 참가 제한)	✓	✓	✓	✓
팀스페이스(비공개)			✓	✓
고급 팀스페이스 권한				✓

》노션 요금제 종류

노션의 요금제는 무료 요금제, 플러스 요금제, 비즈니스 요금제, 엔터프라이즈 요금제 이렇게 총 네 가지입니다. 블록 개수와 초대할 수 있는 인원수, 파일 업로드 용량에 제한이 다릅니다. 이 외에도 관리와 보안 부분에서 차이가 있습니다.

잠깐!

> 연간 결제와 월간 결제에 따라 금액 차이가 있으니 유의하세요. 노션 홈페이지에서 요금제 특징에 대해 자세히 비교할 수 있으니 참고하세요.
> - 노션 요금제: notion.so/ko-kr/pricing

》플러스 요금제 무료로 쓰는 방법

개인이 사용할 때 선택할 수 있는 요금제는 무료 요금제 또는 유료 플러스 요금제입니다. 이때, 플러스 요금제를 무료로 쓸 수 있는 방법이 있습니다. 매달 8~10달러(2024.01. 기준 연간 결제 금액~월 간 결제 금액)를 아낄 수 있는 꿀팁입니다.

바로 교육용 계정으로 노션을 사용하는 방법입니다. 대학교 이메일 주소로 노션에 가입하면 플러 스 요금제를 무료로 사용할 수 있습니다.

학교 이메일 계정이 유효하다고 확인되면 별도 서류 제출 없이 자동으로 플러스 요금제로 업그레이드됩니다. 현재 재학 여부와 상관없이 발급받은 대학교 이메일 계정이 있다면 언제든지 무료 업그레이드가 가능합니다. 학생뿐만 아니라 교직원도 사용할 수 있습니다.

잠깐!

다만, 학교에 따라 졸업 이후에 이메일 사용이 불가한 경우가 있습니다. 내가 속한 학교는 어떤지 확인하고 졸업 전에 다른 노션 계정으로 페이지들을 옮기는 걸 추천합니다.

》교육용 계정으로 변경하는 방법

새로 가입하지 않고 기존 계정에서 이메일을 변경하는 방법도 있습니다. 사이드바의 [설정과 멤버]를 클릭합니다. 그리고 [내 계정]을 선택한 후 [이메일 변경]에 학교 이메일을 입력합니다.

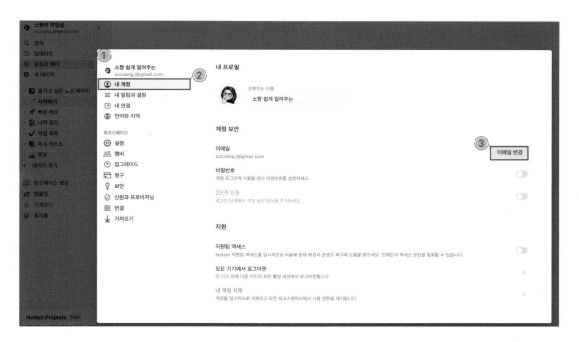

이메일을 변경했으면 이번에는 [설정과 멤버]에서 [업그레이드]를 선택하고 '교육 요금제 사용하기'를 클릭합니다. 이메일 인증이 자동으로 완료되었다면 교육 요금제 사용 설정이 완료됩니다.

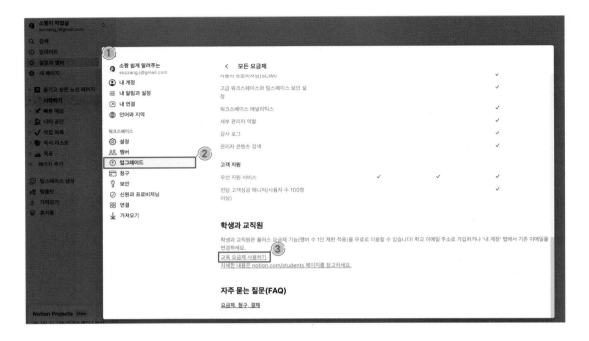

5. 여럿이서 쓰면 더 재미있는 노션

노션의 진가가 발휘될 때는 바로 여럿이 함께 쓸 때입니다. 혼자서도 노션을 충분히 잘 활용할 수 있지만, 여럿이 따로 또 같이 쓸 때는 더욱 노션의 활용도가 빛을 발합니다. 노션을 여러 명이 함께 쓸 수 있는 방법은 두 가지가 있습니다. 팀 공간을 별도로 새로 만들거나 기존 페이지 중 일부에 게스트를 초대해서 사용하는 방법입니다. 방법별로 간단하게 살펴봅시다.

》팀스페이스 만들기

노션 계정에서 개인 스페이스 외에 팀을 위한 공간을 추가하는 방법입니다. 마치 집 안에 침실 외에 게스트룸을 추가하는 것처럼, 팀을 위한 공간으로 구분하는 것입니다. 그리고 이 공간에 나 외에 다른 멤버를 초대해서 함께 사용할 수 있습니다. 일회성이 아닌 긴 시간 함께 사용해야 할 때 만드는 것을 추천합니다.

팀스페이스를 만드는 방법은 간단합니다. 사이드바에서 [팀스페이스 생성]을 클릭합니다.

새 팀스페이스 만들기 창에서 팀스페이스의 이름과 간단한 설명을 작성합니다.

그리고 공유할 멤버들의 범위를 선택합니다.

이제 팀스페이스를 함께 쓸 멤버를 초대합니다. 초대하는 방법은 멤버의 노션 이메일을 입력하거나 멤버에게 초대 링크를 복사해서 전달하는 방법 두 가지가 있습니다. 편한 방법으로 초대합니다.

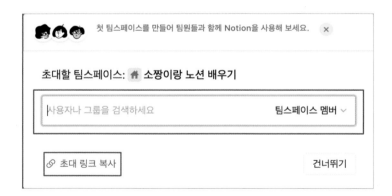

팀스페이스 생성이 완료되면 사이드바에 팀스페이스 페이지가 구분 됩니다. 기본 템플릿으로 팀스페이스 페이지가 꾸며집니다. 여기서 필요한 템플릿은 활용하고 불필요한 페이지는 삭제합니다.

팀스페이스를 만든 후에 기타 설정을 변경하고 싶을 때는 사이드바에서 팀스페이스 이름 오른쪽 [⋯] 버튼을 클릭한 후 [팀스페이스 설정]을 선택합니다.

[설정] 탭에서는 세부적인 설정을 바꿀 수 있습니다.

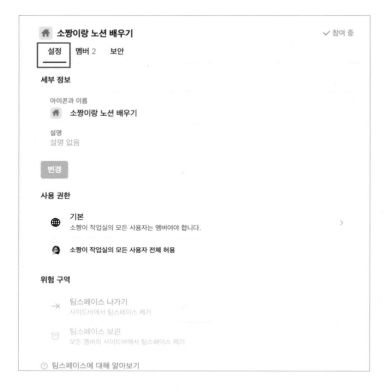

세부 정보뿐만 아니라 팀 멤버도 관리할 수 있습니다.

또, 보안과 관련한 설정도 바꿀 수 있습니다.

잠깐!

무료 요금제에서 팀스페이스를 만들고 멤버를 초대하면 몇 가지 제한 사항이 발생합니다.

1. 만들 수 있는 블록 수가 1,000개로 제한됩니다. 1,000개를 초과해서 새로운 블록을 만들 수 없어요.
2. 초대한 멤버의 권한 설정이 제한됩니다. 편집 허용 권한은 사용할 수 없고 전체 허용, 댓글 허용, 읽기 허용 중에서만 선택 가능합니다.
3. 페이지 보안과 관련해서 제한이 있습니다.

만약 팀스페이스를 안전하고 편안하게 쓰고 싶다면 유료 요금제로의 업그레이드를 추천합니다.

》 게스트 초대하기

팀스페이스처럼 별도 공간을 만들지 않아도 기존에 사용하던 페이지에 게스트로 초대하는 방법이 있습니다. 짧은 기간 함께 쓰거나 공유할 내용이 있을 때 잠깐 초대해서 쓰는 방법입니다. 팀스페이스로 제한되는 사항들이 아쉽다면 게스트 초대 방법을 추천합니다.

게스트를 초대할 페이지를 정하고 페이지 오른쪽 상단에 있는 [공유] 버튼을 클릭합니다.

초대할 게스트의 노션 계정을 입력하고 [이메일 주소 초대]를 클릭합니다.

초대할 게스트의 권한을 선택합니다.

무료 요금제에서는 전체 허용부터, 댓글 허용, 읽기 허용이 가능합니다.

1. 전체 허용: 편집 및 다른 사람과 공유 허용
2. 댓글 허용: 읽기 및 댓글 허용, 편집 & 공유 불가
3. 읽기 허용: 읽기만 가능. 댓글과 다른 사람과 공유 불가

만약 편집을 허용하고 싶다면 플러스 요금제로 업그레이드해야 합니다.

팀스페이스의 멤버로 추가하는 것이 아니라 게스트로 초대하는 것이기에 워크스페이스의 추가 부분은 [건너뛰기]를 클릭합니다. 그래야 게스트로 초대되어 블록 개수를 제한받지 않습니다.

이제 게스트 초대가 완료되었습니다.

사이드바에도 공유된 페이지로 별도 구분되어 나타났습니다.

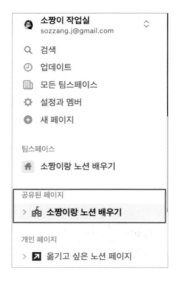

잠깐!

요금제별로 초대 가능한 게스트 인원이 정해져 있습니다.

무료 요금제: 최대 10명
- 플러스 요금제: 최대 100명
- 비즈니스 요금제: 최대 250명
- 엔터프라이즈 요금제: 맞춤형 게스트 한도

》팀스페이스 vs 게스트 초대

팀스페이스와 게스트 초대를 비교해서 살펴보겠습니다. 상황과 필요에 따라 활용하세요.

팀스페이스	게스트 초대
- 여러 페이지를 함께 사용해야 한다.	- 한 페이지만 사용하면 된다.
- 한 달 이상 장기적으로 사용할 예정이다.	- 단기적으로 잠깐씩만 사용할 예정이다.
- 유료 요금제를 이용한다.	- 무료 요금제를 이용한다.

STEP 04 따라 만들기

미디어 블록들을 활용해서 어떤 페이지를 만들 수 있는지 예시 페이지들을 통해 확인해봅시다. 직접 하나씩 따라 만들다 보면 페이지가 뚝딱 완성되어 있을 거예요.

예시 페이지 1 - 생일 파티 초대 페이지

1년에 한 번뿐인 생일을 즐겁게 보내고 싶다면, 사랑하는 사람들과 함께 하는 것만큼 확실한 행복은 없죠. 좋아하는 친구들에게 파티 초대 페이지를 보내봅시다. 노션에서 미디어 블록들을 활용하면 간편하면서도 귀여운 생일 초대장을 만들 수 있습니다.

🎂 무엇을?

시간	프로그램	내용
7:00 - 8:00	저녁 식사	- 비건식 - 핑거푸드 - 마실 음료
8:00 - 9:00	축하공연 & 놀이	- 스윙댄스 타임 - 보드게임
9:00 - 9:30	선물 발표	- 소영이를 생각하면 주고 싶은 선물 or 애장품 소개하기
9:30 - 9:50	경품 추천	- 소영이가 친구들에게 주고 싶은 선물 제비뽑아 증정
9:50 - 이후	포토타임 & 마무리 정리	- 꼬깔모자, 생일 축하 가랜더, 풍선

✅ 준비사항 : 건강, 생일 축하 카드, 주고 싶은 선물

모두 내 생일 파티에서 만나요😳

어떤 블록들을 사용했는지 단축키로 빠르게 훑어봅시다.

> **치트키** 1.이미지 업로드 블록: '/이미지' → [업로드] → [파일 업로드]
> 2. 제목1 블록과 이모지 블록: '/제목1' + '/이모지'
> 3. 구글 맵 임베드 블록: '/임베드' → 구글 맵 링크 복사 & 붙여 넣기 → [지도 임베드]
> 4. 기본 표 블록: '/표'
> 5. 유튜브 영상 임베드 블록: 유튜브 링크 복사 & 붙여 넣기 → [임베드 생성]
> 6. 이미지 GIF 블록: '/이미지' → [GIPHY] → GIF 선택

이제, 앞서 배운 미디어 블록들을 찾아봅시다.

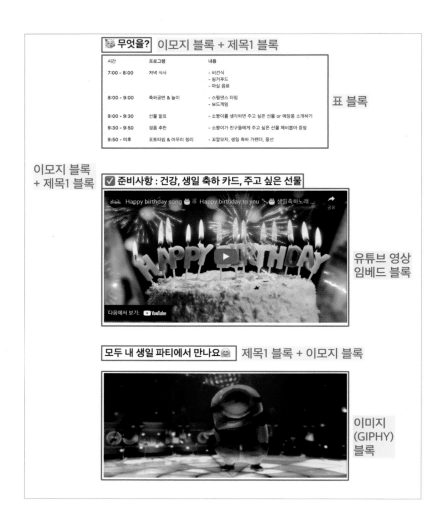

》이미지 업로드 블록

페이지에서 '/이미지'를 입력하고 이미지 블록을 선택합니다.

원하는 이미지를 업로드합니다.

생일 파티 이미지를 업로드했습니다.

》제목1 블록과 이모지 블록

'/제목'을 입력한 후 제목1 블록을 선택하고 내용을 입력합니다.

제목1 블록에 '/이모지'를 입력하고 원하는 이모지를 선택합니다.

생일 파티 안내를 입력합니다.

😮 언제? 2023년 4월 13일 목요일 저녁 7시

안내할 내용들을 동일하게 입력합니다.

》구글 맵 임베드 블록

생일 파티 장소를 임베드 블록으로 추가해봅시다. 먼저 불러올 주소를 구글 맵(Google maps)에서 검색하고 링크를 복사합니다.

'/임베드'를 입력하고 [Google Maps]을 클릭합니다.

복사한 구글 주소를 붙여 넣고 [지도 임베드]를 클릭합니다.

구글 지도가 노션 페이지 안으로 임베드되었습니다.

》표 블록

생일 파티 프로그램을 자세히 안내하기 위해 표 블록을 추가하겠습니다. '/표'를 입력 후 표를 선택합니다.

표에 열과 행을 추가합니다. 오른쪽과 아래쪽에 있는 [+] 버튼을 이용하거나 오른쪽 모서리를 끌어당겨서 추가할 수 있습니다.

[옵션]을 클릭하고 [제목 열], [제목 행]을 활성화하여 제목 구분을 추가합니다.

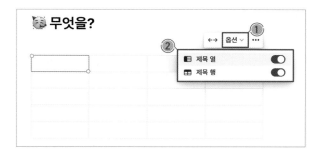

생일 파티 프로그램에 대한 자세한 안내를 입력합니다.

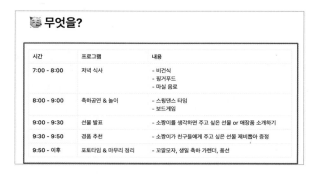

》유튜브 영상 임베드 블록

생일 축하 노래가 빠질 수 없죠. 유튜브에서 노래 영상을 선택하고 링크를 복사합니다.

노션 페이지에 붙여 넣은 후 [임베드 생성]을 선택합니다.

다음과 같이 영상이 임베드됩니다.

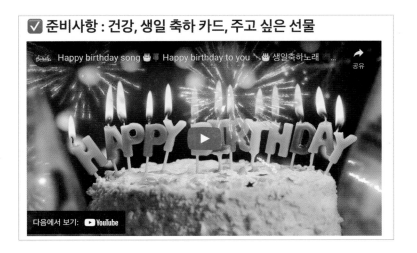

》 이미지 GIF 블록

신나는 파티답게 움직이는 이미지(GIF)를 추가해봅시다. '/이미지'를 입력 후 이미지 블록을 선택합니다.

[GIPHY] 탭에서 원하는 키워드를 입력하고 이미지를 선택합니다.

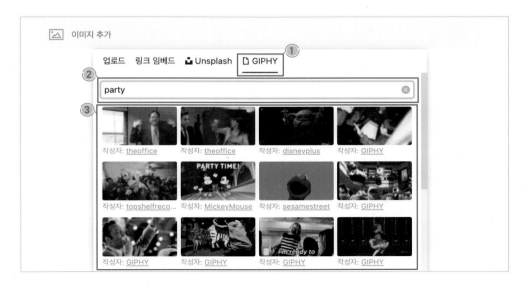

다음과 같이 GIF 블록이 생성되었습니다.

예시 페이지 2 - 덕질 페이지

인생을 좀 더 풍요롭게 해주는 덕질을 노션으로 현명하게 즐겨봅시다. 최애 가수의 최신 앨범, 좋아하는 음악 리스트, 보기만 해도 행복하게 해주는 포토카드 등 좋아하는 것들로만 가득 채운 페이지를 만들 수 있습니다. 따로 덕질하는 분야가 없다면 스스로를 덕질해보는 것도 추천합니다. 다음 예시처럼 말이죠.

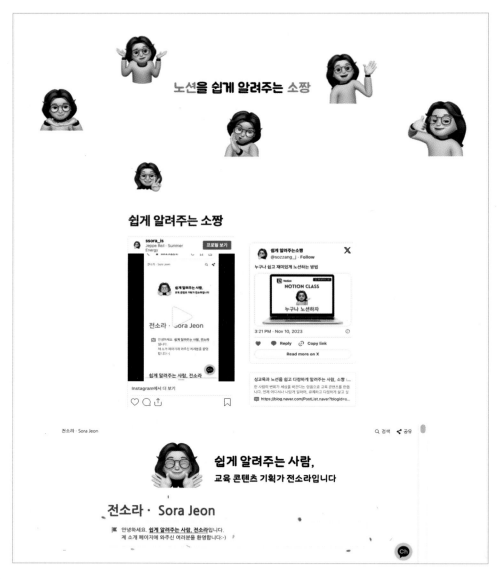

다음은 단축키로 빠르게 페이지를 만드는 방법입니다.

치트키 1. 아이콘: 아이콘 → [사용자 지정]
       2. 커버 이미지: [커버 추가] → [업로드]
       3. 열 나누기: '/열' → [2개의 열]
       4. 임베드 블록1: 인스타그램 링크 복사 & 붙여 넣기 → [임베드 생성]
       5. 임베드 블록2: 트위터 링크 복사 & 붙여 넣기 → [임베드 생성]
       6. 북마크 블록: 블로그 링크 복사 & 붙여 넣기 → [북마크 생성]
       7. 임베드 블록3: 웹사이트 링크 복사 & 붙여 넣기 → [임베드 생성]

다음 이미지에 표시된 블록을 살펴봅시다.

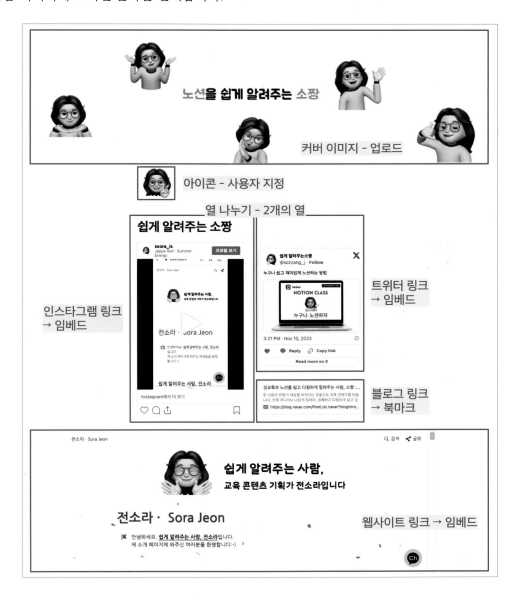

》 아이콘 및 커버 추가와 열 나누기

새 페이지를 만들고 아이콘과 커버를 추가합니다. 아이콘에서는 [사용자 지정] 탭을 클릭한 후 원하는 이미지 파일을 업로드합니다.

커버도 마찬가지로 원하는 이미지를 미리 준비해서 업로드합니다.

'/열'을 입력한 후 2개 열로 나눕니다.

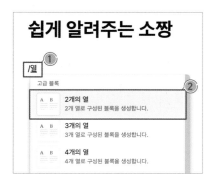

》 인스타그램 임베드 블록

인스타그램(Instagram)에서 가져올 게시글을 선택하고 링크를 복사합니다.

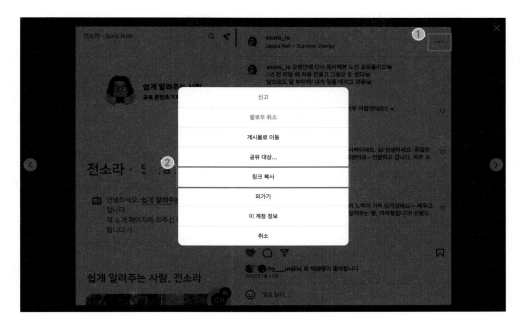

노션 페이지 왼쪽 열에 붙여 넣은 후 [임베드 생성]을 선택합니다.

다음과 같이 임베드된 모습을 확인할 수 있습니다.

AI 기능은 '스페이스 키', 명령어는 '/' 입력

》트위터 임베드 블록

인스타그램과 마찬가지로 트위터(Twitter)에서도 원하는 게시글 링크를 복사합니다.

노션 페이지 오른쪽 열에 붙여 넣은 후 [임베드 생성]을 선택합니다.

다음과 같이 임베드된 모습을 확인할 수 있습니다.

》블로그 북마크 블록

블로그 링크를 복사 후 노션 페이지에 붙여 넣은 후 [북마크 생성]을 선택합니다.

북마크가 생성되었습니다.

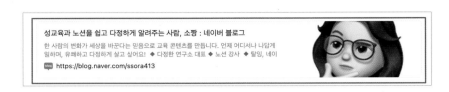

》웹사이트 임베드 블록

북마크 때와 마찬가지로 가져올 웹사이트 링크를 복사 후 노션 페이지에 붙여 넣고, [임베드 생성]을 선택합니다.

북마크와 임베드가 생성된 모습을 나란히 확인할 수 있습니다.

커버부터 아이콘, 최신 소식을 접할 수 있는 인스타그램과 트위터, 공식 홈페이지 링크까지 모두 넣어봤습니다. 어떤 블록들로 만들었는지 살펴보면 전혀 어렵지 않다는 것을 알 수 있을 있습니다. 여러분도 좋아하는 것들로 가득 채운 페이지를 만들어보세요. 보기만 해도 행복해질 수 있답니다.

예시 페이지 3 - 프로젝트 페이지

대학교 팀플 과제 또는 회사 프로젝트를 진행할 때 필요한 자료들을 한눈에 정리해서 모아두고 참여하는 팀원들이 진행 상황과 자료를 잘 파악할 수 있으면 참 좋죠. 자료가 어디에 있는지 매번 뒤적이지 않아도, 자주 사용하는 링크와 파일을 한곳에 모아놓기만 해도 훨씬 프로젝트 진행이 수월해질 거예요.

다음은 단축키로 빠르게 페이지를 만들 수 있는 방법입니다.

1. 페이지 전체 너비: 페이지 오른쪽 상단 […] → [전체 너비]
2. 열 나누기: '/열' → [3개의 열]
3. 제목2 블록과 블록 배경색: '/제목2' + 메뉴 버튼(⠿) → [색] → 배경색 선택
4. 웹사이트 북마크 블록: 웹사이트 링크 복사 & 붙여 넣기 → [북마크 생성]
5. 파일 업로드 블록: '/파일' → [업로드] → [파일을 선택하세요]
6. 파일 임베드 블록: '/임베드' → 파일 링크 복사 & 붙여 넣기 → [링크 임베드]
7. 웹사이트와 구글 설문지 임베드: 링크 복사 & 붙여 넣기 → [임베드 생성]

》페이지 전체 너비

새 페이지를 추가하고 아이콘, 커버, 제목까지 추가했다면 페이지 너비를 바꿔봅시다. 페이지 오른쪽 상단 […] 버튼을 클릭한 후 [전체 너비]를 활성화합니다.

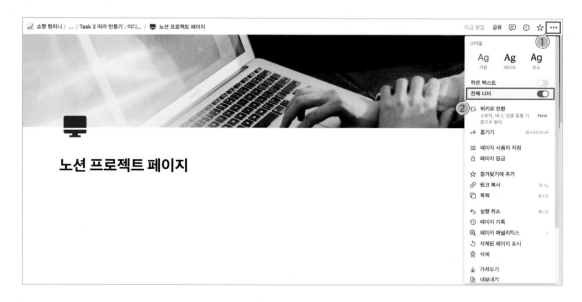

》열 나누기 – 3개의 열

'/열'을 입력하고 3개의 열 블록을 선택합니다.

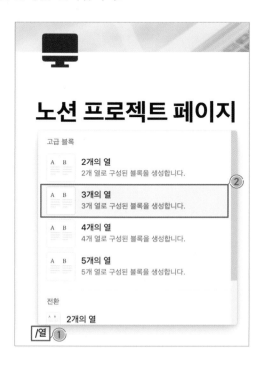

》블록 배경색

나눈 열을 드래그해서 전체를 선택한 후, 메뉴 버튼(⫶)에서 [색]을 클릭하고 배경색을 선택합니다.

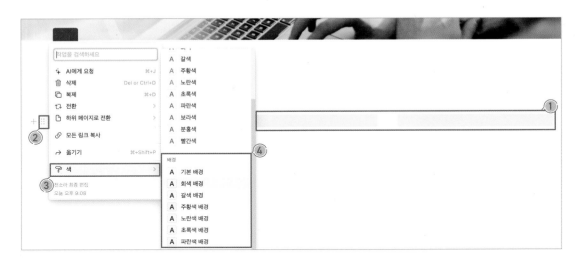

》제목2 블록

'/제목2'를 입력한 후 제목2 블록을 선택합니다.

분류로 사용할 제목을 입력합니다.

제목 아래에 필요한 내용들은 글머리 기호, 할 일 목록 블록으로 입력하면 깔끔합니다.

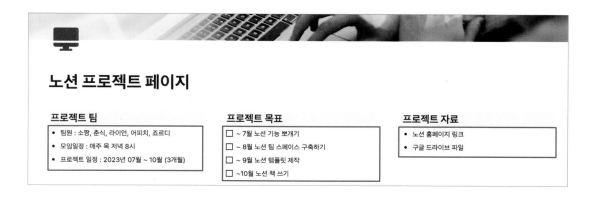

》 웹사이트 북마크 블록

프로젝트에 활용할 링크를 북마크로 추가해봅시다. 먼저 가져올 링크를 복사하고 페이지에 붙여 넣은 후 [북마크 생성]을 선택합니다.

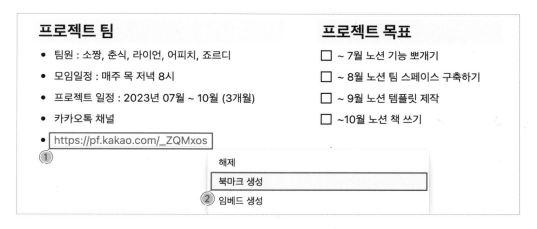

다음과 같이 링크가 북마크로 추가됩니다.

동일한 방법으로 북마크를 추가하면 다음과 같이 페이지를 정리할 수 있습니다.

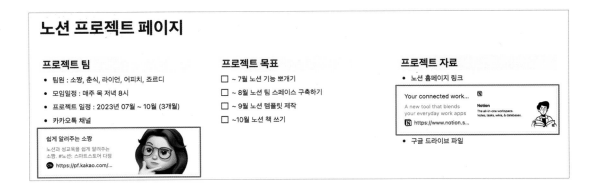

》파일 업로드 블록

'/파일'을 입력하고 파일 블록을 선택합니다.

가져올 파일을 선택하고 업로드합니다.

업로드한 파일이 추가된 모습입니다.

》파일 임베드 블록

'/임베드'를 입력하고 임베드 블록을 선택합니다.

가져올 파일 링크를 입력하고 [링크 임베드]를 클릭합니다.

다음과 같이 구글 슬라이드(Google Slides) 그대로 임베드되었습니다. 이렇게 여러분이 가지고 있는 파일을 업로드하거나 임베드하여 노션 페이지에 추가하세요.

》웹사이트와 구글 설문지 링크 임베드

웹사이트 또는 구글 설문지 링크를 노션 페이지에 입력하고 싶다면 따라 해봅시다. 링크를 복사 후 붙여 넣은 후 [임베드 생성]을 선택합니다. 열을 나누면 2개의 링크를 나란히 삽입할 수 있습니다.

나란히 링크가 임베드되었습니다. 이때 경계 부분에 있는 선을 통해 블록 크기를 조절할 수 있습니다.

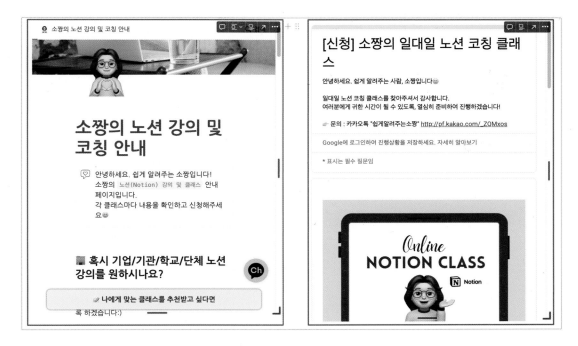

앞서 배웠던 기능들을 토대로 만든 프로젝트 페이지가 완성되었습니다. 이렇게 프로젝트에 활용할 수 있는 다양한 문서 파일, 참고용 웹사이트 링크 등을 한 페이지에 모아서 정리해봅시다. 이 페이지를 따라 만들 수 있다면 팀플도, 프로젝트도, 회사 TF 업무도 노션으로 쉽고 깔끔하게 진행할 수 있을 거예요.

예시 페이지 4 - 회의록 페이지

회사에서 프로젝트용 회의를 할 때 활용할 수 있는 페이지입니다. 회의 자료처럼 콘텐츠를 매번 동일한 포맷으로 정리할 수 있을 때 응용할 수 있습니다. 우리가 배운 고급 블록 중 목차 블록과 버튼 블록을 응용해서 만든 페이지입니다.

[따라 만들기] 회의록 페이지

⚙ 2023. 07. 01 회의록
회의 참석자 : 소짱, 춘식이, 라이언
회의 일시 : 2023. 07. 01 AM 10:00
오늘의 안건
회의 내용
업무 분담

🖊 회의록 양식

⚙ 2023. 07. 01 회의록

회의 참석자 : 소짱, 춘식이, 라이언

회의 일시 : 2023. 07. 01 AM 10:00

오늘의 안건
1. 노션 회의록 만들기
2. 노션 기능 파악하기
3. 회의록 페이지 및 양식 제작하기

회의 내용
1. 노션 회의록 만들기
   - 우리에게 노션 회의록이 필요한 이유
   - 그동안 회의록 작성한 방식 검토
2. 노션 기능 파악하기
   - 알고 있는 기능 점검하기
   - 회의록 제작에 필요한 기능 익히기
3. 회의록 페이지 및 양식 제작하기
   - 기본 페이지 제작하기
   - 버튼 기능 활용하기

업무 분담
- [ ] ~0/0까지 소짱 회의록 정리 및 공유하기
- [ ] ~0/0까지 춘식이 페이지 제작하기
- [ ] ~0/0까지 라이언 페이지 피드백하기

다음은 단축키로 빠르게 만드는 방법입니다.

치트키 1. 페이지 전체 너비: [···] → [전체 너비]
2. 열 나누기: '/열' → [2개의 열]
3. 버튼 블록: '/버튼'
4. 버튼 블록 설정 1: '/제목1' + '/이모지' + 메뉴 버튼(⠿) → [색] → 배경색 선택
5. 버튼 블록 설정 2: '/제목2' + '/번호' + '/구분선' + '/글머리 기호' + '/할 일 목록'
6. 목차 블록: '/목차'

다음 그림을 통해 페이지를 구성하고 있는 블록을 확인해봅시다.

[따라 만들기] 회의록 페이지

목차 블록

열 나누기 - 2개의 열

버튼 블록

제목1 블록 + 이모지 블록 + 블록 배경색

제목2 블록

번호 블록 + 구분선 블록

글머리 기호 블록

할 일 목록 블록

》페이지 전체 너비

페이지 오른쪽 […] 버튼을 클릭한 후 [전체 너비]를 활성화합니다.

》열 나누기 – 2개의 열

'/열'을 입력한 후 2개의 열 블록을 선택합니다.

》버튼 블록

오른쪽 열에서 '/버튼'을 입력한 후 버튼 블록을 생성합니다.

버튼 이름과 아이콘을 입력합니다.

[+ 단계 추가] 버튼을 클릭하고 [블록 삽입]을 선택합니다.

'/제목1'과 '/이모지'를 순서대로 입력합니다.

블록 왼쪽 메뉴 버튼(⠿)을 클릭한 후 [색]에서 배경색을 선택합니다.

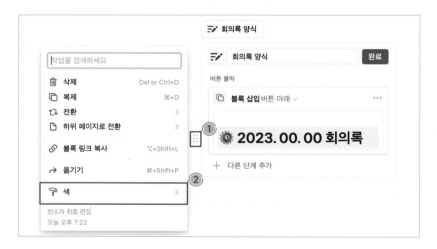

추가로 회의록 포맷으로 사용할 블록들을 입력합니다. '/제목2', '/번호', '/구분선', '/글머리 기호', '/할 일 목록' 블록 순으로 입력하여 만듭니다. 그리고 다음과 같이 내용을 입력한 후 [완료] 버튼을 클릭합니다.

[따라 만들기] 회의록 페이지

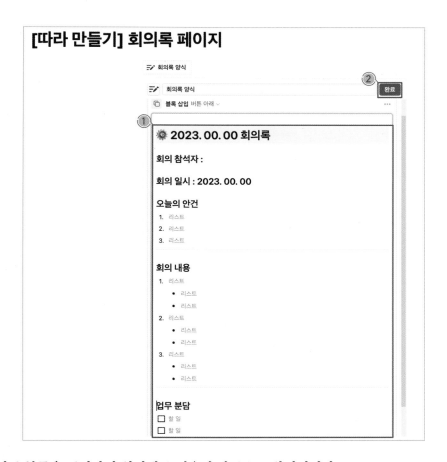

완성된 버튼 블록을 클릭하면 입력해둔 내용이 자동으로 완성됩니다.

[따라 만들기] 회의록 페이지

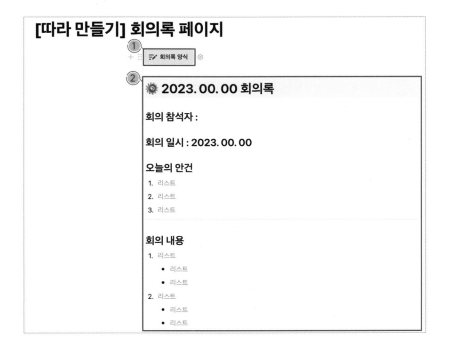

》 목차 블록

왼쪽 열에서 '/목차'를 입력하고 목차 블록을 생성합니다.

다음과 같이 목차가 자동으로 생성됩니다.

이제 회의 내용을 작성하면 끝! 매번 복사, 붙여넣기 하지 말고 이제 편하게 버튼 블록으로 만들어두고 씁시다.

PART 03

노션의 핵심,
데이터베이스

STEP 01 꿀팁 대방출 – 데이터베이스 1편

STEP 02 꿀팁 대방출 – 데이터베이스 2편

STEP 03 꿀팁 대방출 – 데이터베이스 3편

STEP 04 따라 만들기

예시 페이지 1 – 일정 및 할 일 관리 페이지

예시 페이지 2 – 데일리 리포트 페이지

예시 페이지 3 – 새해 목표 & 분기별 계획 페이지

예시 페이지 4 – 소비 일지 페이지

STEP 01 꿀팁 대방출 – 데이터베이스 1편

1. 1분 안에 데이터베이스 훑고 갑시다

왜 요즘 노션을 많이 쓰는지, 다른 협업 도구와는 무엇이 어떻게 다른지 알고 싶다면 바로 데이터베이스를 알아야 합니다. 노션의 핵심 기능이라 할 수 있습니다. 데이터베이스는 쉽게 말해 노션에서 제공되는 문서 포맷이자 틀이라고 이해하면 좋습니다.

》데이터베이스 종류

노션에서 제공되는 데이터베이스는 총 여섯 가지입니다. 표, 보드, 리스트, 캘린더, 갤러리, 타임라인 이렇게 있습니다. 업무, 메모, 프로젝트, 일정 관리 등에 사용하는 기능들을 담고 있는 틀입니다. 데이터베이스를 활용하면 단순 입력을 넘어 데이터끼리 연결과 연동, 필터와 관리 등이 가능합니다.

⊞	표
▥	보드
▤	타임라인
▦	캘린더
☰	리스트
▨	갤러리

데이터베이스 표

데이터베이스에서 가장 기본이 되는 표입니다. 흔히 사용하는 표의 모습과 비슷합니다. 엑셀과 스프레드시트 등에서 작업한 내용을 그대로 옮겨와서 활용할 수 있습니다.

잠깐!

표는 데이터베이스와 기본 블록 두 가지가 있습니다. 데이터베이스 표를 만들기 원하면 꼭 데이터베이스 표인지 확인하고 만드세요. 기본 블록 표는 데이터를 활용하는 기능이 없습니다.

데이터베이스 보드

보드는 진행 상태와 상황에 따라 표시하기 유용한 데이터베이스입니다. 기본적으로 '할 일', '진행 중', '완료' 상태에 따라 카드를 옮기는 형태로 사용할 수 있습니다. 프로젝트 진행 상황, 상태 표시 등을 할 때 유용합니다.

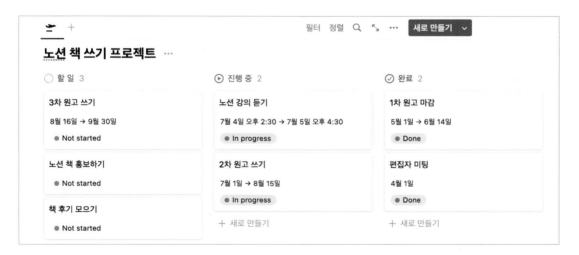

데이터베이스 갤러리

갤러리는 이미지를 저장, 관리하기에 가장 적합한 데이터베이스입니다. 포트폴리오에서 프로젝트를 소개하거나 사진첩으로 사진을 정리하거나 레퍼런스를 저장하는 등 이미지를 활용할 때 가장 많이 사용합니다.

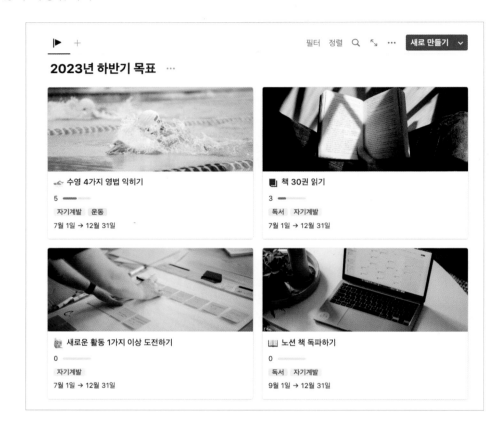

데이터베이스 캘린더

캘린더는 일정 관리를 비롯해 날짜별로 내용을 정리하고 작성할 때 적합한 데이터베이스입니다. 일정별로 할 일을 관리하거나 프로젝트 기한, 기간 등을 표시할 때 활용합니다.

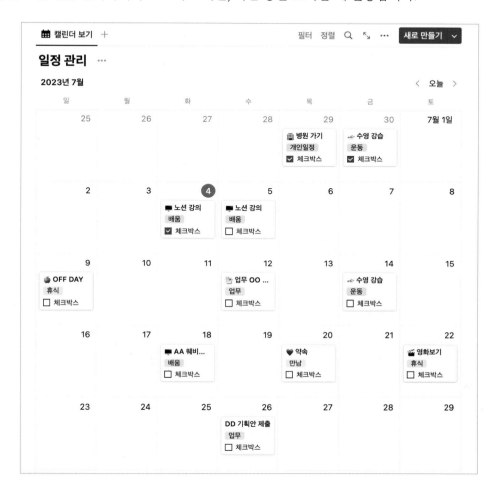

데이터베이스 타임라인

타임라인은 프로젝트 업무별 중장기 계획, 업무별 우선순위 등을 표시할 때 활용하는 데이터베이스입니다. 캘린더와 유사하지만 단순 일정 관리가 아닌 일정 간 흐름과 순서를 보고 싶을 때 활용하면 좋습니다. 때로는 마인드맵처럼 사용할 수도 있습니다.

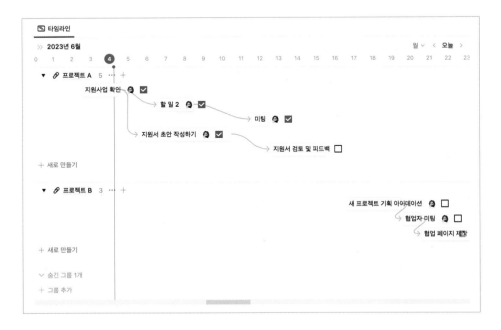

데이터베이스 리스트

리스트는 페이지 목록을 정리할 때 적합한 데이터베이스입니다. 반복하여 작성하는 페이지들을 한 번에 모을 때 많이 사용합니다. 주로 일기장, 회의록, 강의 노트 등으로 활용합니다.

》데이터베이스 만들기

데이터베이스를 만들고 싶다면 '/데이터베이스'를 입력하고 원하는 데이터베이스를 선택합니다.

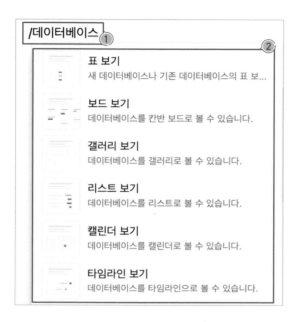

오른쪽 아래 [+ 새 데이터베이스 생성] 버튼을 클릭합니다.

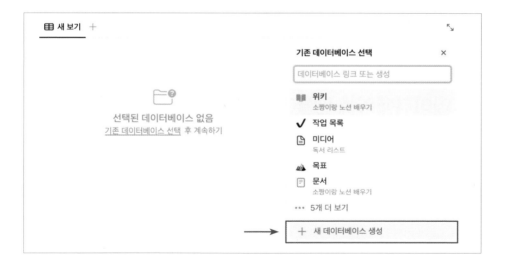

잠깐!

간혹 데이터베이스를 선택하고 바로 <Enter>를 입력하는 경우가 있는데, 그러면 새 데이터베이스가 생성되지 않습니다. 꼭 오른쪽 아래에 있는 [+ 새 데이터베이스 생성] 버튼을 클릭하세요.

2. 인라인과 전체 페이지를 알고 있나요?

데이터베이스를 만들 때 페이지 형식을 선택할 수 있습니다. 페이지 일부를 사용하는 것과 페이지 전체를 활용하는 것의 차이입니다. 이를 노션에서는 데이터베이스 인라인과 전체 페이지라고 합니다.

》 데이터베이스 인라인

같은 페이지 안에 데이터베이스 외에 다른 것들도 입력할 수 있는 형식입니다. 일반적으로 페이지에서 '/데이터베이스'를 검색해서 만듭니다.

다음은 인라인으로 만든 캘린더입니다. 딱 한 달 일정이 한눈에 보이고 캘린더 위아래, 좌우 원하는 곳에 다른 블록을 입력할 수 있습니다.

》데이터베이스 전체 페이지

반면 전체 페이지는 말 그대로 페이지를 데이터베이스 하나로만 꽉 채운 형태입니다. 새 페이지에 나타나는 안내에서 데이터베이스를 클릭할 때 만들어집니다.

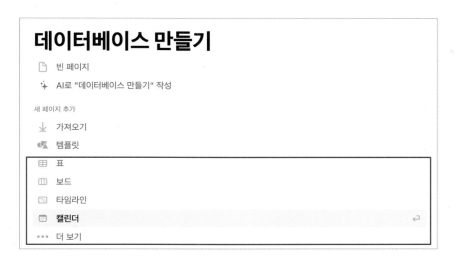

인라인과 다르게 만든 데이터베이스 외에는 입력할 수가 없습니다. 캘린더 인라인 모습과는 달리전체 페이지에서는 날짜가 끝나지 않는 것을 볼 수 있습니다. 이 페이지는 처음부터 끝까지 캘린더로만 꽉 차 있습니다.

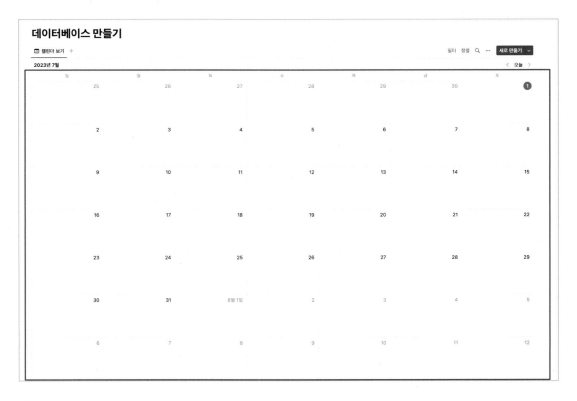

》인라인 – 전체 페이지 전환하기

인라인에서 전체 페이지로 전환할 때는 데이터베이스 블록 왼쪽 메뉴 버튼(⠿)을 클릭한 후 [페이지로 전환]을 선택합니다.

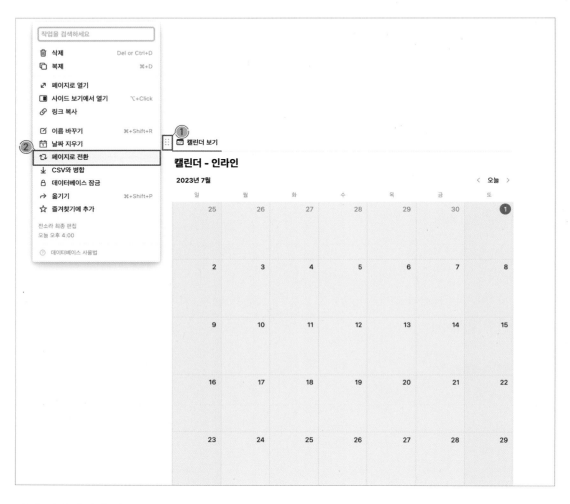

전체 페이지에서 인라인으로 전환할 때는 페이지 블록 왼쪽 메뉴 버튼(⠿)을 클릭하고 [인라인으로 전환]을 클릭합니다.

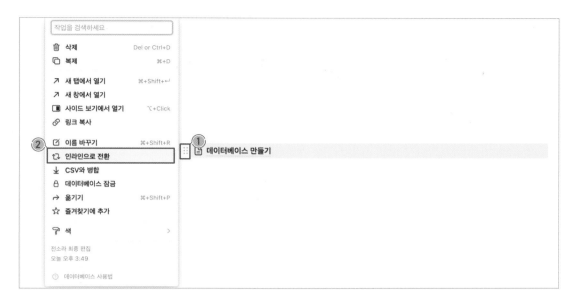

다음은 데이터베이스 인라인과 전체 페이지를 요약해서 정리한 내용입니다.

데이터베이스 - 인라인	데이터베이스 - 전체 페이지
- 페이지에 데이터베이스 외 다른 블록 입력 가능 - 데이터베이스 외에 다른 기록을 같이 작성하고 싶을 때 적합	- 페이지에 오직 데이터베이스만 입력 가능 - 데이터베이스 하나만 작성하고 확인하고 싶을 때 적합

이제 데이터베이스를 만들 때 인라인과 전체 페이지 중 보고 싶은 형식을 선택하고 전환으로 편리하게 바꿔봅시다.

》[따라 하기] 데이터베이스 표 만들기

1 페이지에서 '/표'를 입력하고 표 보기를 선택합니다.

2️⃣ 오른쪽 아래에 있는 [+ 새 데이터베이스 생성]을 클릭합니다.

3️⃣ 새 데이터베이스 표가 생성되었습니다.

4️⃣ 전체 페이지로 만들려면 새 페이지를 만들고 페이지 창에서 바로 [표]를 클릭합니다.

5 오른쪽 아래 [+ 새 데이터베이스 생성]을 클릭합니다.

6 다음은 자동으로 페이지가 전체 너비로 바뀌고 데이터베이스 표가 만들어진 모습입니다.

책으로 보기에 인라인과 전체 페이지 차이가 뚜렷하게 보이지 않는다면 직접 노션에서 실행해본 후 비교해보세요. 다른 내용이 입력되는 인라인과 입력되지 않는 전체 페이지 차이를 확실히 느낄 수 있을 것입니다.

3. 이 중에 하나쯤은 필요한 게 있겠지, 데이터베이스 속성

노션 데이터베이스가 똑똑한 이유 중 하나는 바로 속성을 활용해 세부 내용을 입력하고 표시할 수 있기 때문입니다. '이 중에 하나쯤은 필요한 게 있을 거야.'라며 데이터베이스에 입력할 수 있는 선택지를 주는 것입니다.

》 속성 유형 살펴보기

데이터베이스 속성은 20가지 종류가 있습니다.

최근에는 인공지능(Artificial Intelligence, AI) 기능과 다른 외부 프로그램들의 기능도 추가되고 있어 점차 더 늘어날 것으로 보입니다.

》 속성 추가하는 방법

속성을 추가하는 방법은 전혀 어렵지 않습니다. 다만 데이터베이스마다 속성을 추가하는 버튼의 위치가 조금 다르니 이 점만 유의합니다.

표 첫 번째 행의 오른쪽에 있는 [+] 버튼을 클릭합니다.

그 외 나머지 데이터베이스에서는 페이지와 카드를 선택한 후 상단의 [+ 속성 추가] 버튼을 클릭해서 속성을 추가합니다.

》 기본 속성 유형

가장 기본적으로 사용하는 속성 유형부터 살펴봅시다.

- **텍스트**: 글을 입력할 수 있는 속성 유형으로 비고, 주소 등 조금 길게 입력할 때 사용합니다.

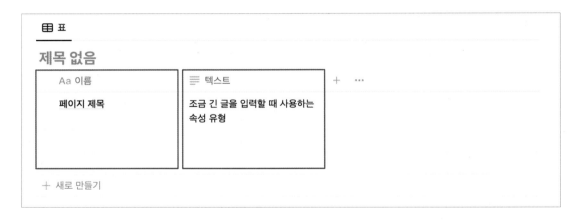

이름 속성 유형과 헷갈릴 수 있어요. 하지만 이름 속성은 '페이지 제목'으로 입력되는 내용이라 고정 값으로 삭제되지 않습니다. 텍스트 속성은 추가하거나 삭제할 수 있습니다. 어떻게 적용되는지는 다음 그림에서 확인하세요.

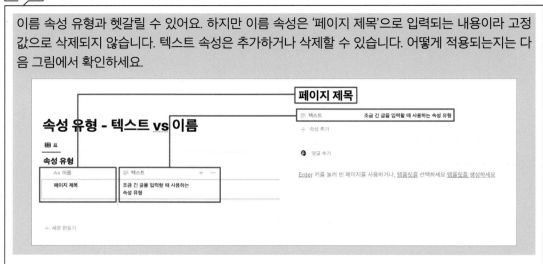

- 숫자: 숫자를 입력할 수 있으며 숫자 표기 방식을 다양하게 선택할 수 있는 유형입니다.

표시 옵션은 [숫자], [막대], [원형] 중 선택할 수 있습니다.

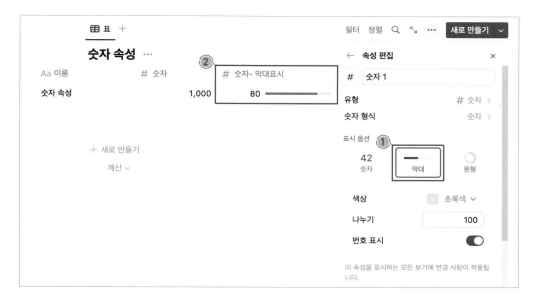

[숫자] 속성에서 [막대] 또는 [원형]을 클릭한 후 수를 입력하면 표시가 달라집니다.

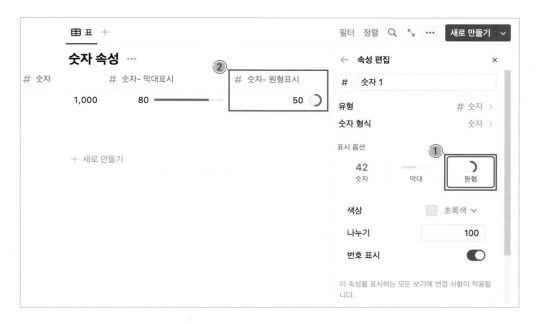

또 상황에 따라 표기 방법을 선택할 수 있습니다. 추가된 속성 제목을 클릭하고 [속성 편집]을 선택합니다.

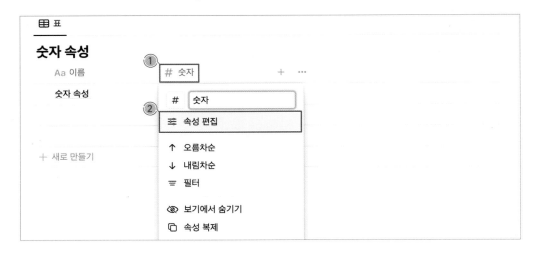

[숫자 형식]을 선택하면 숫자를 표현할 수 있는 다양한 보기 형식이 선택지로 나타납니다. 백분율, 화폐 단위, 쉼표 표시 등 원하는 표기 방법을 선택할 수 있습니다.

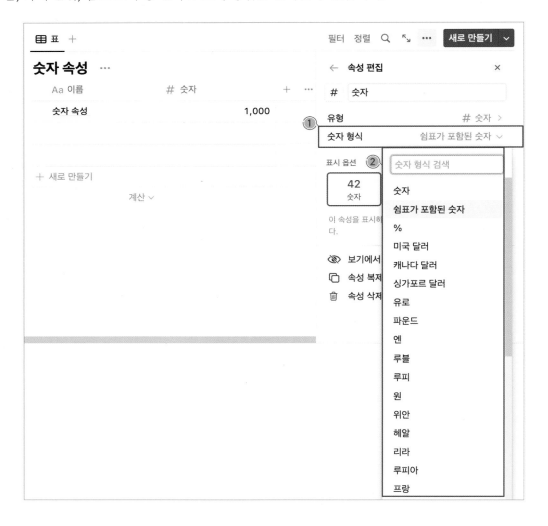

- **선택과 다중 선택**: 분류를 만들 때 사용하는 속성 유형으로 원하는 키워드를 입력해서 사용합니다.

다음과 같이 분류할 키워드를 직접 입력해야 옵션이 생성됩니다.

[다중 선택] 속성 역시 [선택] 속성과 똑같이 옵션을 입력해서 생성합니다.

이 두 속성의 가장 큰 차이는 입력할 수 있는 옵션 개수의 차이입니다. [선택] 속성은 딱 하나만 선택이 가능하며, [다중 선택] 속성은 여러 개를 동시에 선택할 수 있습니다.

- **상태**: 진행 상태를 표현할 수 있어 일과 프로젝트의 진행을 표시할 수 있는 속성 유형입니다.

[상태] 속성을 선택하면 자동으로 '시작 전(Not started)', '진행 중(In progress)', '완료(Done)' 옵션이 제공됩니다. 여기에서 원하는 옵션을 선택하면 됩니다.

진행 상황을 표현하고 싶을 때는 상태 속성을 사용해도 좋지만, 선택 속성을 활용할 수도 있습니다. 상태 속성에서 제시되는 상태 표현 외에 다른 표현이 필요한 경우에는 선택 속성을 활용해보세요. 예를 들어 '보류', '취소', '논의 중' 등 상세한 상황 표시를 하고 싶다면 선택 속성에서 옵션으로 생성하여 사용하는 것을 추천합니다.

- **날짜**: 날짜를 표시할 수 있어 일정, 기한, 기간 등을 나타낼 수 있는 속성 유형입니다.

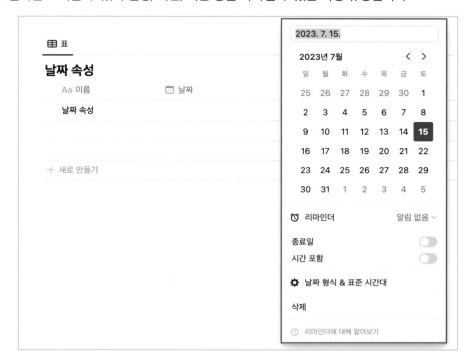

다음과 같이 [날짜] 속성에서는 바꿀 수 있는 설정이 다양합니다. [종료일]과 [시간 포함]을 활성화하면 기간이 표시됩니다.

그 외에도 [날짜] 속성에서 추가하고 설정할 수 있는 기능들이 있습니다. [리마인더] 메뉴를 통해 알람을 설정할 수도 있습니다.

알림을 설정할 때 날짜를 요일만 선택했을 때와 시간 포함을 설정했을 때 내용이 달라집니다. 다음과 같이 [시간 포함]을 활성화하면 시간별로 알람이 울리도록 바꿀 수 있습니다.

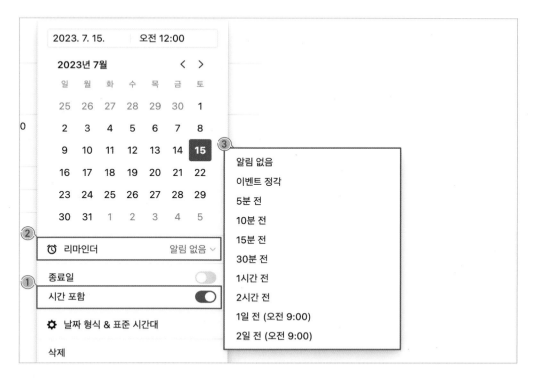

또한 [날짜 형식 & 표준 시간대]에서는 '월', '일', '년' 표시를 원하는 순서로 바꿀 수 있습니다.

[시간 형식]을 선택하면 [12시간] 또는 [24시간] 표기로도 바꿀 수도 있습니다.

[표준 시간대]에서는 시간대를 해외 기준으로 바꿀 수 있습니다.

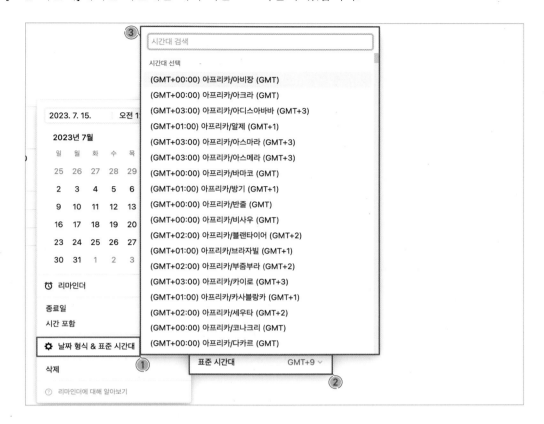

- **사람과 생성자, 최종 편집자**: 담당자, 참석자 등을 지정할 때 사용합니다.

사람과 관련된 속성 유형이 두 가지 더 있습니다. 페이지를 만든 사람을 표시하는 [생성자], 마지막에 편집한 사람이 누구인지 표시하는 [최종 편집자] 속성입니다. 이 속성 유형들은 다른 사람과 협업하며 서로의 담당 업무를 확인해야 할 때 활용하면 좋습니다.

사용자를 추가하려면 해당 워크스페이스에 사람이 초대되어 있어야 합니다. 누군가를 노션 워크스페이스에 초대한 후 본인 외에 다른 사람을 추가할 수 있습니다.

- **파일과 미디어**: 파일과 이미지를 업로드해서 관리할 수 있습니다.

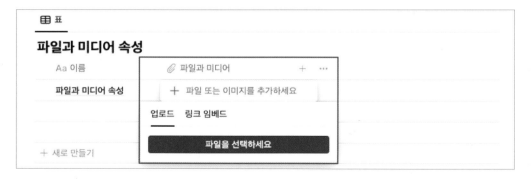

[파일과 미디어] 속성을 추가하고 파일을 직접 업로드하거나 링크를 임베드해서 추가하면 됩니다.

추가한 파일을 다운로드 또는 삭제 등으로 수정하고 싶을 때는 […] 버튼을 클릭하면 됩니다.

- 체크박스: 완료 여부, 포함 여부 등을 확인하는 속성입니다.

[체크박스] 속성을 활용할 수 있는 추가적인 방법도 같이 소개합니다. 체크박스 표 아래에 있는 [계산] 버튼을 클릭하면 체크 표시의 수를 합산하는 기능도 활용할 수 있습니다.

- URL, 이메일, 전화번호: 웹사이트 링크, 이메일 주소, 전화번호를 입력하고 관리할 수 있습니다.

명단을 관리할 때 활용할 수 있는 속성으로 이메일과 전화번호는 추가한 후에 바로 연결할 수도 있습니다. 다음과 같이 관련 버튼이 나타납니다.

잠깐!

모바일에서 노션 앱을 활용한다면 이메일 보내기, 통화 버튼을 바로 사용하기가 좀 더 편합니다.

》고급 속성 유형

기본 속성 유형에 이어 심화한 고급 속성 유형을 소개합니다. 이 속성 유형들까지 사용할 줄 안다면 여러분은 노션 마스터로 빠르게 거듭날 수 있습니다.

- 관계형, 롤업 속성: 다른 데이터베이스를 서로 연결해서 관리할 수 있는 속성 유형입니다. 각각 만들어둔 데이터베이스를 연결해서 관리할 수 있습니다. 고객 관리와 상품 관리, 담당자와 프로젝트 관리, 일기와 그날 읽은 책 목록 등 각각 따로 정리해둔 내용을 연결해서 정리하고 싶을 때 활용하는 속성 유형입니다.

[관계형] 속성을 사용하려면 먼저 정리해둔 데이터베이스가 2개 이상이어야 합니다. 그래야 서로 연결할 수 있습니다. 이때 연결한 방향으로 할지, 쌍방향으로 할지 선택할 수 있습니다.

이후에는 연결된 데이터베이스에서 서로 가져올 페이지를 선택할 수 있습니다.

이렇게 [관계형] 속성으로 데이터베이스끼리 통하는 다리를 놓았다면, 이제 그 다리를 통해 무언가를 옮겨오는 건 [롤업] 속성입니다. 불러올 [관계형] 속성을 선택합니다.

연결된 데이터베이스에서 추가로 가져올 다른 속성을 선택합니다. 선택한 속성에 따라서 표시되는 방식이 달라집니다.

관계형과 롤업 속성은 같이 다니는 짝꿍 속성 유형입니다. 특히 롤업 속성은 관계형 속성 없이는 추가할 수 없습니다. 꼭 관계형 속성부터 추가해서 연결할 다리를 만든 후 롤업 속성으로 다른 속성 유형들을 불러오세요.

- **수식 속성**: 데이터베이스에 추가된 속성을 토대로 간단한 계산부터 함수 사용, 데이터 재조합 등을 할 수 있는 속성 유형입니다.

[수식] 속성에서 수식을 편집할 때 활용할 수 있는 방법은 총 세 가지입니다. 데이터베이스에 추가

된 속성 유형을 활용하는 방법, 연산자를 활용하는 방법, 함수를 활용해 좀 더 복잡한 수식을 만드는 방법이 있습니다.

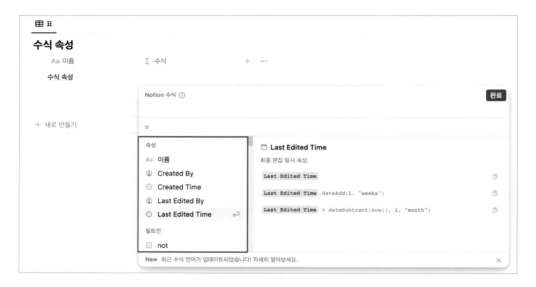

수식마다 어떤 작업이 가능한지 간단한 설명과 예시를 보여주니 이를 토대로 수식을 입력하면 됩니다.

잠깐!

수식 속성을 활용하려면 먼저 다른 속성 유형을 추가한 후 수식 편집을 선택해야 합니다. 숫자 속성을 추가하고 수식 속성으로 간단한 사칙 연산을 할 수 있고, 숫자가 아닌 다른 속성들을 숫자로 변환하는 수식을 쓸 수도 있습니다. 수식 속성의 세계는 무궁무진해서 273쪽에서 좀 더 살펴보겠습니다.

》[따라 하기] 기본 속성 추가하기

① '/데이터베이스 표 보기'를 입력합니다.

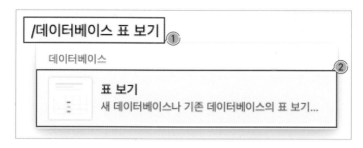

② 오른쪽 아래에 있는 [+ 새 데이터베이스 생성]을 클릭해서 데이터베이스 표를 완성합니다.

③ [태그(다중 선택)] 속성으로 키워드를 입력하고 옵션을 생성합니다.

4 오른쪽에 있는 [+] 버튼을 클릭해 새로운 속성을 추가할 수 있습니다.

5 [날짜] 속성을 선택하여 추가합니다.

6 [종료일]을 활성화하여 기간을 표시합니다.

7 [숫자] 속성을 추가하면 숫자 표시 옵션이 나타납니다. [막대]를 선택한 후 숫자를 입력합니다.

8 이번에는 [상태] 속성을 추가한 후 상태 표시를 바꿉니다.

》[따라 하기] 관계형과 롤업 속성 추가하기

1 데이터베이스 표를 2개 생성한 후 다음과 같이 구분할 수 있는 이름을 입력합니다.

2 속성 추가 [+] 버튼을 클릭하고 [관계형] 속성을 추가합니다.

3 연결할 데이터베이스 표를 검색한 후 선택합니다.

④ 쌍방 연결을 위해 [고객 명단에 표시]를 활성화하고 [관계형 추가] 버튼을 클릭합니다.

⑤ 다음은 각 데이터베이스 표에 [관계형] 속성이 추가된 모습입니다.

6 이제 각 속성을 불러올 차례입니다. 추가된 [관계형] 속성 아래 빈칸을 클릭해서 페이지 이름을 선택합니다. 원하는 만큼 선택할 수 있습니다.

7 선택한 페이지 이름이 서로의 데이터베이스 표에 추가됩니다. 이렇게 데이터베이스를 따로 또 같이 관리할 수 있습니다.

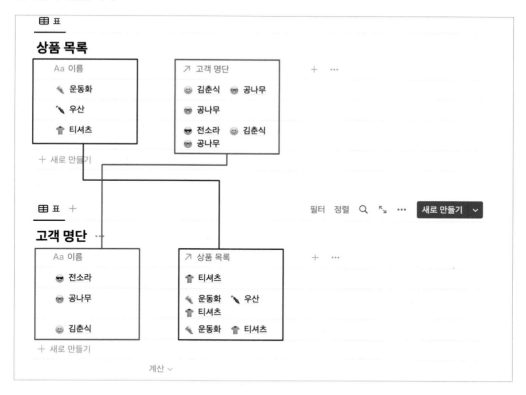

⑧ 이번에는 '상품 목록' 표에 [숫자] 속성을 추가한 후 판매 가격을 입력합니다. 그리고 [숫자] 속성의 제목을 클릭한 후 [숫자 형식]에서 [원]을 선택합니다.

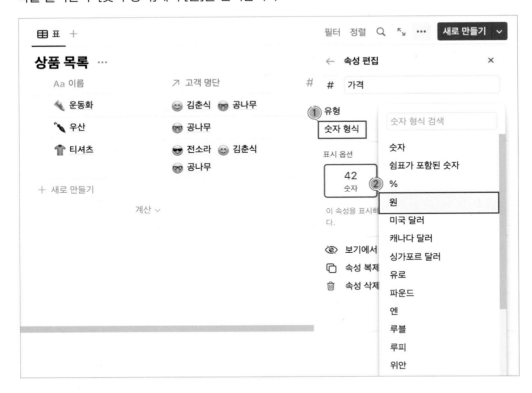

⑨ [관계형] 속성이 추가되었다면 그다음 속성 유형인 [롤업] 속성을 추가합니다.

10 연결된 관계형 [상품 목록]을 선택합니다.

11 불러올 속성을 하나씩 선택합니다. 먼저 [숫자] 속성으로 입력했던 [가격]을 선택합니다.

12 가격을 어떻게 불러올지 표시 방식을 선택합니다. 그리고 [계산] 기능에서 [합계]를 선택합니다.

13 구입한 상품 목록은 [관계형] 속성으로, 가격은 [롤업] 속성으로 추가했습니다. 표시 방식은 합계로 선택했기에 각 사람이 구입한 전체 금액이 자동으로 합산됩니다. 이렇게 하면 '상품 목록' 표에서는 판매 상품별로 구입한 고객이 누구인지 알 수 있으며, '고객 명단' 표에서는 고객이 구입한 물품과 가격을 알 수 있습니다.

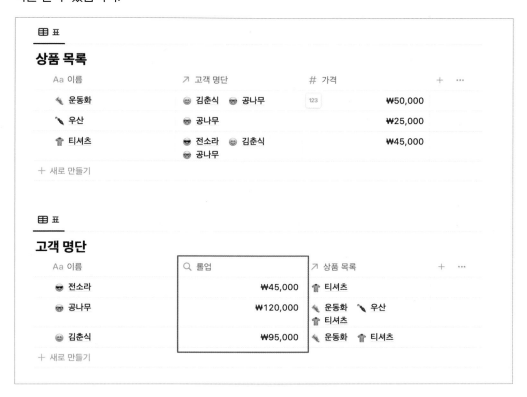

관계형과 롤업은 까다로워 보이지만, 한 번씩만 직접 따라 해보면 그리 어렵지 않을 것입니다. 관계형과 롤업 속성을 활용하는 방법이 막막할 때는 속성별로 추가해보고 표시 방식을 바꿔보세요. 좀 더 자유롭게, 다양하게 데이터베이스를 관리할 수 있을 것입니다.

STEP 02 꿀팁 대방출 – 데이터베이스 2편

1. 점 3개를 알면 노션 성공 시대가 열린다!

데이터베이스에 열심히 속성을 추가한 후 페이지 밖으로 나왔는데 내가 추가한 속성이 보이지 않아 어리둥절했던 적이 있었나요? 마냥 추가하기만 하면 끝인 줄 알았다면, 이번에는 데이터베이스 점 3개 […] 버튼으로 속성을 표시하는 법을 익혀봅시다.

》 데이터베이스 속성 표시하기

데이터베이스 표를 제외한 다른 데이터베이스에는 속성을 추가하는 곳이 페이지 안에 있습니다. 그래서 다음과 같이 속성을 페이지 밖에서도 확인하고 싶다면 속성 표시 설정을 변경해야 합니다.

속성 표시를 변경하려면 데이터베이스 오른쪽 상단에 있는 […] 버튼을 찾아보세요. 그리고 [속성]을 클릭합니다.

속성들 옆에 있는 눈 모양 버튼(◉)을 클릭해서 속성을 표시합니다.

만약 표시한 속성을 다시 숨기고 싶다면 눈 모양 버튼(◉)을 클릭해 비활성화합니다. 그러면 다음 과 같이 이름만 표시됩니다.

갤러리를 비롯한 다른 데이터베이스도 모두 같은 방식으로 속성을 표시하거나 숨길 수 있습니다. 데이터베이스에 속성을 추가한 후 원하는 속성만 표시되도록 설정을 변경해보세요.

> **잠깐!**
>
> 노션에서는 점 3개 […] 버튼만 잘 활용해도 환경을 다채롭게 누릴 수 있습니다. 이 버튼은 노션 페이지 오른쪽 상단에도 있고, 사이드바 메뉴에도 있고, 데이터베이스에도 있습니다. 곳곳에 숨은 버튼을 찾는 것도 꽤 재미있답니다.

》 [따라 하기] 갤러리 속성 추가 및 표시하기

1️⃣ '/갤러리'를 입력하고 갤러리 보기를 클릭합니다.

2️⃣ 오른쪽 아래 [+ 새 데이터베이스 생성]을 클릭합니다.

3 속성을 추가하기 위해 '페이지 1'을 클릭하세요.

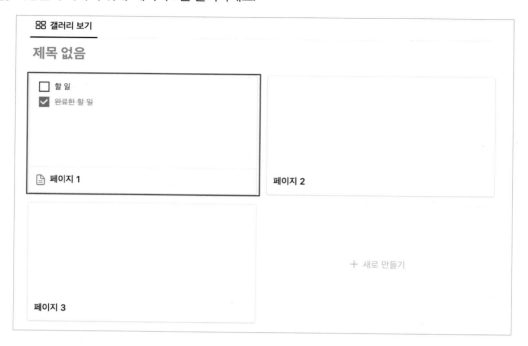

4 페이지 안에 있는 [+ 속성 추가] 버튼을 클릭하고 속성 유형을 추가합니다.

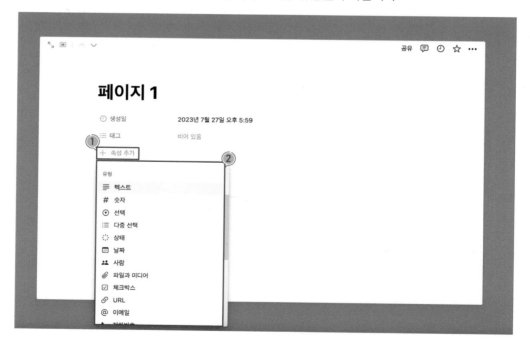

5 속성 유형 중 두 가지 정도 새로운 속성을 추가해보겠습니다. 먼저 [체크박스] 속성을 추가합니다.

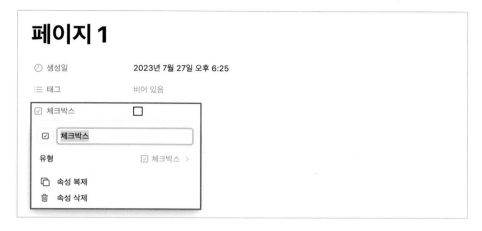

6 그다음은 [상태] 속성을 추가합니다.

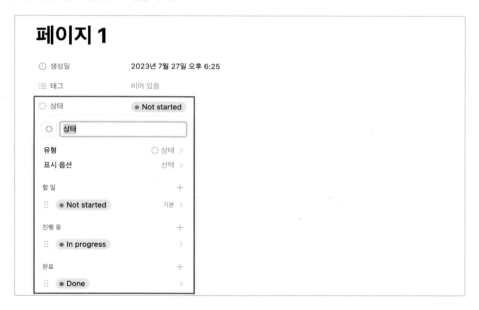

7 이미 자동으로 만들어진 [태그] 속성에 옵션을 추가합니다.

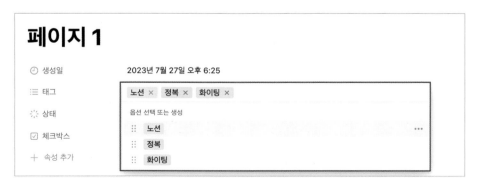

8 속성만 추가하기 아쉬우니 페이지 내부에 이미지도 한번 추가해보겠습니다. '/이미지'를 입력한 후 원하는 이미지를 업로드합니다.

9 이제 페이지 밖으로 나오면 추가한 이미지가 미리보기로 보입니다. 그런데 추가한 속성들이 보이지 않네요.

10 이제 속성을 표시하러 가봅시다. 갤러리 오른쪽 위의 점 3개 [⋯]를 클릭하고 [속성]을 선택합니다.

11 속성 옆에 있는 눈 모양 버튼(◉)을 클릭해 앞서 추가한 속성들을 표시해봅니다.

⑫ 이제 속성이 표시된 모습을 이전과 비교해보세요.

⑬ 이렇게 속성을 표시한 후 표시된 속성의 순서를 바꿀 수도 있습니다. 메뉴 버튼(⠿)을 마우스로 클릭한 후 드래그하여 위치를 바꿉니다. 속성의 위치가 바뀐 것을 확인할 수 있습니다.

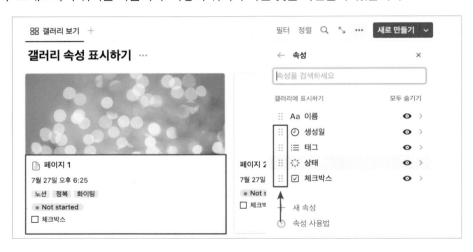

2. 디테일이 노션을 빛나게 한다!

나만의 특색 있는 페이지를 만들려고 보니 좀 더 디테일한 부분까지 신경 쓰고 싶지 않나요? 열정이 샘솟는 여러분을 위한 꿀팁! 노션 데이터베이스는 레이아웃(layout)의 배치와 크기 등 디테일한 옵션을 수정하여 세밀하게 관리할 수 있습니다.

》데이터베이스 레이아웃 기능

기본적으로 데이터베이스는 정해진 크기 및 속성으로 생성됩니다. 하지만 꼭 정해진 스타일 그대로 사용해야 하는 건 아닙니다.

다음은 책 소개 페이지입니다. 갤러리 카드 크기가 작고 미리보기 이미지는 책 비율에 맞춰져 표시되고 있습니다. 이처럼 레이아웃 설정을 통해 카드 크기나 이미지 표시 등 좀 더 세부적인 설정을 바꿀 수 있습니다.

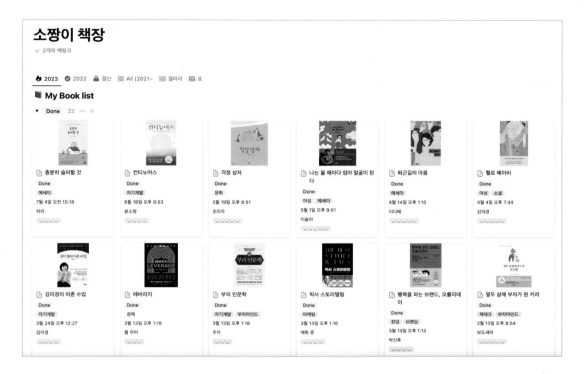

레이아웃은 앞서 살펴본 것과 마찬가지로 점 3개 […] 버튼으로 설정할 수 있습니다. 속성을 표시하는 설정 외에 데이터베이스와 관련해 다양한 설정을 바꿀 수도 있습니다.

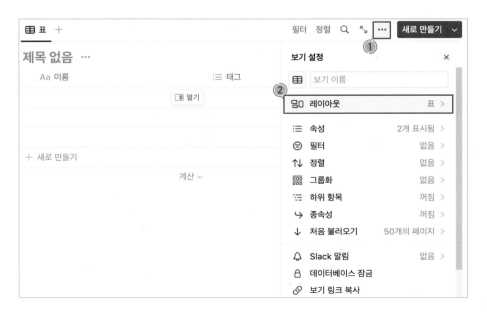

》레이아웃 공통 설정

레이아웃 설정을 변경하는 선택지는 데이터베이스에 따라 다릅니다. 기본적으로 [데이터베이스 제목 표시], [페이지 보기 선택] 옵션만 동일합니다.

[데이터베이스 제목 표시]는 데이터베이스의 제목 부분을 숨기거나 표시할 수 있는 설정입니다. 그리고 [페이지 보기 선택]은 데이터베이스에 추가된 페이지를 클릭했을 때 새 창을 어떻게 열지 선택하는 설정입니다. [사이드 보기], [중앙에서 보기], [전체 페이지 보기] 이렇게 세 가지 중에 선택할 수 있습니다.

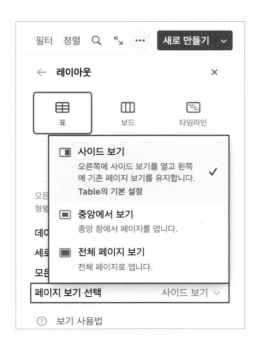

》데이터베이스별 레이아웃 설정

이제 데이터베이스마다 다른 부분을 살펴봅시다.

데이터베이스 표

데이터베이스 표에서는 표의 세로선을 표시하거나 열 줄바꿈을 바꾸는 설정을 할 수 있습니다.

모든 설정을 해제하면 다음과 같이 표의 모습이 달라집니다.

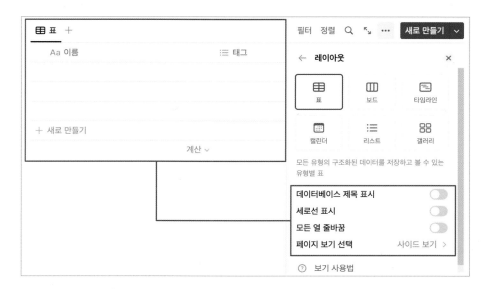

데이터베이스 보드

데이터베이스 보드에서는 카드와 관련된 설정을 바꿀 수 있습니다.

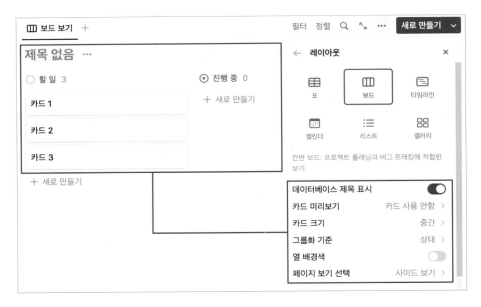

- **카드 미리보기**: 카드 내부 또는 커버에 추가된 이미지를 선택해서 표시할 수 있습니다.

- **카드 크기**: 보드의 카드 크기를 작게, 중간, 크게 중 선택할 수 있습니다.

- **그룹화**: 속성 유형별로 그룹으로 묶어 표시할 수 있습니다.

- **열 배경색**: 카드 배경색을 추가할 수 있습니다.

다음과 같이 변경되었습니다.

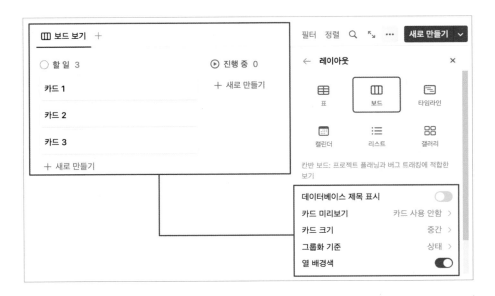

데이터베이스 갤러리

데이터베이스 갤러리에서는 갤러리에 보이는 카드 표시 관련 설정을 바꿀 수 있습니다.

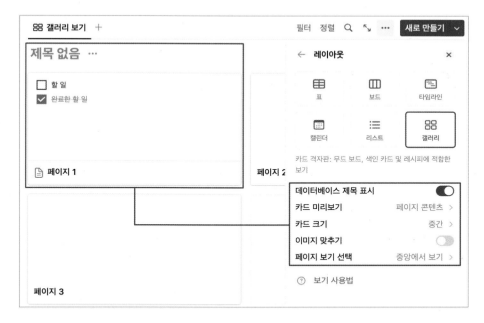

- **카드 미리보기**: 카드 내부 또는 커버에 추가된 이미지 표시로, 갤러리 섬네일을 선택할 수 있습니다.

- **카드 크기**: 갤러리의 카드 크기를 작게, 중간, 크게 중 선택할 수 있습니다.

- **이미지 맞추기**: 추가한 이미지의 원본 비율에 따라 크기를 바꿀 수 있습니다.

변경된 모습을 확인할 수 있습니다.

데이터베이스 캘린더

데이터베이스 캘린더에서는 캘린더 표시 기준 설정을 바꿀 수 있습니다.

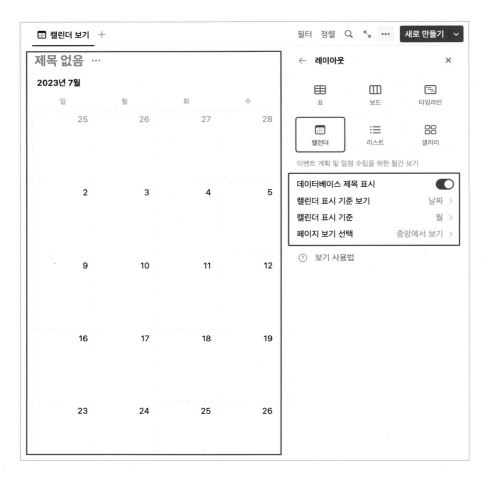

- **캘린더 표시 기준**: 캘린더를 '월' 또는 '주' 단위로 표시할 수 있습니다.

다음과 같은 모습을 확인할 수 있습니다.

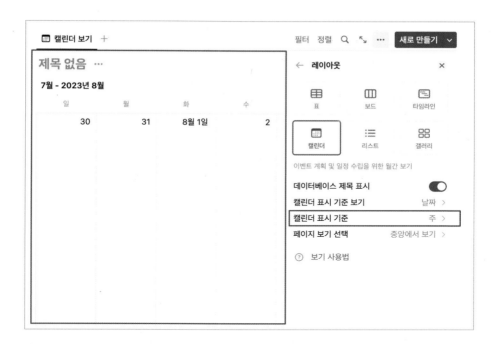

데이터베이스 타임라인

데이터베이스 타임라인에서는 타임라인 외에 표를 추가할 수 있습니다.

- **타임라인 표시 기준**: 날짜를 기준으로 표시합니다.

- **표 보기**: 타임라인 내용을 표로 변형하여 왼편에 추가됩니다.

다음과 같이 변경됩니다.

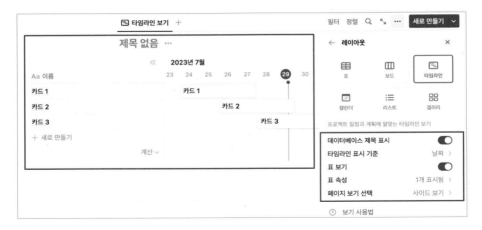

타임라인에서는 [표 보기]를 활성화하면 표 속성도 표시할 수 있습니다. 속성을 표시하던 방법 그대로 눈 모양 버튼(◉)을 클릭하면 됩니다.

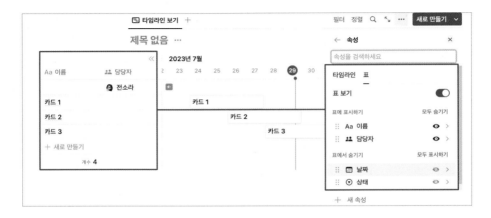

데이터베이스 리스트

데이터베이스 리스트는 공통 설정인 [데이터베이스 제목 표시]와 [페이지 보기 선택]만 가능합니다.

》 [따라 하기] 갤러리 레이아웃 설정 바꾸기

① 앞서 갤러리 속성을 추가하고 표시했던 것에 이어 레이아웃 설정을 바꿔보도록 합시다. 먼저, 데이터 베이스 갤러리 오른쪽 상단의 점 3개 […] 버튼을 클릭하고 [레이아웃]을 선택합니다.

② 레이아웃 설정에서 [데이터베이스 제목 표시]를 비활성화하고, [카드 크기]는 [작게]로 설정합니다. 다음과 같이 갤러리 카드가 작아질 것입니다.

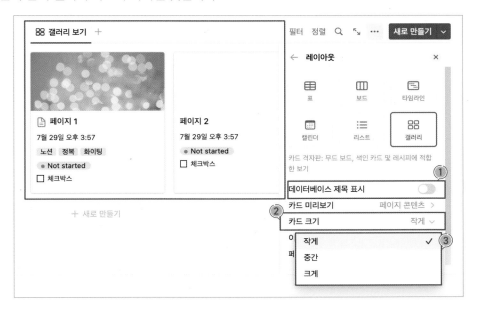

3 마지막으로, [카드 미리보기]를 [카드 사용 안 함]으로 설정해보면 이미지가 사라집니다.

잠깐!

갤러리를 꼭 이미지가 보이는 형태로만 쓰지 않아도 됩니다. 카드 미리보기를 사용하지 않고 이미지 없이 사용할 수도 있습니다.

3. 이렇게도 보고 저렇게도 보고

데이터베이스를 만든 후 다른 데이터베이스로 보면 어떨까 궁금하다면, 완성된 모습이 생각한 형태가 아니라면 이 기능을 활용해보세요. 처음부터 다시 제작하지 않아도, 따로 내용을 옮기지 않아도 동일한 데이터베이스를 다른 보기로 바꿀 수 있습니다.

》 데이터베이스 보기 바꾸기

데이터베이스 오른쪽 상단에 있는 점 3개 기억하나요? 이번에도 점 3개 [⋯] 버튼을 클릭한 후 [레이아웃]을 선택합니다.

기본 데이터베이스 보기인 [표]가 선택되어 있습니다. 여기에서 다른 데이터베이스를 선택하면
보기 방식이 바뀝니다.

[보드]를 선택하면 표에 입력된 내용 그대로 보드 보기로 전환됩니다. 내용은 그대로 유지하고 화
면에 표현되는 방식만 달라집니다. 다른 데이터베이스로 바꿔도 마찬가지입니다.

》데이터베이스 보기 추가하기

기존 보기를 바꾸는 방식도 있지만 새로운 보기를 추가할 수도 있습니다. 여러 가지 보기를 사용해 원하는 데이터들만 선별해볼 수 있도록 합시다.

이번에는 데이터베이스 제목 위에 있는 [+] 버튼을 클릭합니다.

앞서 점 3개 […] 버튼을 클릭했을 때와 마찬가지로 레이아웃 창이 열립니다.

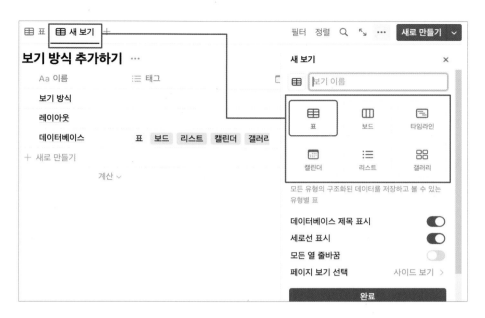

보기를 바꿨던 것과 비슷하지만 분명 다릅니다. 보기 방식을 바로 바꿀지 또는 새로운 보기를 옆에 추가할지의 차이입니다. 같은 데이터를 활용하는 새로운 보기 탭이 추가됩니다.

[리스트]와 [새 보기] 탭이 추가되었습니다. 이처럼 같은 데이터를 활용해 다양하게 표현하고 싶을 때, 또 특정 데이터만 선별해서 확인하고 싶을 때 유용하게 사용할 수 있는 기능입니다. 필터와 정렬 기능을 같이 익혀서 쓰면 더욱 좋습니다.

4. 필터로 차렷, 정렬로 열중쉬엇

입력한 내용이 많으면 많을수록 원하는 내용만 쏙쏙 뽑아보기가 쉽지 않습니다. 페이지가 길어져서 한참을 스크롤(scroll)하게 된다거나, 어디에 적어뒀는지 정신없이 뒤적이게 되기도 하죠. 그럴 때 딱 원하는 내용만 뽑아 정리할 수 있도록 돕는 기능이 있습니다. 필터와 정렬 기능입니다.

》데이터베이스 필터

기준을 설정해 데이터베이스에 입력된 내용 중 일부만 뽑아보는 기능입니다. 추가한 속성 유형을 기준으로 필터를 설정할 수 있습니다.

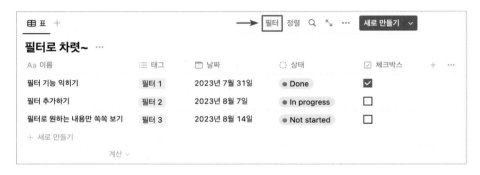

데이터베이스 상단에 있는 [필터] 버튼을 클릭한 후 필터 기준으로 삼을 속성 유형을 선택합니다.

다음은 [태그] 속성을 필터 기준으로 선택한 모습입니다. [태그] 속성에 추가된 옵션 중 '필터 1'만을 선택하면 해당하는 내용만 보여줍니다. 필터의 기준이 되는 속성을 정하고 속성값 중 어떤 걸로 다시 추릴지 선택하면 됩니다.

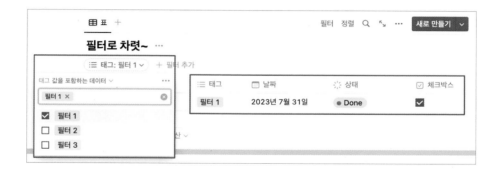

》고급 필터 기능

필터 기준을 좀 더 디테일하게 설정하고 싶다면 고급 필터 기능을 활용하면 좋습니다. 단순히 특정값을 선택하는 필터에서 벗어나 속성별로 더욱 세세한 기준을 설정할 수 있습니다.

[필터] 버튼을 클릭하고 [+ 고급 필터 추가]를 클릭합니다.

필터 기준으로 삼을 속성을 선택합니다.

필터 기준으로 [태그] 속성을 선택하고 어떤 데이터를 표시할지 선택합니다.

고급 필터에서는 특정값만 표시하는 기능을 넘어 다양한 옵션을 부여할 수 있습니다.

- **값을 포함하는 데이터**: 해당 값이 포함된 내용만 표시합니다.
- **값을 포함하지 않는 데이터**: 해당 값이 포함되지 않는 나머지를 표시합니다.
- **비어 있음**: 아예 해당 속성이 하나도 표시되지 않는 내용만 표시합니다.
- **비어 있지 않음**: 해당 속성이 입력된 그대로 표시합니다.

이번에는 '필터 1' 옵션이 포함되지 않는 데이터만 표시되도록 설정했습니다. 그랬더니 '필터 2', '필터 3' 태그가 표시된 내용만 남았습니다.

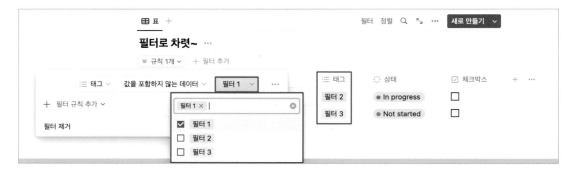

또, 고급 필터를 세세하게 잘 활용할 수 있는 방법은 바로 [날짜] 속성을 이용하는 것입니다. 이미 필터가 추가된 상태에 새로운 필터를 추가할 때는 [+ 필터 추가] 버튼을 클릭하고 [+ 필터 규칙 추가]를 클릭합니다.

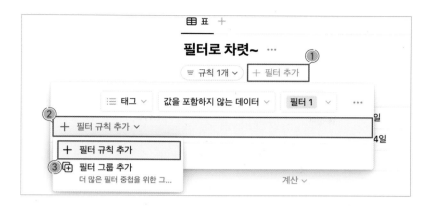

[날짜] 속성을 필터의 기준으로 추가하면 선택할 수 있는 필터 규칙이 많아집니다. 먼저 [시작일]과 [종료일] 기준으로 선택할 수 있습니다.

또 날짜의 범위도 선택할 수 있습니다. 기준 날짜 이전과 이후를 나눌 뿐만 아니라 당일을 포함할지 포함하지 않을지도 선택할 수 있습니다. 범위 내에서 특정 기간을 선택할 수도 있고, 오늘을 기준으로 설정할 수도 있습니다.

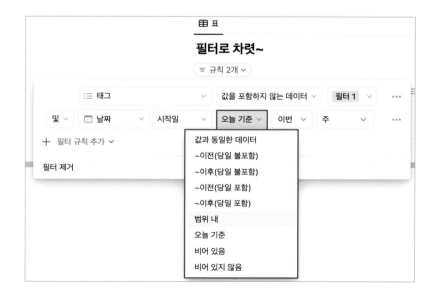

날짜의 범위를 선택한 이후에는 구체적인 일자도 선택이 가능합니다.

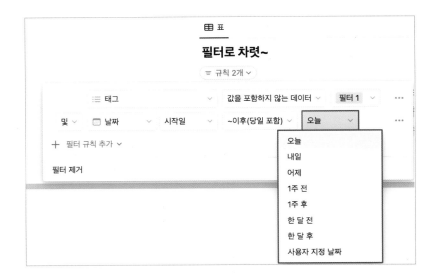

잠깐!

날짜 범위 선택에 따라서 일자를 선택하는 창도 달라집니다. 업무 또는 기록한 내용을 구체적이고 세세하게 필터링하고 싶다면 고급 필터 속성을 활용해보세요.

》데이터베이스 정렬

필터가 원하는 내용만 골라볼 수 있다면 정렬로는 가지런히 순서를 정할 수 있습니다. 무엇부터 보여줄 건지 선택하는 기능이라 할 수 있죠. 정렬도 속성을 기준으로 설정할 수 있는데, 딱 두 가지 선택지만 있습니다. 오름차순으로 할 건지, 내림차순으로 할 건지만 선택할 수 있습니다.

데이터베이스 윗부분에서 [정렬] 버튼을 클릭합니다.

정렬 기준이 될 속성 유형을 선택합니다.

기준 속성을 어떤 순서로 표시할지 [내림차순] 또는 [오름차순]을 선택합니다. [태그] 속성을 기준으로 [내림차순]을 선택하자 정렬이 바뀌었습니다. 이전과 비교해보면 'A-B-C' 순서였던 태그가 'C-B-A'로 바뀌었습니다.

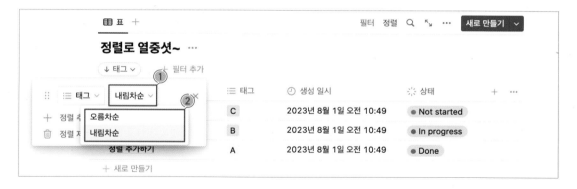

정렬 기준도 여러 가지를 추가할 수 있습니다. [+ 정렬 추가] 버튼을 클릭한 후 새로 추가할 정렬 기준이 되는 속성을 선택합니다.

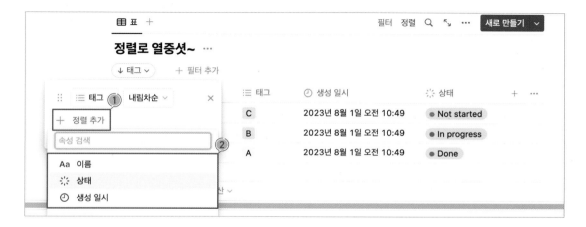

한 번 더 [내림차순] 또는 [오름차순]을 선택합니다.

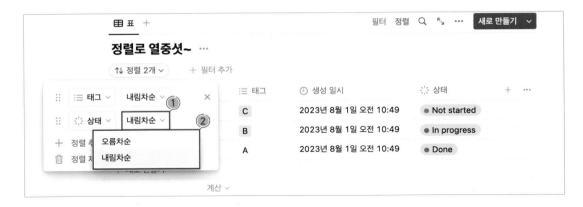

》[따라 하기] 필터와 정렬 사용하기

1 '/데이터베이스 표'를 입력하고 [+ 새 데이터베이스 생성]을 클릭해서 새로운 데이터베이스 표를 만듭니다.

2 표 속성 유형의 오른쪽 [+] 버튼을 클릭해 [상태], [날짜], [체크박스]를 추가합니다.

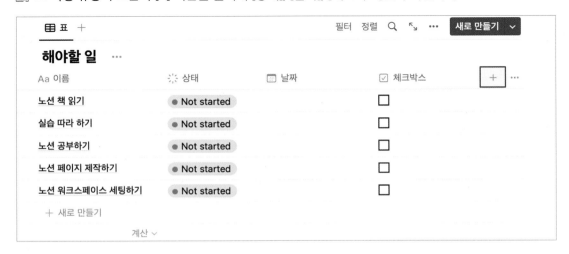

3 그리고 추가한 속성에 옵션을 입력합니다.

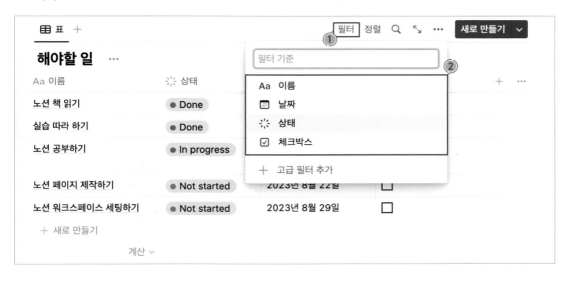

4 이제 필터를 추가해봅시다. 표 위에 있는 [필터] 버튼을 클릭하고 필터 기준으로 삼을 속성을 선택합니다.

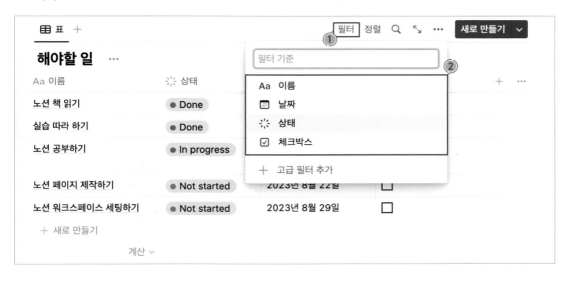

5 [상태] 속성을 필터 기준으로 선택한 후 어떤 옵션들을 표시할지 결정합니다. '할 일', '진행 중' 옵션을 표시하도록 선택하니 다음과 같이 해당하는 내용만 표시됩니다.

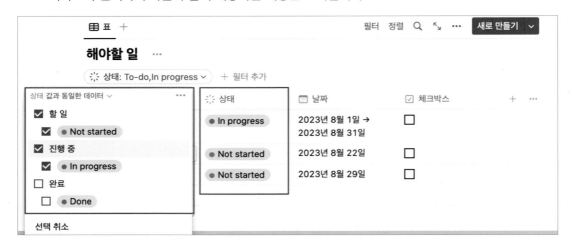

6 이어서 정렬을 추가해보겠습니다. 필터 옆에 있는 [정렬] 버튼을 클릭하고 기준이 될 속성을 선택합니다.

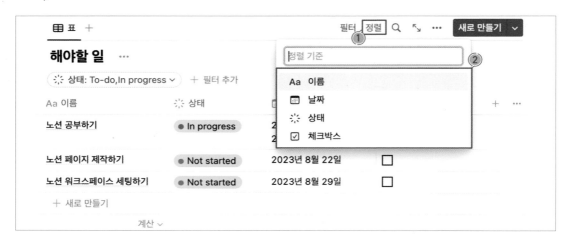

7 정렬 순서로 [내림차순] 또는 [오름차순]을 선택합니다. [날짜] 속성을 기준으로 [내림차순]을 선택하자 제일 아래에 있던 행이 위로 올라왔습니다.

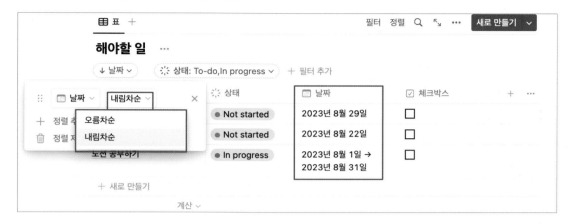

8 필터와 정렬 기능을 추가하면 데이터베이스 상단에 텍스트가 파란색으로 표시됩니다. 즉, 이렇게 파란 글씨가 표시되어 있다면 필터와 정렬이 설정된 데이터베이스라고 생각하면 됩니다.

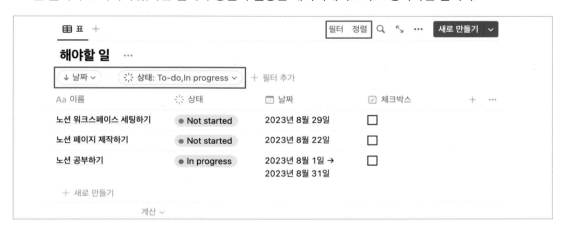

5. 너와 나의 연결고리, 하위 항목과 종속성

프로젝트나 업무 계획을 세세하게 짜고 싶을 때, 이 일 다음에 또 어떤 일을 해야 할지 순서에 따라 정리하고 싶을 때 활용할 수 있는 기능들을 소개합니다.

》데이터베이스 하위 항목

데이터베이스에 세부 하위 내용을 추가로 입력하는 기능입니다. 말 그대로 하위 항목으로 기록을 더 세세히 나눠 입력하도록 돕습니다. 다음 그림을 보면 이해하기 쉬울 것입니다.

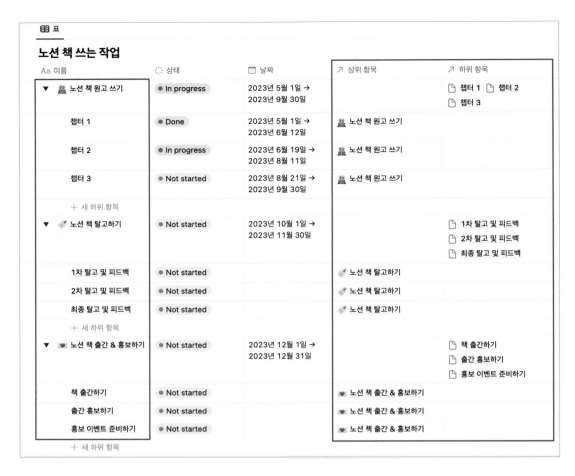

이 하위 항목을 만드는 방법은 그다지 어렵지 않습니다. 이미 우리가 익혀온 기능들과 크게 다르지 않습니다.

새 데이터베이스를 만들고 […] 버튼을 클릭해 [하위 항목]을 선택합니다.

[하위 항목 켜기] 버튼을 클릭합니다.

앞서 만든 표에 [상위 항목]과 [하위 항목]이 새로운 속성으로 추가됩니다.

상위 항목과 하위 항목에 내용을 입력합니다. 이름 칸의 토글(▸)을 클릭하면 하위 항목을 추가할 수 있는 버튼이 보입니다. 위에는 상위 항목 내용을 입력하고, 아래 [+ 새 하위 항목]을 클릭해서 하위 항목 내용을 입력합니다.

이름 속성에 '상위 항목', '하위 항목 1, 2'라고 입력하자 표의 오른편 속성에도 동일하게 추가됩니다.

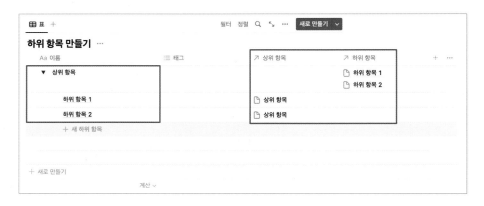

상위 항목과 하위 항목을 추가하고 싶다면 아래 칸에 있는 토글(▸)을 클릭해서 입력합니다.

》데이터베이스 종속성

종속성은 하위 항목과 유사하지만 일의 순서와 맥락을 정리하고 한눈에 볼 때 적합한 기능입니다. 다른 데이터베이스보다 타임라인 보기에서 활용하기 좋습니다.

다음 페이지를 보면, 각 업무 단계가 화살표로 연결된 모습을 볼 수 있습니다. 이 화살표 연결 기능이 종속성 기능입니다.

데이터베이스 타임라인을 새로 만들고 [⋯] 버튼을 클릭한 후 [종속성]을 선택합니다.

이때, 종속성을 표시하는 기준을 설정할 수 있습니다. 날짜가 겹칠 때만 이동하게 하거나, 항목 간격을 유지하거나, 자동으로 날짜 이동을 금지하는 설정을 할 수 있습니다. 또 주말을 피해서 표시하는 설정도 할 수 있습니다. 이 중에서 원하는 설정을 선택하고 [종속성 켜기]를 클릭합니다.

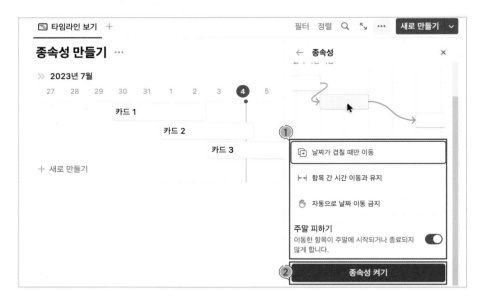

이제 타임라인의 카드 오른쪽 끝에 마우스 커서를 가져가면 화살표와 동그라미가 함께 나타납니다. 클릭한 채로 원하는 카드 왼쪽으로 가져갑니다.

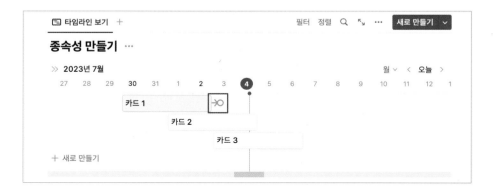

다음과 같이 '카드 1'과 '카드 2'가 화살표로 이어진 모습을 확인할 수 있습니다.

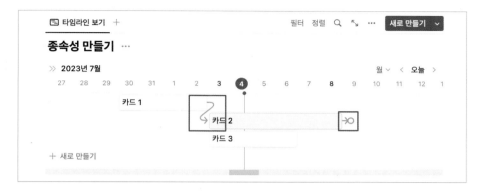

이어서 '카드 2'와 '카드 3'도 연결해보겠습니다. 앞서 날짜가 겹칠 때만 이동하도록 설정했기 때문에 카드가 서로 겹치지 않도록 뒤로 이동되기도 합니다.

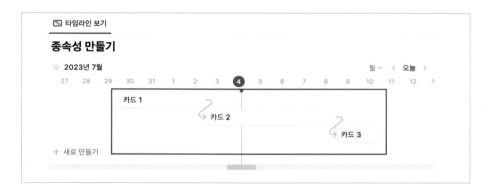

꿀팁 대방출 – 데이터베이스 3편

1. 링크된 데이터베이스 보기 생성을 안다면 당신은 노션 중수 이상!

페이지 하나에 데이터베이스 하나, 이렇게만 만들어서 쓰다 보면 곳곳에 흩어진 데이터베이스를 잘 모아서 활용할 수 있지는 않을까 고민하게 됩니다. 그렇다면 이 기능을 활용할 때가 되었군요. 하나의 데이터베이스를 원하는 페이지 여러 곳에서 보여주기도 하고 같은 데이터베이스를 다른 보기로 동시에 볼 수 있게 해주는 기능, 링크된 데이터베이스 보기 생성을 소개합니다.

》링크된 데이터베이스 보기 생성

이름에서 알 수 있듯이 이 기능은 데이터베이스의 링크를 복사해 다른 보기로 변형하거나 다른 페이지에도 위치시키는 기능입니다. 그냥 복제만 한다면 일반적인 복사와 다를 바가 없겠지만, 동기화된 상태로 옮기기 때문에 모양은 달라도 하나의 데이터베이스가 유지됩니다.

다음 갤러리와 캘린더가 바로 링크된 데이터베이스 보기의 예시입니다. 하나의 데이터베이스가 두 가지 다른 보기로 나란히 배치되어 있습니다.

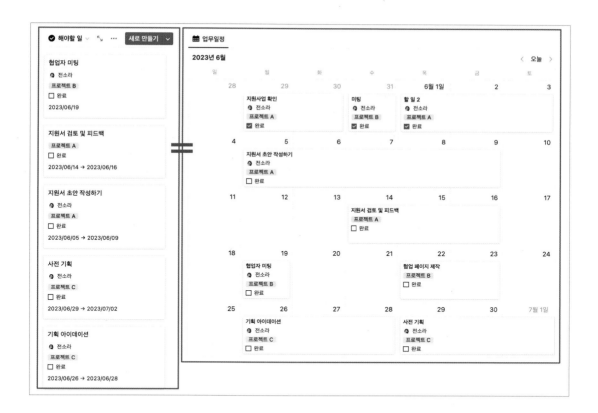

》링크 복사로 만들기

데이터베이스 왼쪽 메뉴 버튼(⠿)을 클릭하고 [링크 복사]를 선택합니다.

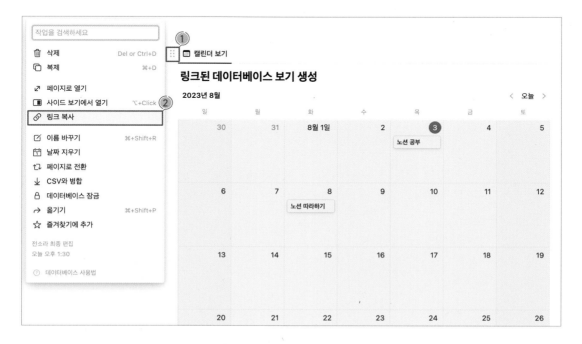

복사된 링크를 원하는 페이지에 붙여 넣은 후 [링크된 데이터베이스 보기 생성]을 선택합니다.

동일한 캘린더 보기로 만들어지기에 다른 보기로 바꾸고 싶다면 [+ 새 보기 추가] 버튼을 클릭합니다.

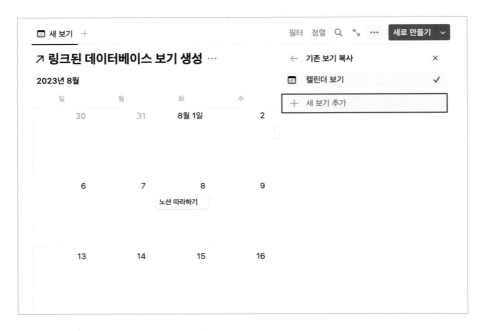

다른 보기를 선택하고 [완료]를 클릭합니다.

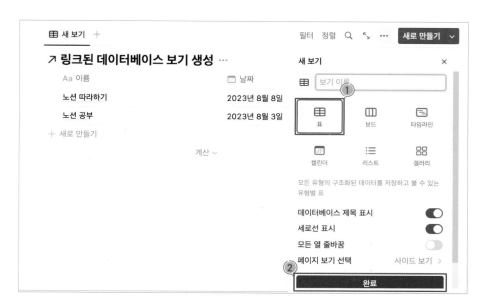

다음과 같이 캘린더의 링크로 새로운 표가 추가되었습니다. 표 제목 앞부분에 있는 대각선 화살표는 연결, 즉 링크(link)되었다는 뜻입니다. 이는 화살표가 없는 캘린더가 원본, 화살표가 있는 표가 링크된 복제본이라고 구분해줍니다.

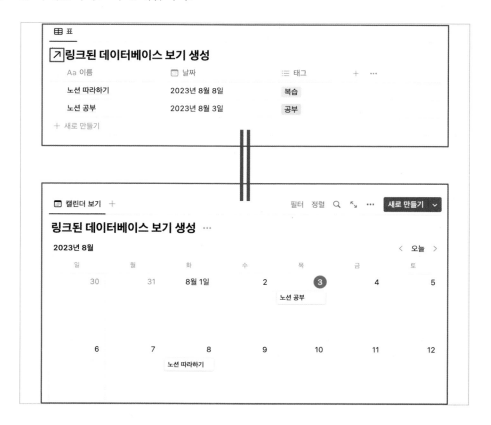

이제 두 데이터베이스가 잘 연결되어 있는지 표에 내용을 추가해 확인해봅시다. 원본인 캘린더에도 같은 내용이 추가됩니다.

》데이터베이스 검색으로 만들기

링크된 데이터베이스 보기를 생성할 수 있는 또 다른 방법이 있습니다. 불러올 기존 데이터베이스를 검색해서 추가하는 방법입니다.

'/링크된 데이터베이스 보기'를 입력합니다.

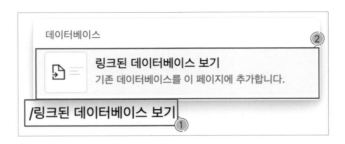

불러올 데이터베이스를 검색하고 선택합니다.

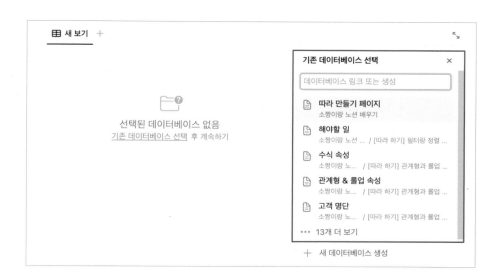

잠깐!

어디서 많이 본 메뉴 아닌가요? 데이터베이스를 생성할 때 나타나는 창입니다. 새로운 데이터베이스를 만들어야 할 때는 [+ 새 데이터베이스 생성]을 클릭합니다.

데이터베이스 보기를 선택합니다. 기존 보기 그대로 가져오고 싶다면 [표]를, 다른 보기로 바꾸고 싶다면 [+ 새 보기 추가]를 클릭합니다.

마찬가지로 제목 앞부분에 대각선 화살표가 나타납니다. 이는 기존 데이터베이스와 연결된 상태라는 의미입니다. 원본 데이터베이스와 양방향으로 연결할 수도 있습니다.

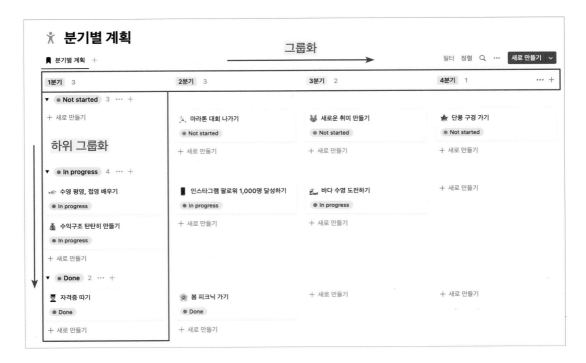

링크된 데이터베이스 보기를 생성할 때 기존 데이터베이스에 설정해둔 필터, 정렬, 보기는 가져오지 않습니다. 완벽하게 똑같이 불러오는 것이 아닙니다.

2. 이게 변신 로봇이야 노션이야?

노션 데이터베이스는 그룹화와 하위 그룹화 기능을 통해서 변신할 수 있어요. 이는 데이터베이스에 입력한 내용을 토대로 그룹을 만들어 구분하는 기능입니다.

다음은 그룹화와 하위 그룹화가 모두 적용된 모습입니다. 이런 식으로 그룹화와 하위 그룹화 기능을 활용하면 데이터베이스를 분류해서 재정리할 수 있습니다.

》데이터베이스 그룹화

데이터베이스 보드를 생성한 후 간단하게 속성 유형들을 추가합니다. 그리고 […] 버튼을 클릭한 후 [그룹화]를 선택합니다.

그룹으로 나눌 기준을 정합니다. 이 기준은 추가된 속성 유형 중에서 선택합니다.

[그룹화 기준]을 [담당자] 속성으로 설정합니다. 그러면 담당자별로 그룹이 재정비됩니다.

》 데이터베이스 하위 그룹화

이번에는 한 번 더 그룹화를 추가하는 하위 그룹화에 대해 알아보겠습니다. 그룹화 기능을 추가할 때와 마찬가지로 […] 버튼을 클릭하고 [하위 그룹화]를 선택합니다.

하위 그룹화의 기준이 될 속성을 선택합니다. 이번에는 [상태] 속성을 선택해봅시다. 그룹화로 구분되는 가로축 외에 하위 그룹화 기준으로 구분되는 세로축이 추가됩니다.

데이터베이스 보드에서 그룹화와 하위 그룹화를 동시에 사용하면 형태가 표처럼 바뀝니다. 하지만 기존의 표보다는 좀 더 크고 직관적으로 내용을 확인할 수 있어서 분기별 계획이나 시간표, 프로젝트 계획표 등에 활용하기 좋습니다.

그룹화와 하위 그룹화 기능이 적용되는 데이터베이스가 있고 그렇지 않은 데이터베이스가 있습니다. 아래 표에서 가능한 데이터베이스를 확인하세요.

그룹화	하위 그룹화	설정 안 됨
보드 표 리스트 갤러리 타임라인	보드	캘린더

다음은 표의 그룹화 기능이 설정된 모습입니다.

다음은 타임라인에서 그룹화 기능을 설정한 모습입니다.

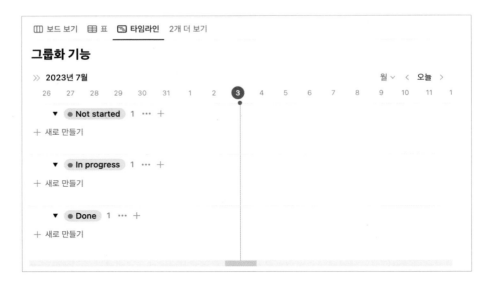

》데이터베이스 열 배경색

그룹화와 하위 그룹화 기능을 사용하면 추가로 활용할 수 있는 기능이 있습니다. 그룹이 형성된 부분에 배경색을 넣는 기능입니다. 열 배경색 기능으로 영역을 더 확실하게 구분하고 디자인까지 챙겨봅시다.

보드에서 [⋯] 버튼을 클릭한 후 [레이아웃]을 선택합니다.

레이아웃에서 [열 배경색]을 활성화합니다.

다음은 [열 배경색]이 적용된 모습입니다. 이때 색상은 [그룹화 기준]에서 선택한 속성 유형 색상에 따라 달라집니다. 속성에 따라서는 아예 색이 바뀌지 않는 것도 있습니다.

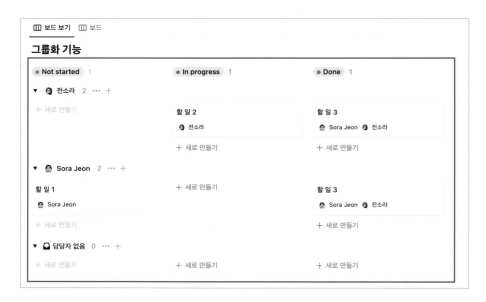

잠깐!

열 배경색은 데이터베이스 보드에서만 사용할 수 있는 기능입니다. 하위 그룹화도 보드에서만 사용할 수 있으니 이 기능들을 조합해서 활용해보세요.

3. 설마 매번 복붙해서 쓰나요?

자동화로 쉽게 시스템을 구축할 수 있어 노션을 사용한다고 하던데, 여전히 하나하나 손수 입력하며 '이게 맞나?' 싶었다면 이 기능을 모르고 있었을 가능성이 무척 높습니다. 데이터베이스에서는 동일한 페이지를 자동으로 만들어주는 템플릿(template) 기능이 있습니다. 반복해서 사용해야 하는 문서 포맷이 있다면 이 기능에 주목하세요.

》데이터베이스 템플릿 기능

데이터베이스에서 [새로 만들기] 버튼 옆에 있는 드롭 다운 버튼(▾)을 클릭합니다. 그리고 [+ 새 템플릿]을 클릭합니다.

반복해서 사용할 템플릿을 구상해 내용을 작성합니다.

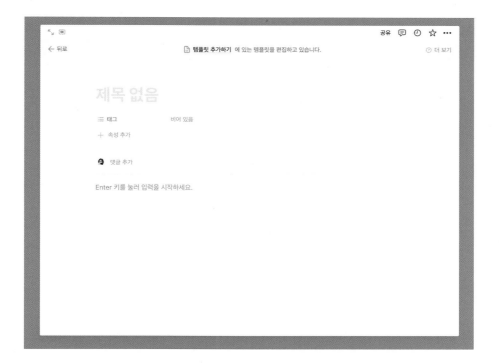

매일 해야 할 일을 위한 포맷을 만들 수도 있고 혹은 회의록 포맷을 만들 수도 있습니다.

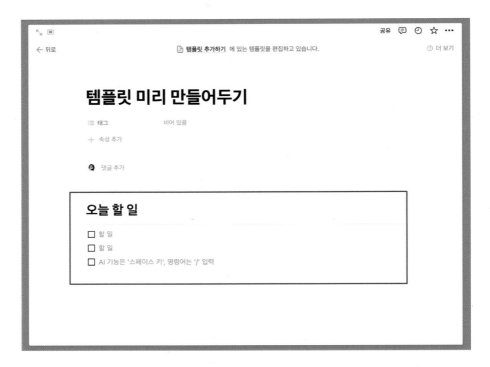

창을 닫고 표에서 새로운 페이지를 추가합니다.

새로운 페이지 창이 열리고, 추가했던 템플릿의 제목이 페이지 내부에 보입니다. '템플릿 미리 만들어두기' 제목을 클릭합니다.

앞서 만든 템플릿 제목과 내용을 확인할 수 있습니다.

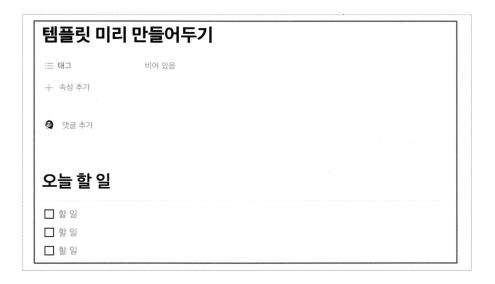

》템플릿 반복 설정하기

생성해둔 템플릿을 원하는 주기에 맞춰 매번 자동으로 불러오고 싶다면 이 기능도 같이 활용해보세요. 템플릿을 반복해서 가져올 수 있습니다.

드롭 다운 버튼(■)을 클릭한 후 앞서 추가한 템플릿의 오른쪽 […] 버튼을 클릭합니다.

[반복]을 클릭하고 원하는 반복 주기를 선택합니다.

이제 이 데이터베이스에서는 설정한 주기에 따라 템플릿이 자동 생성됩니다.

》 템플릿 기본 설정하기

이번에는 페이지를 추가할 때마다 해당 템플릿이 자동으로 만들어지길 바랄 때 사용할 수 있는 기능입니다. 템플릿을 새로 만들거나 반복 설정할 때와 마찬가지로 드롭 다운 버튼(■)을 클릭하고 […]를 클릭합니다.

이번에는 [기본으로 설정]을 선택합니다.

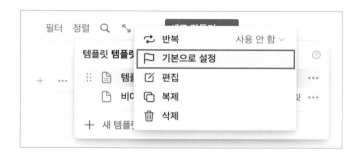

모든 보기에 적용되도록 설정하면, 이 표에 언제 새 페이지를 만들든 상관없이 해당 템플릿이 자동으로 추가됩니다.

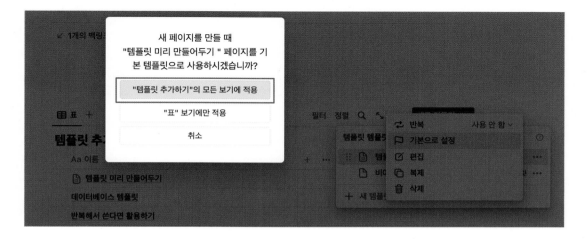

》[따라 하기] 회의록 템플릿으로 만들기

157쪽에서 회의록 페이지를 만들었습니다. 그때 만든 회의록 페이지를 이번에는 데이터베이스 템플릿으로 변경해보도록 하겠습니다. 혹시 아직 해당 페이지를 따라 만들어보지 않았다면 이번 기회에 제작해보고 이후 과정을 진행해보세요.

1 '/데이터베이스 리스트'를 입력하고 [+ 새 데이터베이스 생성]을 클릭하여 새 리스트를 만듭니다.

2 드롭 다운 버튼(⌄)을 클릭한 후 [+ 새 템플릿] 버튼을 클릭합니다.

3 템플릿에 이전에 만들어둔 회의록 페이지 내용을 복사해서 붙여 넣습니다.

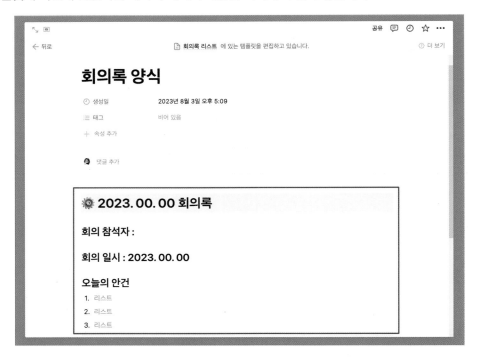

4 이제 리스트에서 페이지를 열어봅시다. 새로운 페이지를 추가하거나 이미 만들어진 '페이지 1'을 클릭합니다. 그리고 페이지 내부에 있는 '회의록 양식'을 클릭합니다.

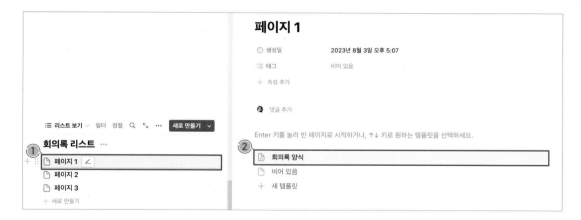

5 앞서 추가한 회의록 양식을 불러왔습니다.

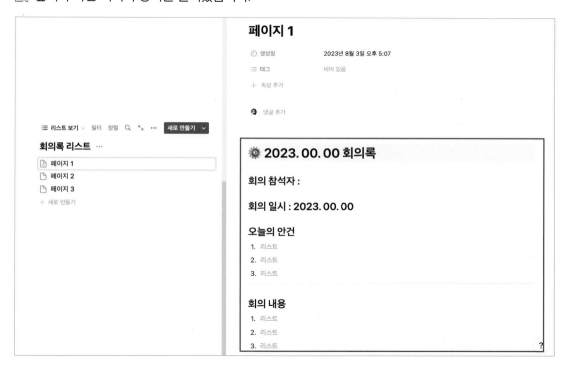

6 이 회의록 양식을 언제 어떻게 생성할지 설정을 추가합니다. 드롭 다운 버튼(◾)을 클릭하고 […] 버튼을 클릭합니다.

7 주기에 따라 자동으로 만들어지게 하고 싶다면 [반복]을, 페이지를 새로 만들 때마다 불러오고 싶다면 [기본으로 설정]을 선택하면 됩니다.

4. 데이터베이스에서도 버튼 활용하기

100쪽에서 버튼 기능을 살펴보았습니다. 버튼 기능을 활용한 루틴 만들기도 105쪽에서 실습해보았습니다. 이 기능을 데이터베이스에 활용하는 방법을 살펴봅시다.

》 데이터베이스에서 버튼 기능 설정하기

데이터베이스의 속성을 입력하거나 새로운 페이지를 생성할 때 버튼 기능을 활용할 수 있습니다. 반복해서 입력해야 하는 내용을 정리할 때, 매일 또는 주기적으로 특정 내용을 확인해야 할 때, 복제가 필요할 때 등 다양하게 활용할 수 있습니다.

다음은 매일 반복하는 업무 루틴을 버튼으로 만든 페이지입니다. 어떻게 만들었는지 [따라 하기]를 통해 직접 실습해봅시다.

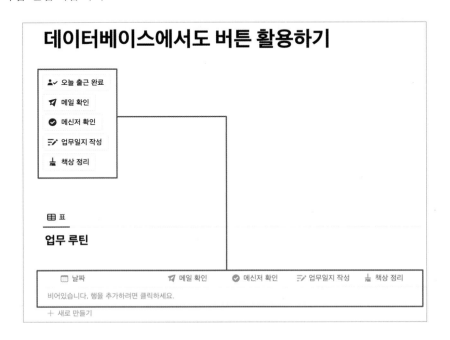

》[따라 하기] 데이터베이스에 버튼 연결하기

1 먼저, 버튼을 활용해볼 데이터베이스 표를 추가합니다. 그리고 [날짜], [체크박스] 속성을 추가합니다.

2 '/버튼'을 입력하고 선택합니다.

3 버튼에 사용할 아이콘을 추가합니다.

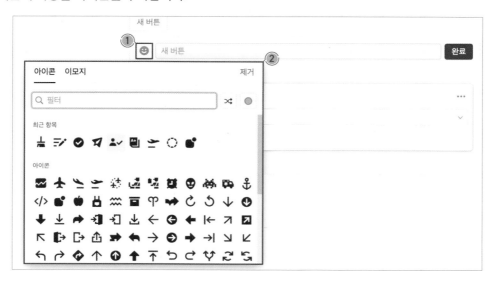

4 버튼의 이름을 입력합니다. '오늘 출근 완료'라고 작성했습니다.

5 이제, 이 버튼을 클릭하면 생성될 페이지를 추가합시다. [+ 단계 추가]를 클릭하고 [+ 페이지 추가 위치]를 선택합니다.

6 페이지가 추가될 데이터베이스로 앞서 만든 '업무 루틴' 표를 선택합니다.

7️⃣ 데이터베이스에 입력할 속성 유형을 선택합니다. '오늘 출근 완료' 버튼을 클릭하면 해당 날짜가 표시되도록 [날짜] 속성을 선택합니다.

8️⃣ [날짜] 속성에서 [지금] 또는 [오늘] 중 기준을 선택합니다. 선택 후 [완료]를 클릭합니다.

9 '오늘 출근 완료' 버튼이 완성되었습니다. 해당 버튼을 클릭하면 자동으로 표에 날짜가 입력됩니다.

10 다른 속성도 적용해보겠습니다. 앞서 살펴본 방법과 거의 동일하지만 이번에는 [페이지 편집 위치]를 선택합니다. 버튼을 클릭하면 자동으로 생성될 페이지에 입력되도록 [페이지 편집 위치]를 선택합니다.

잠깐!

버튼에서 단계를 추가할 때 페이지를 추가할지, 속성을 추가할지에 따라 메뉴 선택이 다릅니다.

- 데이터베이스에 새 페이지를 추가하고 싶다면 [+ 페이지 추가 위치]를 선택합니다.
- 데이터베이스에 속성을 추가하고 싶다면 [+ 페이지 편집 위치]를 선택합니다.

11 버튼으로 연결할 데이터베이스를 선택합니다.

12 추가할 속성 유형을 선택합니다.

13 '메일 확인'은 [체크박스] 속성이므로 버튼을 클릭하면 선택되도록 [체크 표시됨]으로 설정한 후 [완료]를 클릭합니다.

14 이제 [메일 확인] 버튼을 클릭하면 '업무 루틴' 표에서 체크가 표시됩니다.

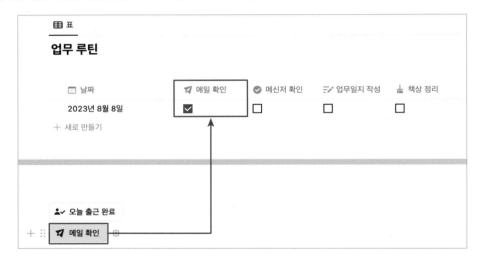

15 동일한 방법으로 나머지 속성으로도 버튼을 추가하고 데이터베이스 속성과 연결해봅시다. 그리고 버튼을 하나씩 클릭해보세요. 다음과 같은 화면이 완성됩니다.

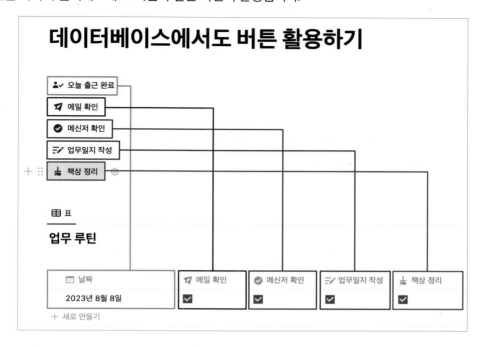

5. 수식을 알면 열리는 노션 신세계

데이터베이스 고급 속성 중 하나로 수식 속성을 소개했습니다. 이 수식 속성을 간단한 사칙 연산으로만 이해하면 안 됩니다. 수식 속성을 활용해 표시할 수 있는 내용이 정말 다양합니다. 특히, 데이터베이스에서 만든 다른 속성 유형들을 수식으로 표현하는 방법을 알면 노션 생활에 신세계가 열립니다.

》 수식 속성을 활용한 사례

수식 속성을 체크박스와 함께 활용하면 출석표를 만들거나, 목표 달성률을 확인하거나, 디데이를 표시하는 등 단순 속성 유형만으로는 나타내기 어려운 표현이 가능합니다. 수식 속성을 활용한 페이지 예시를 소개해보겠습니다. 백문이 불여일견! 보고 나면 좀 더 이해가 빠를 거예요.

다음은 매월 계획과 목표 달성을 확인할 때 실제로 사용했던 페이지입니다.

> 때에 맞춰 쌓아가는 모든 시간이 꽃임을 기억하자.
> 봄과 같은 마음으로 봄날을 누리며😊

📆 월

👍 23. 4월 Monthly Report

분류	Aa 목표	목표치	# 목표횟수	# 달성횟수	Σ 달성율
개인	🧘 필라테스 꾸준히 하기	주 1회씩 꾸준히 하기	4	5	100%
개인	🏊 수영 강습 시작!	주 1회 강습 출석하기 + 자유 수영 도전	5	3	60%
개인	🚶 매일 걷자!!	하루 5000보 이상씩 걷기 (주 3회 이상)	12	14	100%
개인 공부	📕 질문 독서 프로젝트	마음의 평정심 지키기 (2/13~4/8) 100% 환급 - 주 5회 책 읽고 질문 → 기록 인증 - 주 1회 질문 정리 및 회고 → 인증	7	7	100%
공부	🎙️ 성상담 전문가 양성과정	📖 청소년 성상담 전문가 교육 수료하기!	1	1	100%
사업	⬛ 노션 클래스	- 노션 전자책 판매 - 문토 노션 소셜링 2회 - 협업 프로젝트 워크브레이크 진행 - 노션 코칭 진행	5	8	100%
사업	💜 다정한 연구소	- 들불 협업 모임 준비 및 진행 (3/26, 4/2) - 4월 바디워크샵 모집 진행하기 → 오픈 실패😭 📖 우먼아카이브 인터뷰 하기	3	2	67%
사업	🎓 다정한 성교육	- 4/8 어린이 성교육 수업 진행 - 양육자 성교육 제안서 보내기 (1곳 이상)	2	1	50%
사이드	🔥 (구)계획세우기 (신)갓생 모임	- 매달 1회 정기모임 진행	1	1	100%

'목표 횟수'와 '달성 횟수', '달성률'이 표시된 부분이 숫자 속성과 수식 속성을 활용한 부분입니다. 월초에 목표 횟수를 쓰고, 월말에 달성 횟수를 입력하면 자동으로 달성률이 표시되도록 수식을 설정했습니다.

다음은 챌린지 모임을 운영할 때 달성 여부에 따라 환급 금액이 표시되도록 만든 페이지입니다. 체크박스 속성과 수식 속성을 활용해서 만들었습니다.

✅ 1주차

1주차 : 시간 내 인증 후 체크하기

Aa 이름	계획	월...	월_끝	화_	화_끝	수...	수...	목...	목_끝	금_시작	금_끝	토...	토_끝	Σ 환급비용	Σ 달성
춘식	✓	✓	✓	✓	✓	✓	✓	✓	✓	✓	✓	✓	✓	9,500	12
라이언	✓	✓	✓	✓	✓	✓	✓	✓	✓	✓	✓			6,000	7
무지								✓	✓					1,500	2
죠르디	✓	✓	✓	✓	✓	✓	✓	✓	✓	✓	✓	✓	✓	9,500	12
소짱	✓	✓	✓	✓	✓	✓	✓	✓	✓	✓	✓	✓	✓	9,500	12

+ 새로 만들기

표시됨 80% 표시됨 80% 표시됨 80% 표시됨 80% 표시됨 80% 표시됨 80% 표시됨 80% 됨 100% 표시됨 80% 크 60% 표시됨 60% 표시됨 60% 표시됨 60%

✅ 2주차

2주차 : 시간 내 인증 후 체크하기

Aa 이름	계획	월...	월_끝	화_	화_끝	수...	수...	목...	목_끝	금...	금_끝	토...	토_끝	회고	Σ 환급비용	Σ 달성
춘식	✓	✓	✓	✓	✓	✓	✓	✓	✓	✓	✓		✓	✓	9,800	11
라이언	✓	✓	✓	✓	✓	✓	✓	✓	✓				✓	✓	8,400	9
무지														✓	100	0
죠르디	✓	✓	✓	✓	✓	✓		✓	✓	✓	✓	✓	✓	✓	9,800	11
소짱	✓	✓	✓	✓	✓	✓	✓	✓	✓	✓	✓	✓	✓	✓	10,500	12

+ 새로 만들기

표시됨 80% 시됨 80% 표시됨 80% 표시됨 80% 표시됨 80% 표시됨 80% 표시됨 80% 표시됨 80% 표시됨 60% 표시됨 80% 표시됨 60% 표시됨 60% 표시됨 40% 표시됨 80%

요일별로 하루 두 번씩 해야 하는 일을 했을 때 확인하고, 그에 따라 자동으로 보증금에서 환급할 금액이 표시되도록 설정했습니다.

이렇듯 수식을 활용하면 노션 데이터베이스에서 활용할 수 있는 기능과 방식이 정말 방대하게 늘어납니다. 이 외에도 업무와 필요에 따라 다채롭게 활용할 수 있기 때문에 모든 사례를 소개하기가 힘든 수준입니다. 여기서는 간단한 사칙 연산을 활용하는 방법과 앞서 소개한 달성률 표시 및 체크박스 수합하는 부분에 대해 소개해보도록 하겠습니다.

》 간단한 사칙 연산

우리가 알고 있는 사칙 연산, 즉 더하기 빼기 나누기 곱하기를 수식으로 간단하게 만드는 방법입니다. 어렵지 않으니 차근차근 따라 해보세요.

데이터베이스 표를 만들고 [숫자] 속성을 두 번 추가한 후 내용을 입력합니다. 다음 그림과 똑같이 만들어도 좋습니다. 만약 숫자 형식을 변환하는 방법이 기억나지 않는다면, 180쪽에서 숫자 속성 유형에 대한 내용을 살펴보세요.

가격과 판매 개수를 곱해 총판매 금액이 얼마인지 계산하는 수식을 만들어봅시다. [수식] 속성을 추가한 후 '가격 * 판매 개수'라고 입력합니다.

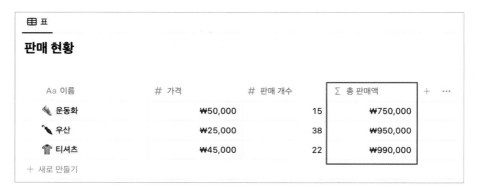

다음과 같이 금액이 자동으로 계산됩니다.

총 판매액을 모두 합산하기 위해서는 표 아래 [계산] 버튼을 클릭한 후 [합계]를 선택하면 됩니다.

이 외에도 단순한 사칙 연산을 얼마든지 수식으로 만들 수 있으니 수식 속성을 너무 어렵게 생각하지 말고 도전해보세요.

》목표 달성

이번에는 수식을 활용한 목표 및 달성률 표시 방법을 소개해보겠습니다. 이를 위해서는 구체적이고 수치화된 목표가 필요합니다. 예를 들어 '한 달 동안 달리기를 하겠다.'라는 단순한 목표보다는 '주 2회 달리기를 하겠다.' 또는 '주 2회 5km를 뛰겠다.'라는 수치로 표현할 수 있는 목표와 계획이 좋습니다.

이번에도 데이터베이스 표를 만들고 [숫자] 속성을 추가합니다. 그리고 다음과 같이 목표로 정한 내용과 수치를 입력합니다.

달성으로 입력한 수치를 수식을 활용하여 달성률 표시로 바꿔보겠습니다. [숫자] 속성을 추가한 후 '(달성 / 목표) * 100'이라는 수식을 입력합니다.

이제 계산한 수식의 표시를 변경해야 합니다. [수식] 속성을 클릭하고 [속성 편집]을 선택합니다.

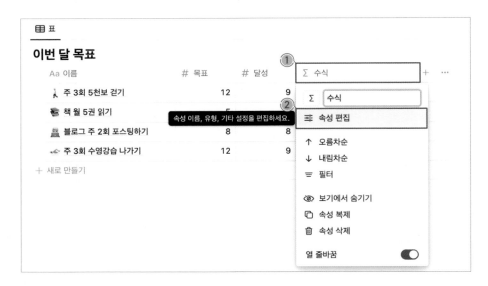

[수식] 속성의 이름을 '달성률'이라고 바꾸고 숫자 표시도 [막대]로 바꿉니다. 다음과 같이 변경된 모습을 확인할 수 있습니다.

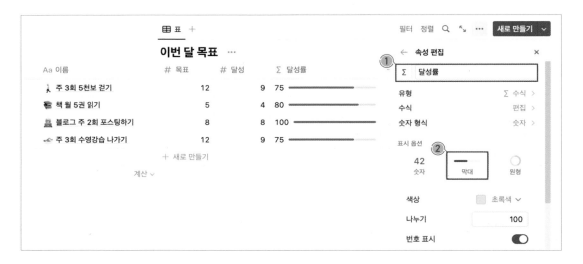

》 진행바 표시

막대로 달성률을 표시할 수도 있지만 이모티콘을 활용할 수도 있습니다. 수식을 하나만 더 추가하면 됩니다.

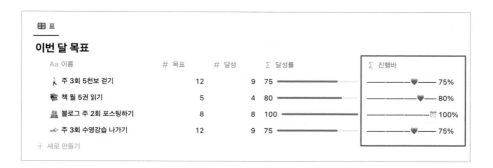

다음 수식은 달성률에 따라 이모티콘이 움직이도록 명령한 수식입니다. 수식 안 이모티콘은 취향에 따라 선택해도 됩니다.

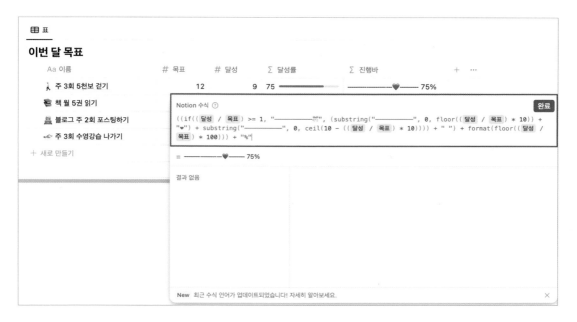

잠깐!

진행바 수식입니다. QR 코드에서 확인해보세요.

```
((if((prop("달성") / prop("목표")) >= 1, "————————🎏", (substring("————————",
0, floor((prop("달성") / prop("목표")) * 10)) + "♥") + substring("————————", 0,
ceil(10 - ((prop("달성") / prop("목표")) * 10)))) + " ") + format(floor((prop("달
성") / prop("목표")) * 100)))+"%"
```

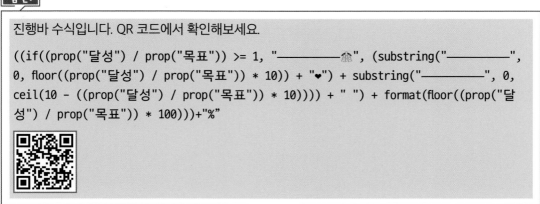

》체크 현황

마지막 소개할 수식 활용법은 체크박스 속성을 사용하는 방법입니다. 숫자로 입력할 수도 있지만, 출석 유무 등 간단하게 확인할 내용은 수식으로 합산하여 보면 좋습니다.

우선, 데이터베이스 표에서 [체크박스] 속성은 추가합니다. 출석 현황을 예시로 [체크박스] 속성을 5개 추가했습니다.

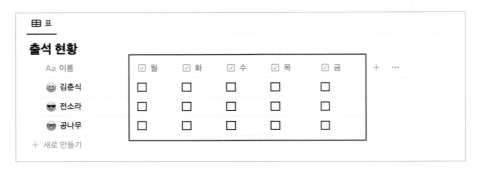

[수식] 속성을 추가해 다음 표에 있는 수식을 따라 입력해보세요.

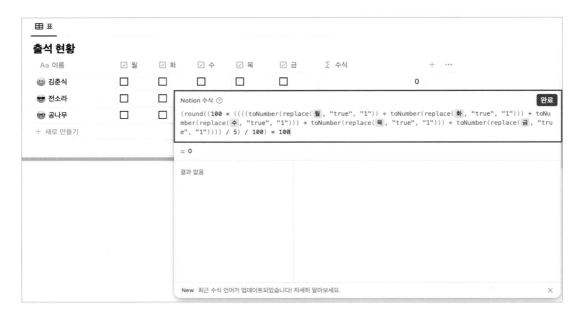

> **잠깐!**
>
> 체크 현황 수식입니다. 앞선 수식 QR 코드에서 확인해보세요.
>
> ```
> (round((100 * (((((toNumber(replace(prop("월"), "true", "1")) +
> toNumber(replace(prop("화"), "true", "1"))) + toNumber(replace(prop("수"), "true",
> "1"))) + toNumber(replace(prop("목"), "true", "1"))) + toNumber(replace(prop("
> 금"), "true", "1")))) / 5) / 100) * 100
> ```

앞서 목표 달성을 표시했던 것처럼 [속성 편집]에서 [막대]를 선택하면 체크박스 결과에 따라 출석률이 표시됩니다.

자주 사용하고 또 알아두면 유용한 수식 위주로 설명했는데 수식을 활용하는 방법은 정말 다양합니다. 수식은 직접 만들어도 되지만 다른 사람들이 만든 템플릿에서 수식을 복제하여 쓸 수도 있으니 다양한 사례를 찾아보는 것을 추천합니다.

> **잠깐!**
>
> '노션 수식'이라고 검색하면 각종 사이트에 다양한 내용들이 소개되어 있습니다. 영어로 검색하면 더 많은 해외 사례도 찾을 수 있으니 궁금하다면 확인해보세요.

STEP 04 따라 만들기

데이터베이스를 활용할 수 있는 방법은 정말 많습니다. 앞서 설명했던 기능들을 최대한 사용해볼 수 있도록 다양한 페이지를 준비했습니다. 하나씩 따라 만들어보면 노션 실력이 분명 향상될 거예요.

예시 페이지 1 - 일정 및 할 일 관리 페이지

나도 일잘러, 갓생러가 되고 싶다고 마음먹고 펼쳐 든 다이어리. 작심삼일이 되고 싶지 않아 열심히 쓰지만 이렇게 하는 게 맞는지 고민된다면 이 페이지를 따라 만들어봅시다. 일정과 할 일을 함께 확인할 수 있는 페이지입니다. 데이터베이스의 다양한 기능을 활용해서 만든 페이지라 따라 만들기만 해도 데이터베이스에 대해 확실히 익힐 수 있습니다.

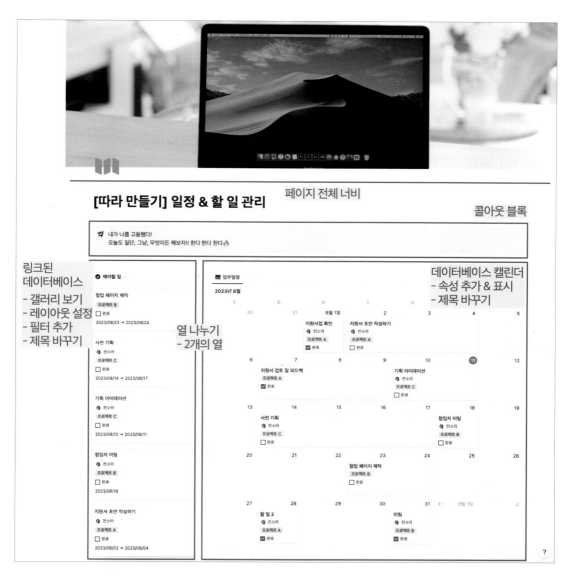

다음은 단축키로 빠르게 만드는 방법입니다.

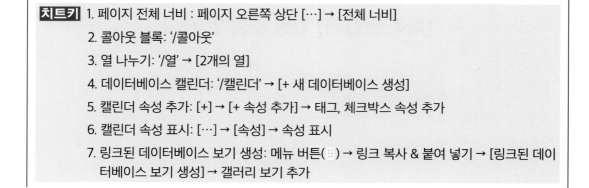

치트키 1. 페이지 전체 너비 : 페이지 오른쪽 상단 […] → [전체 너비]

2. 콜아웃 블록: '/콜아웃'

3. 열 나누기: '/열' → [2개의 열]

4. 데이터베이스 캘린더: '/캘린더' → [+ 새 데이터베이스 생성]

5. 캘린더 속성 추가: [+] → [+ 속성 추가] → 태그, 체크박스 속성 추가

6. 캘린더 속성 표시: […] → [속성] → 속성 표시

7. 링크된 데이터베이스 보기 생성: 메뉴 버튼(⠿) → 링크 복사 & 붙여 넣기 → [링크된 데이터베이스 보기 생성] → 갤러리 보기 추가

8. 갤러리 레이아웃 설정: […] → [레이아웃] → [카드 미리 보기]

9. 갤러리 속성 표시: […] → [속성] → 속성 표시

10. 갤러리 필터 설정: […] → [필터] → [체크박스]

11. 데이터베이스 이름 변경: […] → [데이터베이스 제목 숨기기] → [이름 바꾸기]

》 페이지 전체 너비

새 페이지를 추가하고 아이콘, 커버, 제목까지 입력했다면 페이지 너비를 바꿔봅시다. 페이지 오른쪽 상단의 […]을 클릭하고 [전체 너비]를 활성화합니다.

》 콜아웃 블록

'/콜아웃'을 입력하고 생성합니다.

생성된 콜아웃에 나를 응원하는 한 문장을 써봅시다.

》열 나누기 - 2개의 열

'/열'을 입력하고 2개의 열을 선택합니다.

》데이터베이스 캘린더

'/캘린더'를 입력하고 캘린더 보기를 클릭합니다.

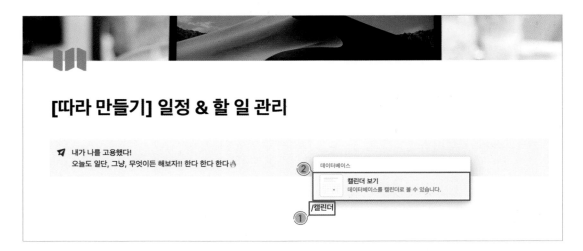

오른쪽 아래 [+ 새 데이터베이스 생성]을 클릭합니다.

나뉜 열의 간격을 조절해봅시다. 가운데 회색 선을 드래그하여 왼쪽으로 옮깁니다. 다음과 같이 캘린더 너비가 조절되는 것을 확인할 수 있습니다.

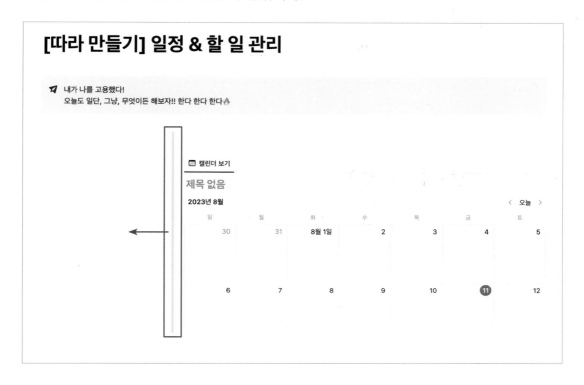

》캘린더 속성 추가

캘린더의 특정 날짜에 마우스를 올린 후 [+] 클릭해 새 페이지를 추가합니다.

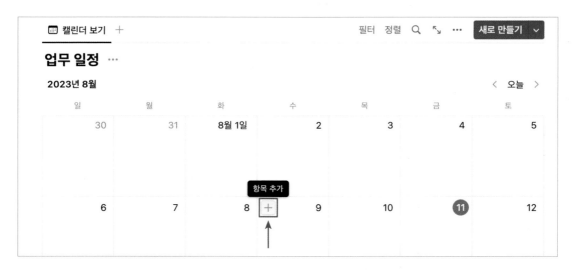

새 페이지 창이 열리면 속성을 추가합니다. 기본 생성된 [태그] 속성에서 [비어 있음]을 클릭합니다.

일정을 분류할 키워드를 옵션으로 추가합니다.

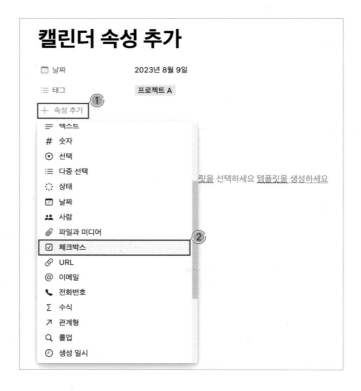

[+ 속성 추가] 버튼을 클릭한 후 새로 추가할 속성을 선택합니다. [체크박스] 속성을 추가합시다.

이제 기본적인 속성이 모두 추가되었습니다.

》캘린더 속성 표시

추가한 속성이 캘린더 밖에서도 보이도록 속성 표시 설정을 변경합니다. 캘린더 오른쪽 [⋯] 버튼을 클릭한 후 [속성]을 선택합니다.

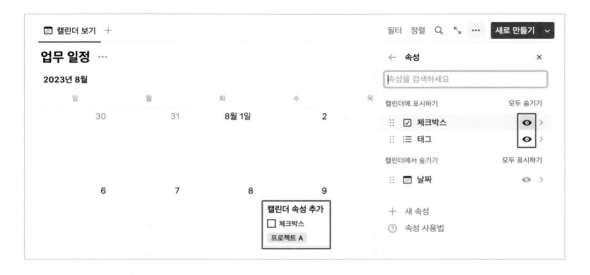

캘린더 밖에서 표시되기를 원하는 속성을 선택합니다.

》 링크된 데이터베이스 보기 생성

캘린더 왼쪽 메뉴 버튼(⠿)을 클릭한 후 [링크 복사]를 선택합니다.

복사한 링크를 왼쪽 열에 붙여 넣고 [링크된 데이터베이스 보기 생성]을 클릭합니다.

기존 보기인 캘린더 보기 대신에 새로운 보기를 추가합시다. [+ 새 보기 추가] 버튼을 클릭합니다.

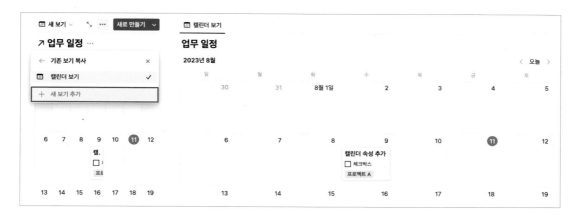

[갤러리 보기]를 선택하고 [완료]를 클릭합니다.

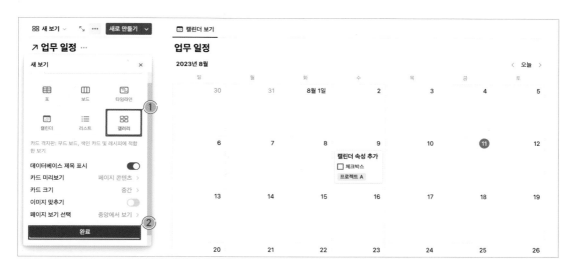

왼쪽에는 갤러리, 오른쪽에는 캘린더가 나란히 연결된 채로 생성되었습니다.

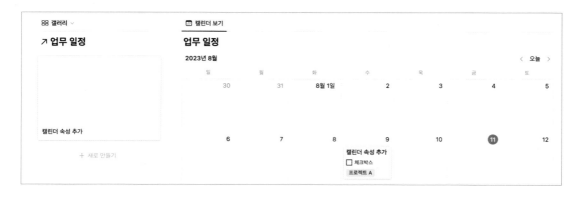

》갤러리 레이아웃 설정 및 속성 표시

갤러리 오른쪽 […] 버튼을 클릭한 후 [레이아웃]을 선택합니다.

그리고 [카드 미리보기]는 [카드 사용 안 함]으로 설정합니다.

레이아웃 설정을 마친 후 [속성]을 선택합니다.

속성 표시 설정을 변경합니다.

레이아웃과 속성을 모두 설정한 모습입니다.

》 갤러리 필터 설정

갤러리 오른쪽 [⋯]을 클릭한 후 [필터]를 선택합니다.

이제, [체크박스] 속성을 기준으로 필터를 설정해봅시다.

[체크 표시되지 않음]을 기준으로 설정하고 [모두에게 저장]을 클릭합니다.

이제 체크박스를 선택하면 일정이 캘린더에서는 보이지만 갤러리에서는 보이지 않습니다.

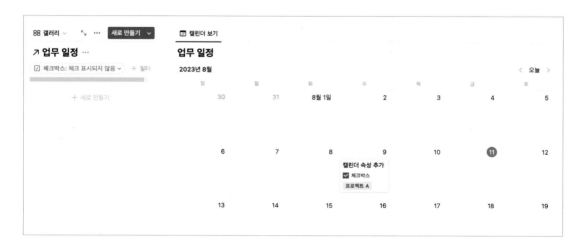

》데이터베이스 이름 변경

캘린더와 갤러리에 있는 제목을 숨겨봅시다. 제목 오른쪽 […] 버튼을 클릭하고 [데이터베이스 제목 숨기기]를 선택합니다.

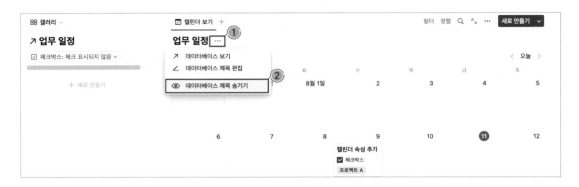

캘린더 보기라는 글자도 수정할 수 있습니다. [캘린더 보기]를 클릭하고 [이름 바꾸기]를 선택합니다.

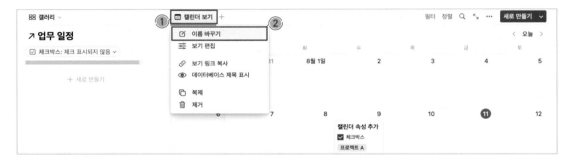

이름을 바꾸니 좀 더 깔끔해 보이죠? 마찬가지로 갤러리에서도 데이터베이스 제목과 보기 이름을 수정합니다.

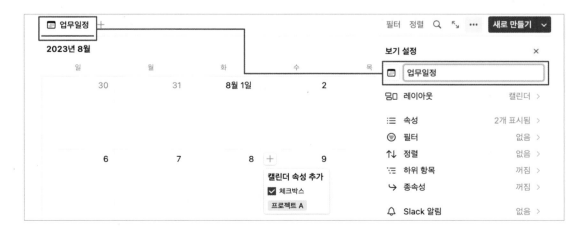

데이터베이스 제목과 이름까지 수정하니 한결 깔끔해 보입니다.

일정 & 할 일 관리 페이지가 완성되었습니다. 본인만의 일정을 입력하고 활용해보세요.

예시 페이지 2 – 데일리 리포트 페이지

해야 할 일들을 놓치지 않고 잘 확인하는 것도 중요하지만, 해야 할 일과 실제 진행한 일을 정리해서 하루를 어떻게 보냈는지 확인하는 것도 중요합니다. 진정한 갓생러의 삶으로 한 발짝 다가갈 수 있도록 데일리 리포트(daily report) 페이지를 소개합니다.

다음은 캘린더 내부 모습입니다.

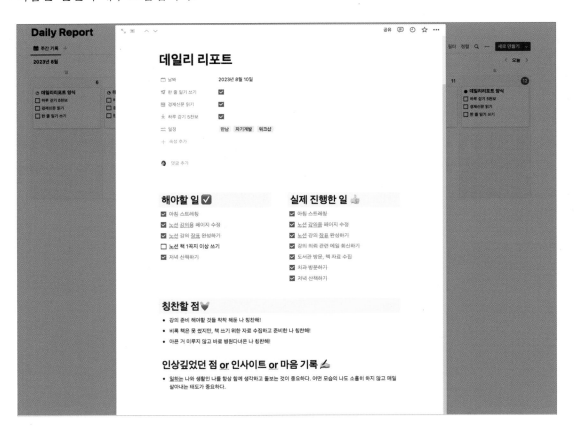

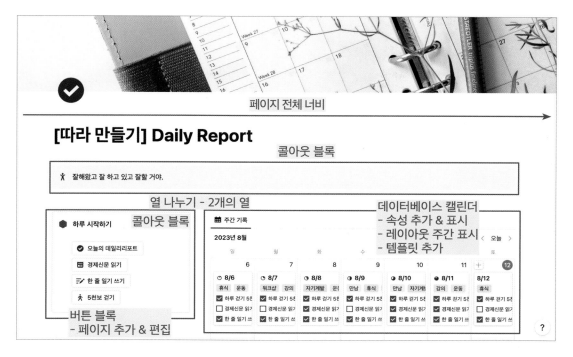

다음은 단축키로 빠르게 페이지를 만들 수 있는 방법입니다.

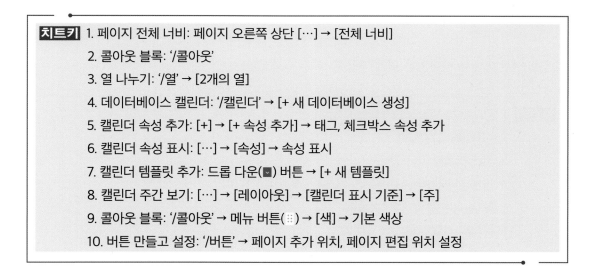

치트키 1. 페이지 전체 너비: 페이지 오른쪽 상단 […] → [전체 너비]

2. 콜아웃 블록: '/콜아웃'

3. 열 나누기: '/열' → [2개의 열]

4. 데이터베이스 캘린더: '/캘린더' → [+ 새 데이터베이스 생성]

5. 캘린더 속성 추가: [+] → [+ 속성 추가] → 태그, 체크박스 속성 추가

6. 캘린더 속성 표시: […] → [속성] → 속성 표시

7. 캘린더 템플릿 추가: 드롭 다운(▾) 버튼 → [+ 새 템플릿]

8. 캘린더 주간 보기: […] → [레이아웃] → [캘린더 표시 기준] → [주]

9. 콜아웃 블록: '/콜아웃' → 메뉴 버튼(⠿) → [색] → 기본 색상

10. 버튼 만들고 설정: '/버튼' → 페이지 추가 위치, 페이지 편집 위치 설정

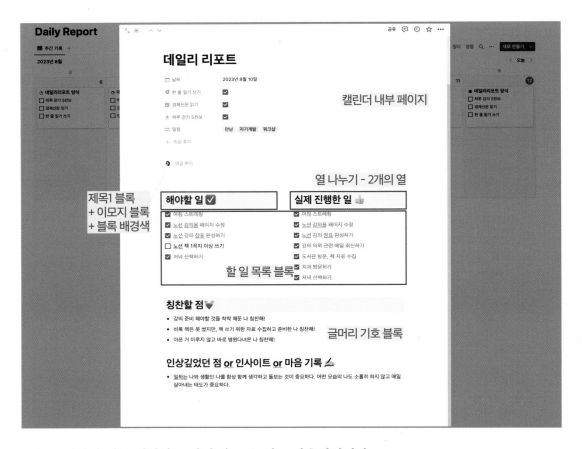

다음은 캘린더 내부 페이지를 쉽게 만들 수 있는 단축키입니다.

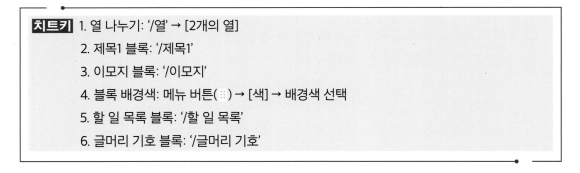

치트키
1. 열 나누기: '/열' → [2개의 열]
2. 제목1 블록: '/제목1'
3. 이모지 블록: '/이모지'
4. 블록 배경색: 메뉴 버튼(⠿) → [색] → 배경색 선택
5. 할 일 목록 블록: '/할 일 목록'
6. 글머리 기호 블록: '/글머리 기호'

잠깐!

데일리 리포트 내부 페이지는 55쪽에서 [따라 만들기] 주간 회고 페이지를 참고하면 금방 따라 만들 수 있습니다.

》페이지 전체 너비

새 페이지에 아이콘, 커버, 제목까지 추가했다면 페이지 전체 너비 설정을 해봅시다. 페이지 오른쪽 […] 버튼을 클릭한 후 [전체 너비]를 활성화합니다.

》콜아웃 블록

'/콜아웃'을 입력하고 선택합니다. 이건 필수라기보다 페이지의 목적을 명시하는 필자만의 방법입니다.

》열 나누기 – 2개의 열

'/열'을 입력하고 2개의 열을 선택합니다.

》데이터베이스 캘린더

오른쪽 열에 '/캘린더'를 입력하고 캘린더 보기를 선택합니다.

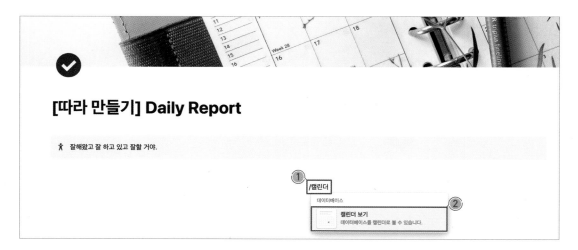

[+ 새 데이터베이스 생성]을 클릭해서 새 캘린더를 생성합니다.

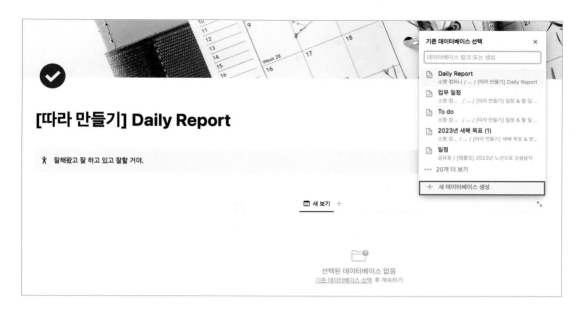

열을 드래그해서 캘린더 너비를 넓힙니다.

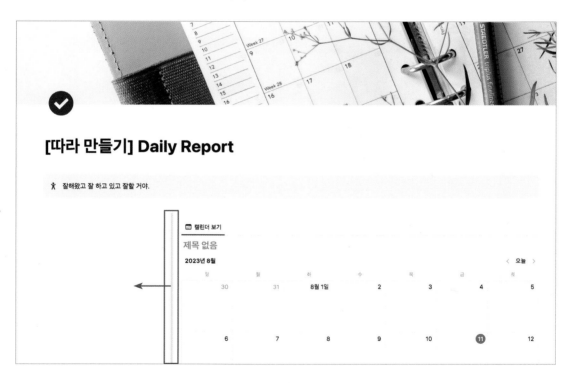

》캘린더 속성 추가

캘린더에서 [+] 버튼을 클릭해 새 페이지를 엽니다.

[+ 속성 추가]를 클릭해서 새로운 속성 유형을 추가합니다. 데일리 리포트에 매일 하는 일들을 속성으로 추가합니다. 여기에서는 [체크박스] 속성을 활용해서 루틴을 기록해보겠습니다.

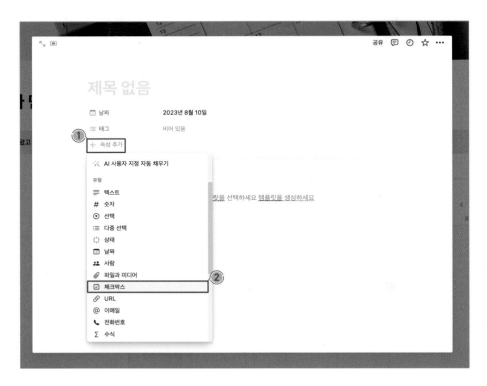

매일 반복해서 기록해야 할 내용들을 생각해보고 어울릴 만한 속성 유형을 추가해보세요. 딱히 생각나지 않는다면 체크박스 속성을 추천합니다.

속성도 이름과 아이콘을 바꿀 수 있습니다. [체크박스]를 클릭하고 [이름 바꾸기]를 선택합니다.

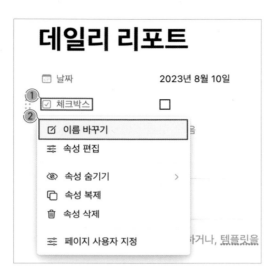

다음과 같이 이름뿐만 아니라 아이콘도 수정해봅시다.

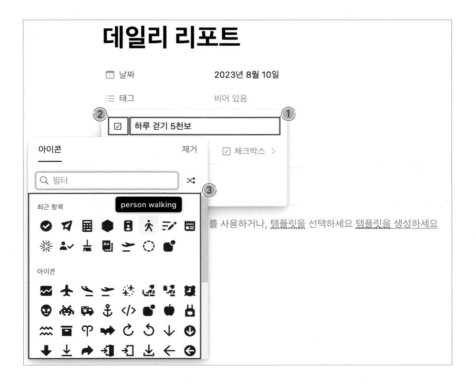

다음은 추가한 [체크박스] 속성의 이름과 아이콘을 모두 바꾼 모습입니다. 원하는 속성 유형을 추가한 후 진행해보세요.

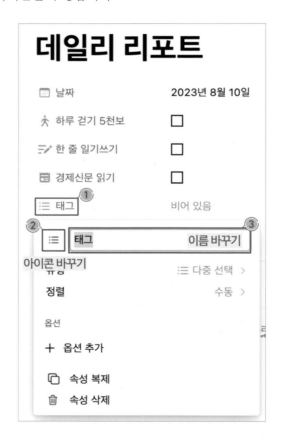

[태그] 속성도 이름과 아이콘을 수정합니다.

[태그(다중 선택)] 속성은 다양한 옵션을 한 번에 선택할 수 있기 때문에 하루의 활동이나 일정 등을 관리할 때 활용하기 좋습니다.

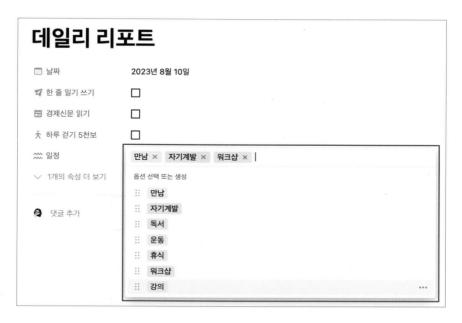

추가한 속성들을 모두 입력해봅시다.

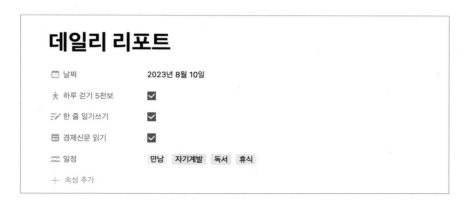

》캘린더 속성 표시

추가한 속성들을 캘린더 밖에서도 보이게 표시해봅시다. 캘린더 오른쪽 […]을 클릭한 후 [속성]을 선택합니다.

표시할 속성을 선택합니다.

》캘린더 템플릿 추가

캘린더 오른쪽 상단 드롭 다운 버튼(▾)을 클릭한 후 [+ 새 템플릿]을 클릭합니다.

매일 작성해야 하는 포맷을 페이지 내부에 입력합니다.

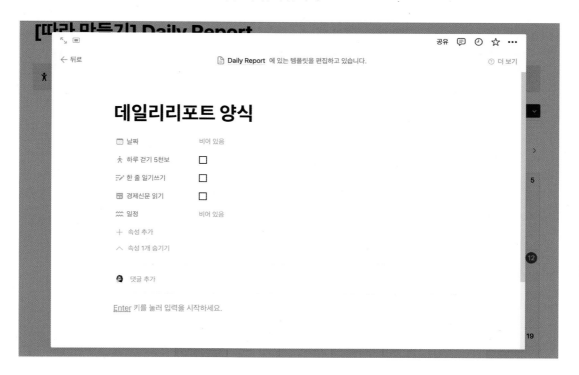

55쪽에 있는 주간 회고 페이지를 참고하거나 300쪽에 나온 데일리 리포트 내부 페이지 단축키를 따라 만들면 좀 더 수월합니다.

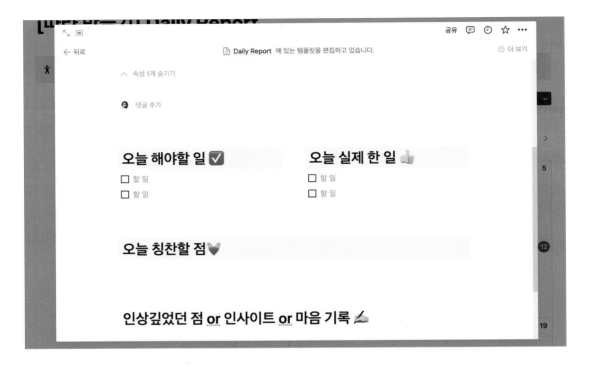

》 캘린더 주간 보기

캘린더 오른쪽 […] 버튼을 클릭한 후 [레이아웃]을 선택합니다.

[캘린더 표시 기준]을 [주]로 바꿉니다.

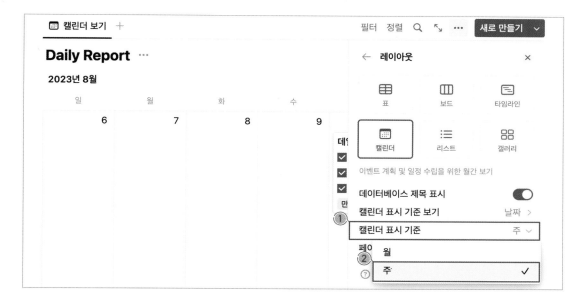

잠깐!

데일리 리포트에 재미와 편의를 더하기 위해 버튼 블록을 추가했습니다. 여기서부터는 필수가 아닌 선택 사항이니 버튼 블록을 익히고 싶다면 따라 만들어보세요. 버튼 블록에 대한 자세한 설명은 100쪽에서 확인하세요.

》콜아웃 블록

'/콜아웃'을 입력하고 버튼을 담을 콜아웃 블록을 만듭니다. 여기서 콜아웃 블록 색상은 배경색이 없이 기본 색상으로 설정했습니다. 콜아웃 블록 색상 바꾸는 게 기억나지 않는다면 ○○○쪽을 잠시 다녀오세요.

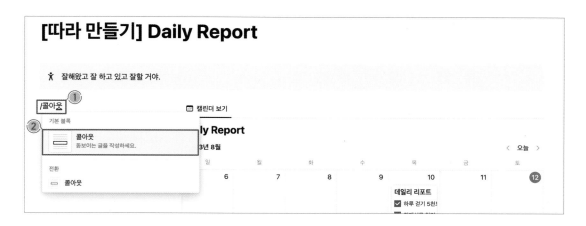

》버튼 블록 추가

콜아웃 안에서 '/버튼'을 입력합니다.

버튼의 이름과 아이콘을 입력하고 [완료] 버튼을 클릭합니다.

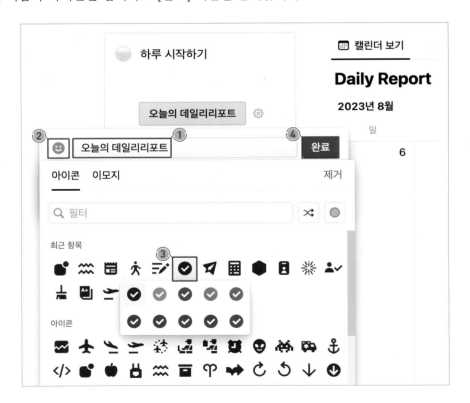

'오늘의 데일리 리포트' 버튼은 캘린더에 새 페이지를 만드는 용도로 사용할 예정입니다. 그래서 [+ 단계 추가]에서 [+ 페이지 추가 위치]를 클릭합니다.

페이지 추가될 데이터베이스를 선택합니다.

'오늘의 데일리 리포트' 버튼을 클릭할 때마다 오른쪽 캘린더에 새 페이지가 추가됩니다. 이때, 만들어지는 날짜를 설정할 수 있습니다. 버튼이 클릭되는 날짜에 맞춰 새 페이지가 생성되도록 설정하기 위해 [다른 속성 편집]에서 [날짜] 속성을 선택합니다.

날짜 설정을 [오늘]로 선택합니다. 이제 버튼을 클릭하는 날짜에 맞게 캘린더에 새로운 페이지가
생성됩니다.

나머지 속성들도 버튼으로 만들어보겠습니다. 앞선 방법대로 새 버튼을 추가하고 이름과 아이콘을 설정한 후 [+ 단계 추가]를 클릭해 [페이지 편집 위치]를 선택합니다.

속성을 입력할 데이터베이스를 선택합니다.

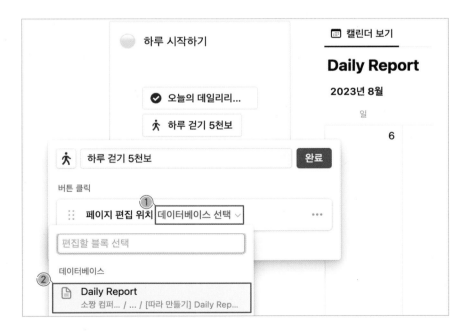

앞서 캘린더에 추가했던 속성 '하루 걷기 5천 보'를 선택합니다.

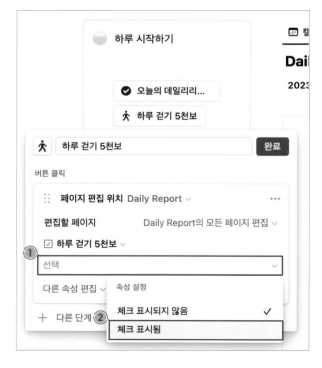

해당 속성은 [체크박스] 속성이기 때문에 버튼을 클릭했을 때 체크가 표시되도록 선택합니다. 그럼 '하루 걷기 5천 보' 버튼을 클릭할 때마다 캘린더에서 체크박스가 선택됩니다.

다른 속성들도 모두 버튼으로 추가해봅시다. 다음과 같이 완성할 수 있습니다.

예시 페이지 3 - 새해 목표 & 분기별 계획 페이지

한 해가 시작되면 새로운 마음으로 새로운 목표와 계획을 세우고 싶죠. 이번에는 새해 목표와 함께 분기별 계획을 작성해 1년 내내 보기 좋은 페이지를 만들어봅시다.

다음은 페이지를 쉽게 완성할 수 있는 단축키입니다.

> **치트키**
> 1. 데이터베이스 갤러리: '/갤러리' → [+ 새 데이터베이스 생성]
> 2. 갤러리 속성 추가: 페이지 → [+ 속성 추가] → 태그, 날짜, 숫자, 수식 속성 추가
> 3. 갤러리 속성 표시: […] → [속성] → 속성 표시
> 4. 갤러리 레이아웃 설정: […] → [레이아웃] → 데이터베이스 제목, 카드 크기
> 5. 데이터베이스 보드: '/보드' → [+ 새 데이터베이스 생성]
> 6. 보드 속성 추가: 카드 → [+ 속성 추가] → 상태, 선택, 날짜 속성 추가
> 7. 보드 속성 표시: […] → [속성] → 속성 표시
> 8. 보드 레이아웃 설정: […] → [레이아웃] → 데이터베이스 제목 표시, 카드 크기,
>   그룹화 기준, 열 배경색 설정

> **잠깐!**
>
> 여기서는 새 페이지 생성 직후의 기본 세팅(제목, 아이콘, 커버 추가)에 대한 설명은 건너뛰겠습니다.
> 또한, 이제 콜아웃도 잘 만들 수 있을 테니 설명은 넘어가도록 하겠습니다. 만드는 방법을 다시 확인
> 하고 싶다면 앞선 [따라 만들기]들을 살펴보세요.

》데이터베이스 갤러리

'/갤러리'를 입력하고 갤러리 보기를 선택합니다.

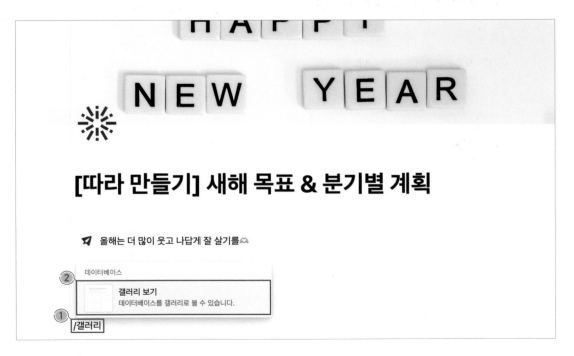

오른쪽 아래 [+ 새 데이터베이스 생성]을 클릭합니다.

》 갤러리 속성 추가

다음과 같이 데이터베이스 갤러리를 완성한 후 속성을 추가하기 위해 '페이지 1'을 클릭합니다.

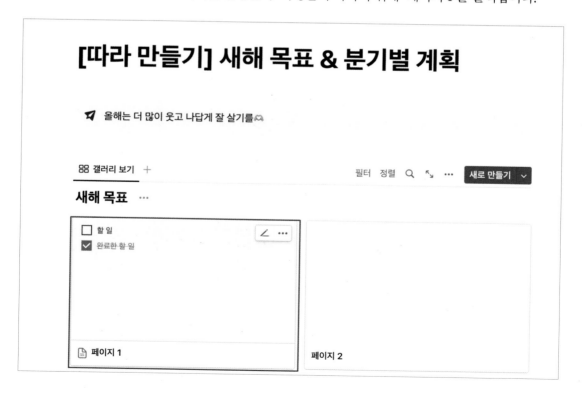

갤러리에 기본으로 설정된 [생성일] 속성은 따로 사용하지 않을 예정이니 삭제합니다.

'새해 목표' 페이지에 사용할 속성 유형은 [태그], [날짜], [숫자], [수식] 이렇게 네 가지입니다. 하나씩 차례대로 추가합니다.

속성들의 이름을 알맞게 바꾸기 위해 속성 이름을 클릭한 후 [이름 바꾸기]를 선택합니다.

그리고 다음과 같이 새로운 이름을 입력합니다.

페이지 제목과 아이콘을 사용하여 목표를 표시합니다. 그리고 캘린더에 추가한 속성에 내용을 입력해봅니다. [태그(다중 선택)] 속성은 '분야'로 이름을 변경하고 알맞은 카테고리를 입력합니다.

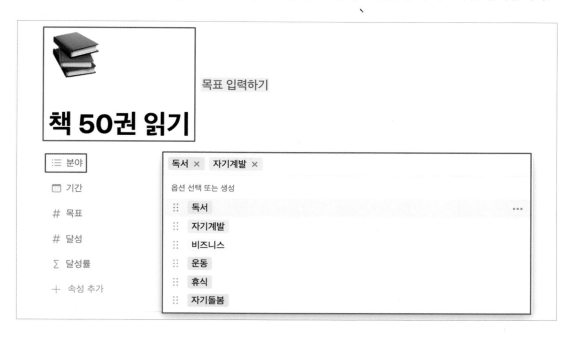

[날짜] 속성인 '기간'은 목표를 이루기 위한 기간 설정으로 [종료일]을 활성화합니다.

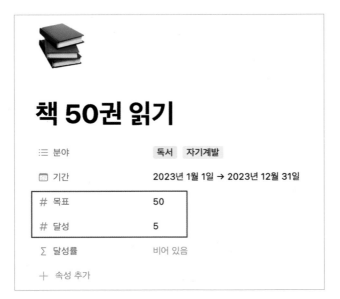

목표에 맞는 목표치와 달성을 입력합니다. '책 50권 읽기'를 목표로 정했기에 목표는 '50', 달성은 '5'라고 입력했습니다.

달성률에 활용할 수식을 입력합니다.

책 50권 읽기

≔ 분야	독서 자기계발
▭ 기간	2023년 1월 1일 → 2023년 12월 31일
# 달성	5
# 목표	50
Σ 달성률	■□□□□□□□□□ 10%
＋ 속성 추가	
👤 댓글 추가	

Notion 수식 ⑦   완료

```
if(( 달성 / 목표 ) >= 1, "☑", (((substring("■■■■■■■■■■", 0, floor(( 달성 / 목표 ) * 10)) + substring
("□□□□□□□□□□", 0, ceil(10 - (( 달성 / 목표 ) * 10)))) + " ") + format(floor(( 달성 / 목표 ) * 100))) +
"%")
```

= ■□□□□□□□□□ 10%

결과 없음

New 최근 수식 언어가 업데이트되었습니다! 자세히 알아보세요.   ✕

달성률 수식 복사해서 쓰기

if((달성 / 목표) >= 1, "✅", (((substring("■■■■■■■■■■", 0, floor((달성 / 목표) * 10)) + substring("□□□□□□□□□□", 0, ceil(10 - ((달성 / 목표) * 10)))) + " ") + format(floor((달성 / 목표) * 100))) + "%")

마지막으로 갤러리의 섬네일이 될 이미지를 추가합니다. '/이미지'를 입력하고 원하는 이미지를 추가하세요.

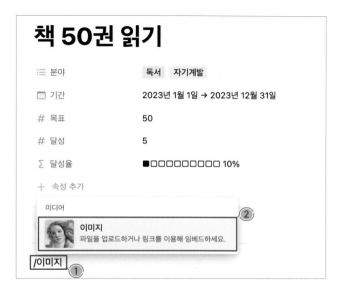

》갤러리 속성 표시

입력한 속성들이 갤러리 밖에서도 보이도록 표시 설정을 변경합시다. 갤러리 오른쪽 [⋯] 버튼을 클릭한 후 [속성]을 선택합니다.

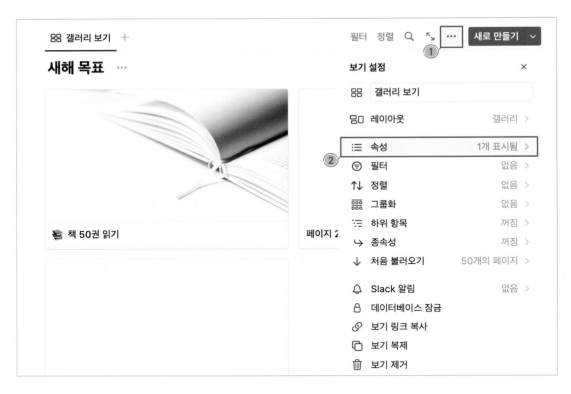

표시할 속성만 선택합니다. 달성률이 표시되니 굳이 달성, 목표는 표시할 필요가 없겠죠? 보기 원하는 속성들 위주로 표시 선택을 합니다.

》갤러리 레이아웃 설정

갤러리 오른쪽 […] 버튼을 클릭해서 [레이아웃]을 선택합니다.

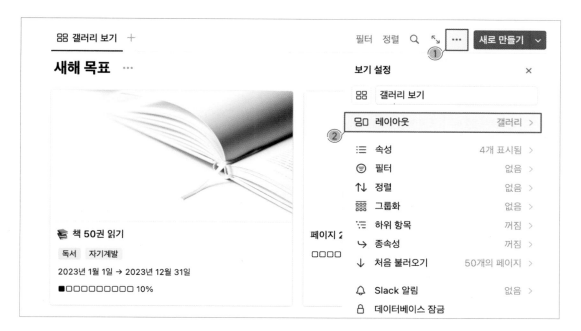

[데이터베이스 제목 표시]와 [카드 크기]를 수정합니다.

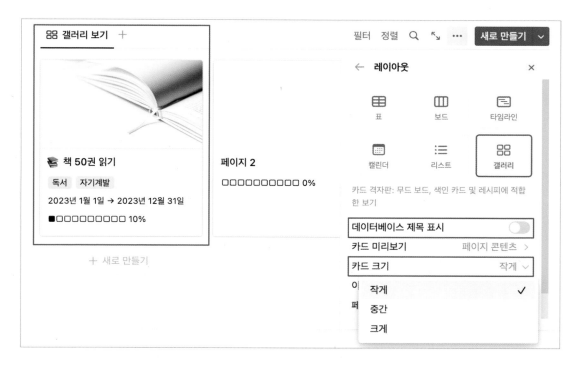

갤러리 보기 이름을 바꾸고 싶다면 [갤러리 보기]를 클릭한 후 [이름 바꾸기]를 선택하여 변경합니다.

잠깐!
레이아웃 설정은 필수는 아닙니다. 하지만 갤러리를 깔끔하고 보기 좋게 정돈할 수 있습니다.

》데이터베이스 보드

분기별 계획을 입력할 데이터베이스 보드를 만들어봅시다. '/보드'를 입력한 후 [+ 새 데이터베이스 생성]을 클릭하여 새 보드를 완성합니다.

》보드 속성 추가

보드에 만들어진 '카드 1'을 클릭한 후 속성을 추가합니다. [상태], [선택], [날짜] 이렇게 세 가지 속성을 추가합니다.

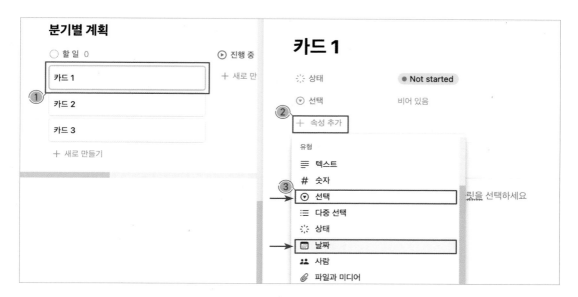

추가한 속성 내용을 입력합니다.

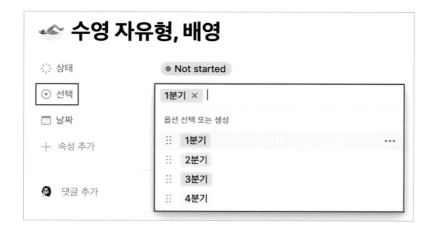

[선택] 속성에는 분기를, [날짜] 속성에는 계획 일정을 입력합니다.

》보드 속성 표시

보드도 앞서 만든 갤러리처럼 속성 표시를 수정해봅시다. 오른쪽 [⋯] 버튼을 클릭한 후 [속성]에서 원하는 속성을 표시합니다.

》보드 레이아웃 설정

보드 레이아웃 설정을 바꿔봅시다. 오른쪽 […] 버튼을 클릭하고 [레이아웃]을 선택합니다. 그리고 설정을 하나씩 바꿔봅시다. 다음은 [데이터베이스 제목 표시], [카드 크기], [그룹화 기준], [열 배경색]까지 총 네 가지 설정을 변경한 모습입니다.

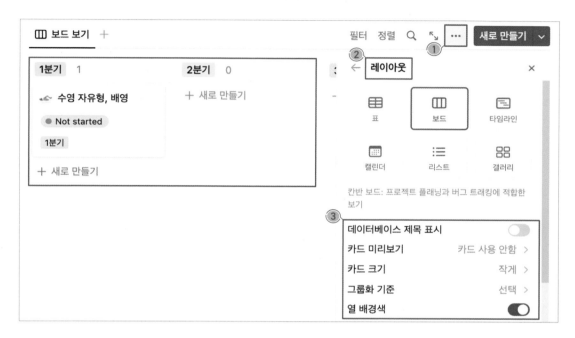

보드 역시 갤러리처럼 이름을 바꿔봅시다. [보드 보기]를 클릭한 후 [이름 바꾸기]에서 수정합니다.

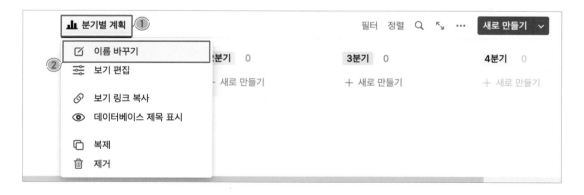

이제 페이지 제작은 끝입니다. 다음과 같이 내용을 입력해 여러분만의 새해 목표 및 분기별 계획 페이지를 완성해보세요.

예시 페이지 4 - 소비 일지 페이지

매일 어디에 돈을 쓰는지, 왜 맨날 통장은 텅텅 비어 있는지 꼼꼼하게 확인하고 싶었다면 주목하세요! 단순히 지출 내역만 남기는 것이 아니라 돈을 쓰고 느낀 만족감과 소감을 같이 작성해두면 소비 패턴을 면밀히 파악할 수가 있습니다. 노션을 실생활에서 유용하게 잘 쓸 수 있도록 돕는 소비 일지 페이지를 함께 만들어봅시다.

[따라 만들기] 소비 일지

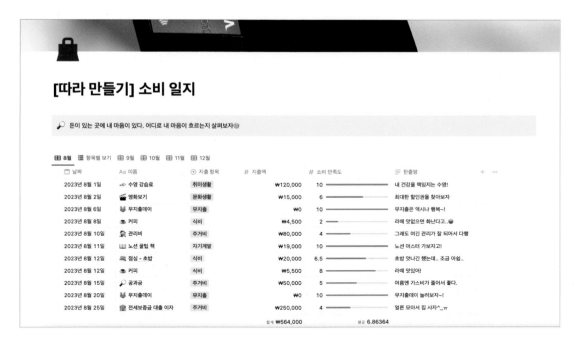

다음은 페이지 하단 부분입니다.

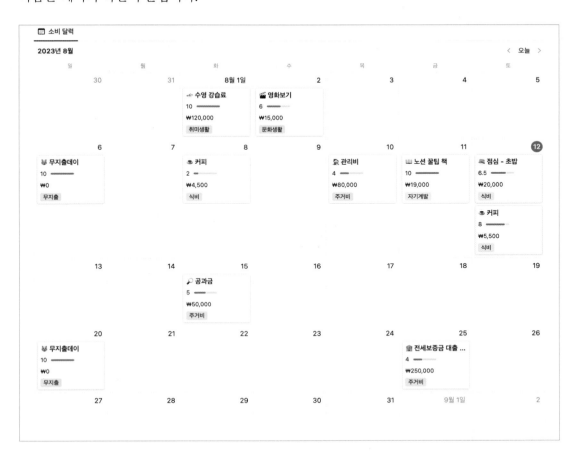

[따라 만들기] 소비 일지

🔍 돈이 있는 곳에 내 마음이 있다. 어디로 내 마음이 흐르는지 살펴보자👀

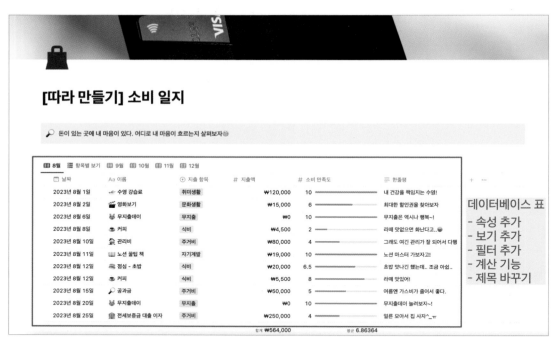

데이터베이스 표

- 속성 추가
- 보기 추가
- 필터 추가
- 계산 기능
- 제목 바꾸기

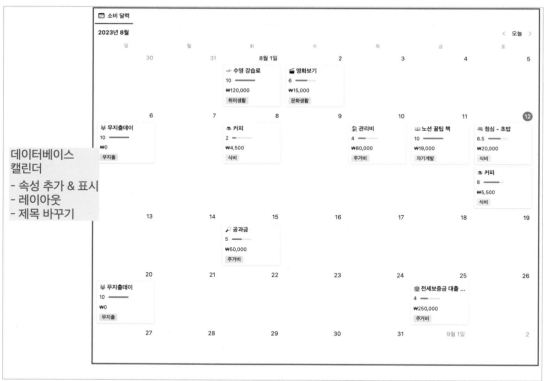

데이터베이스 캘린더

- 속성 추가 & 표시
- 레이아웃
- 제목 바꾸기

우선, 단축키로 페이지를 완성하는 방법을 살펴봅시다.

> **치트키** 1. 데이터베이스 표: '/표' → [+ 새 데이터베이스 생성]
>
> 2. 표 속성 추가: [+] → 텍스트, 숫자, 날짜 속성 추가
>
> 3. 표 보기 추가: [+] → 캘린더 보기 추가
>
> 4. 표 필터 설정: [필터] → [날짜] → [범위 내]
>
> 5. 링크된 데이터베이스 보기 생성: 메뉴 버튼(⠿) → 링크 복사 & 붙여 넣기 → [링크된 데이터베이스 보기 생성] → 캘린더 보기 추가
>
> 6. 캘린더 속성 표시: [⋯] → [속성] → 속성 표시하기
>
> 7. 캘린더 레이아웃 설정: [⋯] → [레이아웃]→ 데이터베이스 제목 표시

> **잠깐!**
>
> 앞서 [따라 만들기]에서 반복 설명한 내용을 여기서는 조금 추려서 설명하려 합니다. 내용 중 이해가 안 되거나 설명이 더 필요할 때는 책 앞쪽을 살펴보세요. 아주 자세히 설명되어 있으니 바로 이해할 수 있을 것입니다.

》데이터베이스 표

'/표'를 입력한 후 표 보기를 선택합니다.

[+ 새 데이터베이스 생성]을 클릭해서 새 데이터베이스 표를 생성합니다.

》표 속성 추가

표 오른쪽 [+] 버튼을 클릭해서 [텍스트], [숫자], [날짜] 속성을 추가합니다.

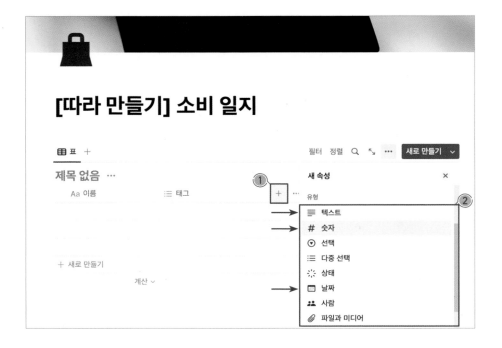

속성을 추가하면서 속성의 이름을 변경합니다. 특히 '소비 만족도'를 표시할 [숫자] 속성은 표시 옵션을 [막대]로 선택한 후 [색상]과 [나누기]를 수정합니다.

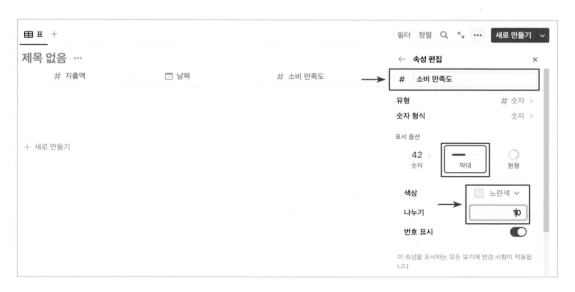

'날짜', '이름', '지출 항목', '지출액', '소비 만족도', '한줄평'을 다음과 같이 완성합니다. 속성 순서를 바꾸고 싶다면 속성 이름 부분을 클릭한 후 드래그합니다.

추가한 속성에 내용을 입력합니다. '지출 항목'으로 추가한 [태그] 속성에서 옵션을 생성합니다.

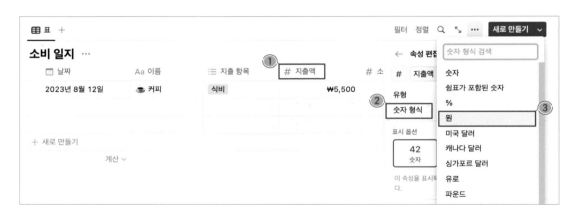

[숫자] 속성인 '지출액'에 금액을 입력한 후 숫자 형식을 변경합니다. 지출액을 클릭한 후 [숫자 형식]에서 한국 화폐 단위를 선택합니다.

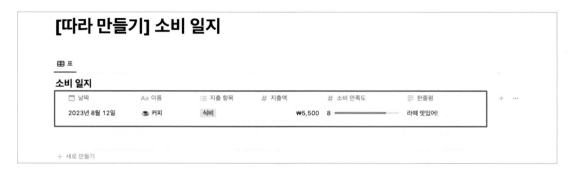

다음과 같이 모든 속성에 내용을 입력합니다.

[따라 만들기] 소비 일지

田 표

소비 일지

📅 날짜	Aa 이름	≔ 지출 항목	# 지출액	# 소비 만족도	≡ 한줄평
2023년 8월 12일	☕ 커피	식비	₩5,500	8 ━━━━━━━	라떼 맛있어!

+ 새로 만들기

마지막으로, 숫자 속성들이 자동으로 계산되도록 표 아래 [계산] 버튼을 클릭합니다. '지출액'은 [합계]로, '소비 만족도'는 [평균]으로 계산되도록 설정합니다.

》표 보기 추가

소비 일지를 열심히 쓰다 보면 '항목별로 얼마씩 쓴 걸까?', '월별로 지출은 얼마일까?'라는 생각이 문득 들 때가 있습니다. 이런 경우를 위해 표에 다른 보기를 추가하는 것을 추천합니다.

표 제목 위 [+] 버튼을 클릭합니다.

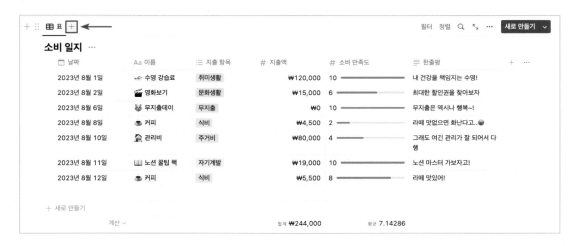

잠깐!

보기를 추가하면 자동으로 레이아웃 창이 나타나므로 이때 바로 보드의 레이아웃 설정을 바꾸면 좋습니다. 데이터베이스 제목, 카드 크기, 열 배경색 등 보드 레이아웃을 원하는 대로 설정해봅시다.

새로운 보기로 [보드]를 선택합니다. 다음과 같이 지출 항목을 기준으로 바뀝니다.

잠깐!

그룹화 기능으로 항목별로 보기를 만들 수도 있습니다. 표에서 그룹화 설정을 하는 법을 알고 싶다면 252쪽을 살펴보세요.

월별로 보기를 추가해봅시다. [+] 버튼을 클릭한 후 [새 보기]를 추가합니다. 그리고 보기 이름을 수정하고 [완료] 버튼을 클릭합니다.

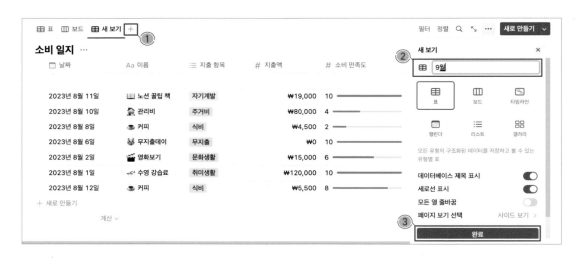

》표 필터 설정

새로운 표 보기를 추가한 이후에 월별로 필터를 설정해야 원하는 기간 내의 내용만 보여줍니다.
표 오른쪽 위 [필터]를 클릭하고 필터의 기준이 될 [날짜] 속성을 선택합니다.

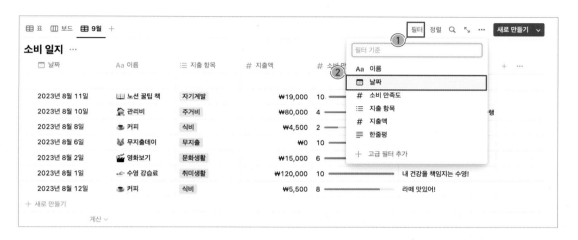

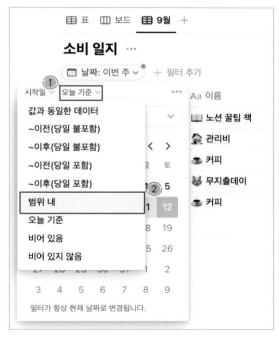

필터 기준을 [범위 내]로 선택합니다.

9월을 기준으로 9월 1일부터 9월 30일까지 범위를 설정합니다. 그리고 [모두에게 저장]을 클릭하면 필터 설정이 완료됩니다.

이렇게 새 보기 추가와 필터를 활용하면 9월뿐만 아니라 원하는 일자만큼 결과를 확인할 수 있습니다.

》링크된 데이터베이스 보기 생성

이렇게 소비 일지를 표로만 작성해도 좋지만 캘린더 형태로도 보고 싶다면 링크된 데이터베이스 보기 생성을 활용해봅시다.

표 왼쪽 메뉴 버튼(⠿)을 클릭하고 [링크 복사]를 선택합니다.

복사한 링크를 페이지에 붙여 넣은 후 [링크된 데이터베이스 보기 생성]을 선택합니다.

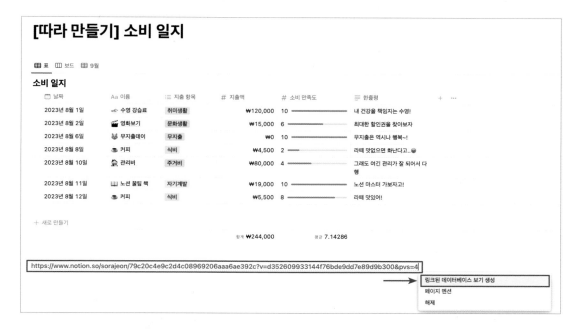

소비 일지 표가 링크된 데이터베이스로 생성되었습니다. 여기서 [+ 새 보기 추가]를 클릭합니다.

[캘린더]를 선택하고 [완료] 버튼을 클릭합니다. 다음과 같이 캘린더로 바뀌었습니다.

》캘린더 속성 표시

링크된 데이터베이스의 보기를 바꾸고 이번에는 속성을 표시해봅시다. 캘린더 오른쪽 […] 버튼을 클릭한 후 속성이 표시되도록 설정합니다.

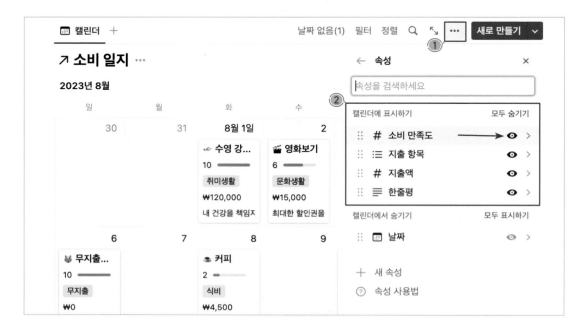

》캘린더 레이아웃 설정

레이아웃도 마찬가지로 캘린더 오른쪽 […] 버튼을 클릭한 후 [데이터베이스 제목 표시]를 비활
성화하는 등 다음 그림과 같이 설정합니다. 여기까지 모두 마치면 소비 일지가 완성됩니다.

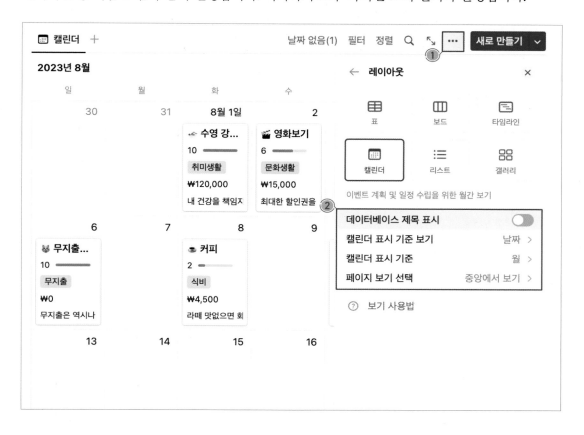

차근차근 순서대로 따라 만들면서 노션 기능도 익히고 실생활에 소비 일지를 활용해보세요.

PART 04

노션
레벨 업!

STEP 01 노션 AI 시대의 시작

STEP 02 알아두면 쓸모 있는 노션 꿀팁들

STEP 03 내 노션에 날개 달기

STEP 04 캘린더의 끝판왕, 노션 캘린더

STEP 01 노션 AI 시대의 시작

1. 챗GPT보다 유용한 노션 AI

전 세계를 들썩인 챗GPT(ChatGPT)에 이어 노션 유저들을 들뜨게 한 노션 AI가 나왔습니다. 노션 유저들에게는 챗GPT보다 유용하고 의미 있게 사용할 수 있는 인공지능 기술이 아닐까 싶습니다.

》 노션 AI 소개

노션 AI는 오픈 AI의 대규모 언어 모델 GPT-3를 기반으로 만들어진 인공지능 서비스로 2022년 말 베타 테스트를 거쳐 2023년 2월 공식 출범하였습니다.

다양한 AI 도구가 있지만 노션 유저에게는 노션 AI가 가장 접근하기 편할 것입니다. 다른 공간으로 이동하지 않아도 노션 페이지와 워크스페이스에서 바로 AI를 활용할 수 있기 때문이죠. 그것도 페이지에서 <Space> 키를 누르는 것만으로 말입니다.

》 노션 AI와 챗GPT 비교

노션 AI는 챗GPT와 마찬가지로 프롬프트(prompt)를 작성하고 이에 대한 답변을 받는 생성형 AI 입니다. 다만 챗GPT가 대화를 주고받는 형식이라면, 노션 AI는 비서에게 업무를 지시하는 형식에 가깝습니다. 노션에 제작해둔 페이지를 기반으로 콘텐츠 작성에 필요한 도움을 주는 기능이라 이해하면 좋습니다.

별도의 AI 플랫폼 또는 프로그램을 활용하지 않고도, 노션 자체에 입력했던 콘텐츠를 기반으로 도움을 받을 수 있기 때문에 노션 유저들에게는 챗GPT보다 노션 AI가 훨씬 유용합니다.

다음은 노션 AI가 응답한 노션 AI와 챗GPT 장단점 비교입니다.

Notion AI	챗 GPT
장점	장점
Notion 앱에 내장되어 있어 별도의 설정 없이 사용 가능	고급 NLP 시스템으로 복잡하고 미묘한 요청에 대응 가능
실행이 간단하고 직관적	대화식 인터페이스로 사용자가 쉽게 참여 가능
Notion에서 다양한 작업에 사용 가능	여러 플랫폼 및 응용 프로그램에서 사용 가능
단점	단점
챗봇 GPT에 비해 능력이 제한적	추가 설정이 필요하며 다른 앱이나 플랫폼과 통합하는 데 시간이 걸릴 수 있음
미묘한 요청을 이해하지 못할 수 있음	실행이 Notion AI에 비해 느릴 수 있음

》 노션 AI 기능

노션 AI에서 제공하는 기능들은 기본적으로 노션 페이지 내에 입력되어 있는 콘텐츠 기반입니다. 새로운 콘텐츠 초안을 얻어야 하거나, 기존 콘텐츠를 개선 또는 요약 및 정리해야 할 때 주로 활용합니다.

다음은 노션 홈페이지에서 제공하는 노션의 기능을 정리한 표입니다. 노션 AI는 이제 시작한 기능이기에 앞으로 점점 더 다양하게 업데이트되리라 기대합니다.

기능	세부 내용
요약 및 요점 정리	해당 노션 페이지에 이미 작성한 콘텐츠를 요약하고 설명해주는 기능입니다. 보고서, 회의록, 제안서 등을 빠르게 요약하고 정리할 때 유용한 기능입니다.
아이디어 브레인스토밍	키워드나 주제를 입력하면 아이디어를 제시해주는 기능입니다. 업무, 문서 작성 등에 필요한 아이디어를 얻을 때 유용합니다.
초안 작성	블로그 게시글을 비롯하여 SNS 게시글, 보도 자료, 에세이, 시, 업무 관련 이메일 등 다양한 글의 초안을 작성해주는 기능입니다.
줄여 쓰기와 늘려 쓰기, 이어 쓰기	작성한 글을 줄이거나 살을 붙이며 늘려 쓰거나 쓰던 내용을 이어서 쓰도록 하는 기능입니다.
철자와 문법 수정	오탈자, 맞춤법을 검사하고 수정해주는 기능입니다.
어조 변경	콘텐츠의 어조를 변경해주는 기능으로 전문적, 캐주얼, 간단명료, 자신감 있게, 친근하게 총 다섯 가지 어조로 변경 가능합니다.
번역	콘텐츠를 원하는 언어로 번역해주는 기능입니다. 영어, 중국어, 일본어를 비롯하여 14개국 언어로 번역이 가능합니다.
액션 아이템	해당 콘텐츠를 분석하여 할 일을 정리 및 생성하는 기능입니다.
표로 정리	AI로 요청해서 진행한 작업물을 노션 페이지 내에 기본 블록 표로 정리해주는 기능입니다.
데이터베이스 채우기	데이터베이스 입력한 내용을 토대로 요약, 관련 작업 추출, 번역 등으로 AI를 활용할 수 있는 기능입니다.

》 노션 AI 요금제

현재 노션 AI는 무료로 사용할 수 있는 개수가 제한되어 있습니다. 20개까지는 무료로 체험이 가능하며 이후로는 별도 AI 요금제에 가입해야 무제한으로 사용할 수 있습니다.

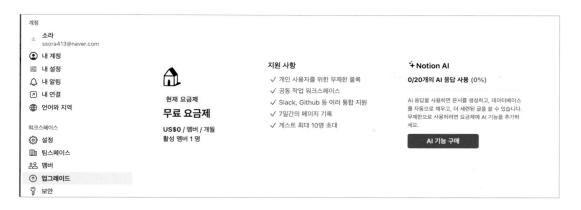

요금은 멤버당 월 10달러로, 연간 요금제를 쓰면 일부 할인된 금액으로 사용할 수 있습니다.

먼저 노션 AI를 얼마나 활용할 수 있을지 생각해본 후 무료로 테스트해보세요. 그 후 유료 요금제를 결정해도 늦지 않습니다.

2. 노션 AI로 부스터 달기

노션 AI를 실제로 어떻게 사용할 수 있는지 사례를 소개해보겠습니다. 이 내용들을 살펴보고 앞으로 노션 AI가 본인에게 필요한지, 또 어떻게 쓸 수 있을지 감을 잡아봅시다. 앞서 소개한 기능 중 일부를 활용한 방법들입니다.

》노션 AI 사용법

먼저 노션 AI를 사용하려면 새 노션 페이지에서 <Space> 키를 누릅니다. 그러면 노션 AI 기능을 선택할 수 있는 창이 나타납니다. 이 중에서 필요한 기능을 선택하고 프롬프트 창에 질문을 하거나 작성을 요청하는 명령을 입력합니다.

》아이디어 브레인스토밍

노션 AI에게 아이디어를 요청해보겠습니다. <Space>를 누른 후 아이디어를 요청할 주제와 내용을 작성합니다. 주제와 관련된 설명, 원하는 아이디어 개수 등을 입력하면 좀 더 상세한 답변을 얻을 수 있습니다.

다음은 노션 AI가 답변한 내용입니다.

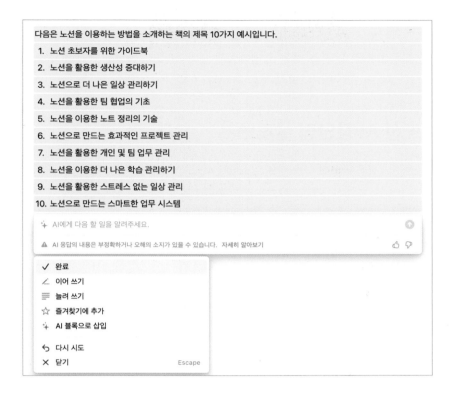

답변이 마음에 들지 않을 때는 [다시 시도]를 클릭하여 재요청할 수 있습니다. 다음 내용도 재요청해서 얻은 답변입니다.

》장단점 목록 작성

이번에는 장단점 목록으로 답변 작성을 요청해보겠습니다. <Space>를 입력한 후 AI로 초안 작성에서 [더 보기]를 클릭하여 [장단점 목록...]을 선택합니다.

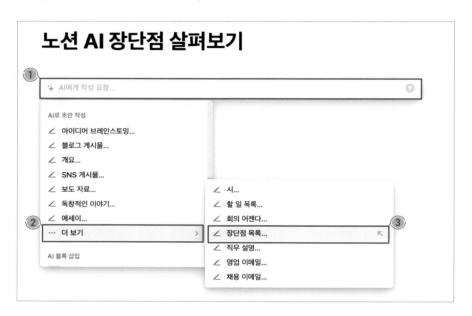

장단점 목록을 요청하면 콜아웃 블록으로 작성됩니다.

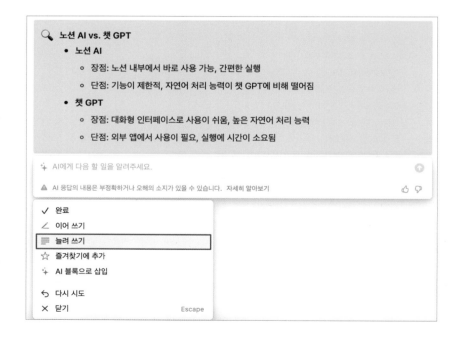

》늘려 쓰기 & 번역

작성한 내용에서 [늘려 쓰기]를 선택합니다. 그러자 이번에는 답변이 영어로 나왔습니다.

Notion AI:

- Advantages:
  - Notion AI is built into the Notion app, so it can be used directly within the app without any additional setup.
  - Its execution is simple and straightforward, making it easy for users to get started with.
  - It can be used for a variety of tasks within Notion, such as creating tasks, scheduling events, and managing databases.
- Disadvantages:
  - Notion AI's capabilities are limited compared to chatbot GPT.
  - Its natural language processing (NLP) abilities are not as advanced as those of chatbot GPT, so it may not be able to understand complex or nuanced requests as well.

Chatbot GPT:

- Advantages:
  - Chatbot GPT has a more advanced NLP system, which allows it to understand and respond to complex and nuanced requests.
  - Its conversational interface makes it easy for users to engage with and use.
  - It can be used across multiple platforms and applications, not just within Notion.
- Disadvantages:
  - Chatbot GPT requires additional setup and may take some time to integrate with other apps or platforms.
  - Its execution may be slower than Notion AI due to its more advanced NLP system.

Overall, Notion AI is a good option for users who are primarily using Notion and want a simple and straightforward way to automate tasks within the app. On the other hand, chatbot GPT is a better choice for users who want a more advanced NLP system and the ability to use chatbots across multiple platforms and applications.

AI에서 번역 기능을 활용해볼 차례네요. [번역]을 클릭한 후 원하는 언어를 선택합니다.

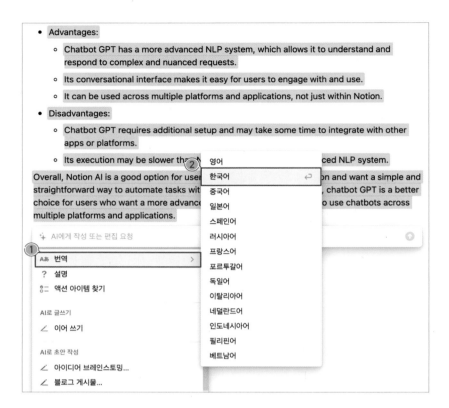

번역이 완료된 모습입니다.

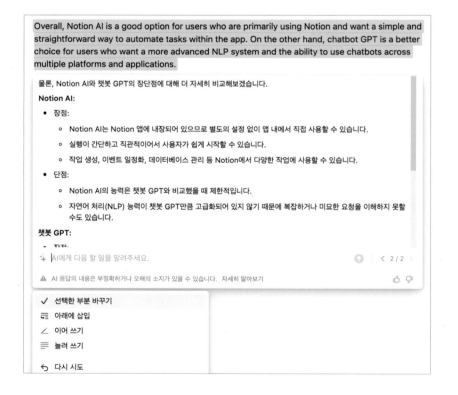

》표로 정리 & 링크 첨부

이번에는 답변 내용을 표로 정리하고 관련된 링크도 첨부하도록 해보겠습니다. <Space>를 누른 후 노션 확장 프로그램을 소개해달라고 요청해보겠습니다.

다음은 소개한 10개의 프로그램 목록입니다. 이 답변에 만족하면 여기서 완료하고, 추가로 더 할 일을 요청하려면 프롬프트 창에 입력하면 됩니다.

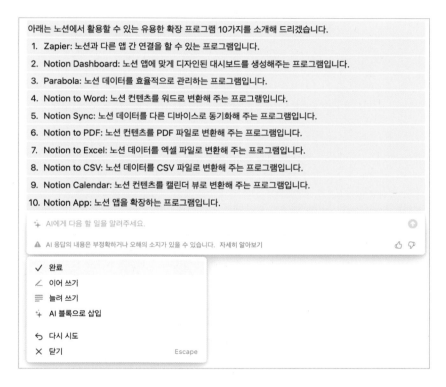

해당 내용을 좀 더 깔끔하게 정리하기 위해 결과를 표 형태로 요청해보겠습니다. 이때, 해당 프로그램의 설치 링크도 함께 요청합니다.

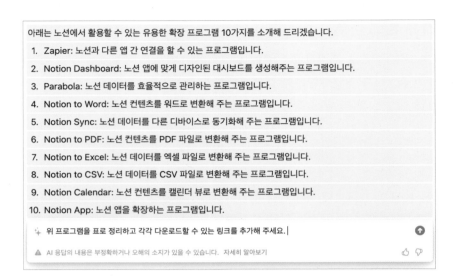

다음과 같이 표로 정리될 뿐만 아니라 다운로드 링크도 추가되었습니다.

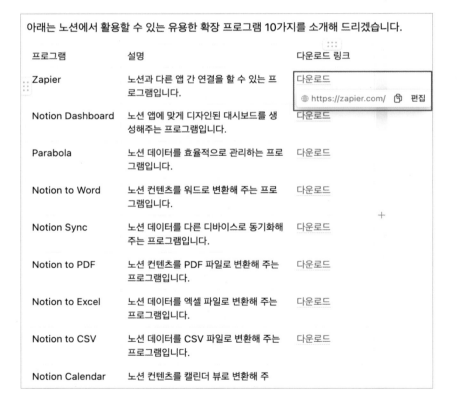

》초안 작성 & 할 일 목록 정리

<Space>를 누른 후 프롬프트 창에 직장인이 도시락으로 싸서 챙길 수 있는 일주일 치 다이어트
식단을 짜달라고 요청합니다.

일주일동안 다이어트를 할 계획입니다. 직장을 다니면서 편하게 도시락을 쌀 수 있는 다이어트 식단을 1주일치 짜주세요.

그러자 식단을 요일별 세 끼 식사로 정리해주었습니다. 식단 안내 사항도 하단에 추가하면서요.

일주일 다이어트 식단

- 월요일
  - 아침: 닭가슴살 샐러드
  - 점심: 참치 샐러드
  - 저녁: 구운 연어와 콩 샐러드
- 화요일
  - 아침: 베이컨과 계란
  - 점심: 씨앗과 견과류 샐러드
  - 저녁: 삶은 닭고기와 채소
- 수요일
  - 아침: 견과류와 우유
  - 점심: 새우와 채소 샐러드
  - 저녁: 구운 연어와 브로콜리
- 목요일
  - 아침: 아보카도 토스트와 우유
  - 점심: 삶은 새우와 채소
  - 저녁: 닭고기와 콩 샐러드
- 금요일
  - 아침: 닭가슴살과 채소 샐러드
  - 점심: 아몬드와 캐롯 스틱
  - 저녁: 구운 연어와 채소
- 토요일
  - 아침: 베리 스무디와 견과류
  - 점심: 새우와 채소 샐러드
  - 저녁: 삶은 닭고기와 브로콜리
- 일요일
  - 아침: 아보카도와 계란
  - 점심: 닭고기와 콩 샐러드
  - 저녁: 구운 연어와 채소

👉 이 식단은 영양가가 높은 식품을 중심으로 구성되었으며, 개인의 건강 상태와 식습관에 따라 적절한 식단으로 수정할 필요가 있습니다.

이 내용으로 장을 보러 가려면 좀 더 구체적인 리스트가 필요할 것 같습니다. 이것도 AI에게 요청해봅시다. 구입할 식재료 수량을 1인분 기준으로 추려서 To-do 리스트로 정리해달라고 더 구체적으로 요청합니다.

- 목요일
    - 아침: 아보카도 토스트와 우유
    - 점심: 삶은 새우와 채소
    - 저녁: 닭고기와 콩 샐러드
- 금요일
    - 아침: 닭가슴살과 채소 샐러드
    - 점심: 아몬드와 캐롯 스틱
    - 저녁: 구운 연어와 채소
- 토요일
    - 아침: 베리 스무디와 견과류
    - 점심: 새우와 채소 샐러드
    - 저녁: 삶은 닭고기와 브로콜리
- 일요일
    - 아침: 아보카도와 계란
    - 점심: 닭고기와 콩 샐러드

> ✦ 구입할 식재료를 1인분 기준으로 구체적인 수량으로 정리해 주세요. 그리고 그 내용을 To do 리스트로 정리해 주세요. |

할 일 목록

☐ 필요한 식재료 구매하기
- 닭가슴살 7개
- 참치 7개
- 연어 7개
- 콩 7인분
- 베이컨 7개
- 계란 7개
- 씨앗과 견과류 7인분
- 닭고기 7개
- 우유 충분히
- 새우 7인분
- 브로콜리 7개
- 아보카도 7개
- 아몬드 충분히
- 캐롯 스틱 충분히
- 베리 충분히

☐ 식재료를 보관할 수 있는 공간 확인하기
☐ 요리에 필요한 조리도구와 그릇 확인하기

일주일 치 식단에 사용할 식재료 구입 수량까지 정리해줍니다. 또, 이를 준비하기 위해 확인해야 하는 일도 함께 알려줍니다.

3. 챗GPT랑 노션 함께 쓰는 방법

챗GPT로 실컷 정보를 얻고 난 후 정리하기 위해 일일이 복사해서 옮겼던 적이 있나요? 노션으로는 더 빠르게 옮길 수 있습니다. 챗GPT와 노션을 연결해서 더 편리하게 쓸 수 있는 방법입니다.

》ChatGPT to Notion 확장 프로그램

ChatGPT to Notion은 크롬(Chrome)에 설치해서 사용하는 확장 프로그램으로 챗GPT에서 나눈 대화와 답변을 노션 페이지로 바로 옮겨줍니다. 별도의 복사 및 붙여 넣기를 하지 않아도 옮겨둘 페이지를 미리 연결만 해두면 클릭으로 옮길 수 있습니다.

ChatGPT to Notion 확장 프로그램은 크롬 웹 스토어에서 검색한 후 크롬에 추가해서 사용합니다.

- ChatGPT to Notion 다운로드: chrome.google.com/webstore/detail/chatgpt-to-notion

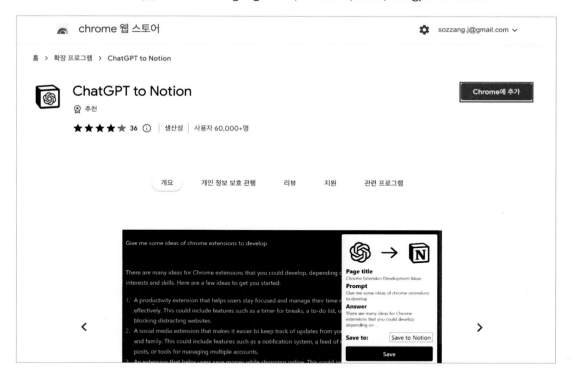

》확장 프로그램 설치

다음과 같은 창이 나타나면 [확장 프로그램 추가]를 클릭합니다.

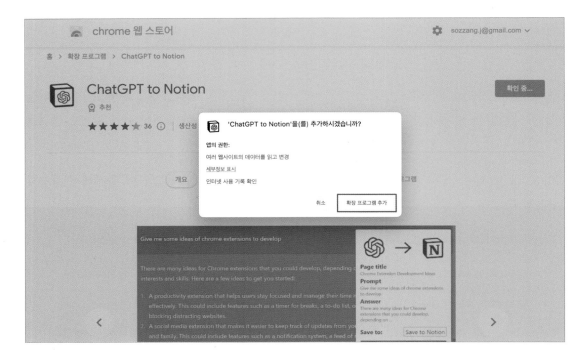

설치를 완료한 후에는 크롬 창에서 핀 모양 버튼(📌)을 활성화하여 해당 프로그램을 고정합니다.

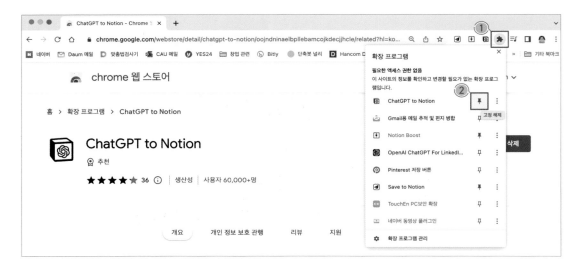

》노션 페이지 준비

이제 챗GPT 대화 기록을 저장할 노션 페이지와 데이터베이스를 만듭니다. 새 페이지를 만들고 '/데이터베이스 표'를 입력하여 생성합니다.

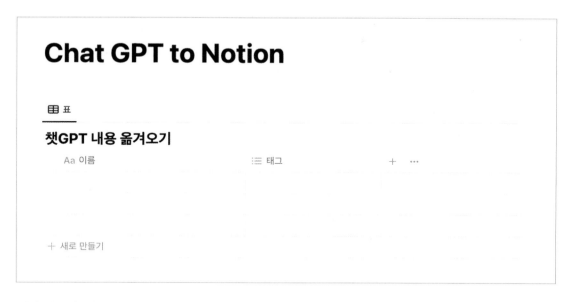

대화 기록을 저장할 때 필요한 속성 유형도 추가합니다. URL, 생성 일시를 속성으로 추가했습니다.

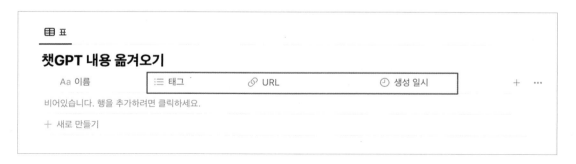

》확장 프로그램과 노션 연결하기

이제 기본 준비는 모두 마쳤습니다. 확장 프로그램과 노션 페이지를 연결할 차례입니다. 추가해 둔 [핀]을 클릭하고 [연결할 페이지]를 선택합니다.

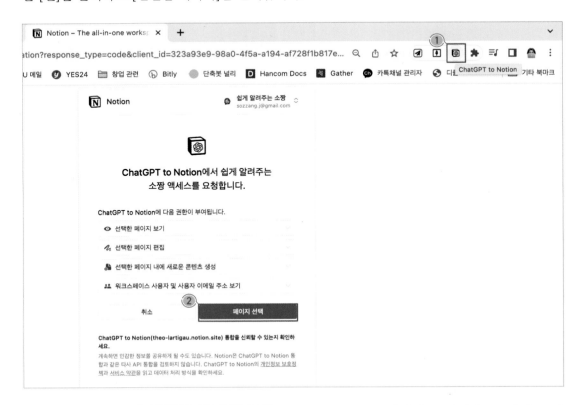

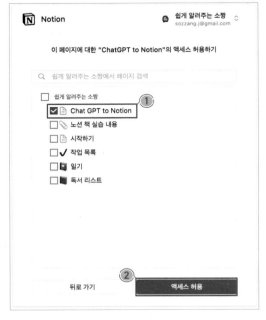

앞서 만든 노션 페이지를 선택하고 [액세스 허용]을 클릭합니다. 연결이 완료되면 프로그램을 소개하는 안내 페이지가 열립니다. 간단히 살펴보고 넘어가면 됩니다.

≫ 챗GPT와의 대화 가져오기

챗GPT에 접속합니다. 아직 가입하지 않았다면 회원 가입을 진행하고 아이디가 있다면 로그인합니다.

- 챗GPT 접속: chat.openai.com

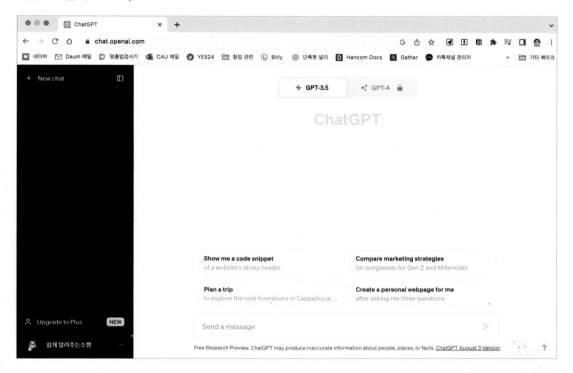

노션 AI와 챗GPT의 차이에 대해서 질문했습니다.

이 답변을 노션 페이지로 옮겨봅시다. [핀]을 클릭한 후 연결해둔 데이터베이스를 선택합니다.

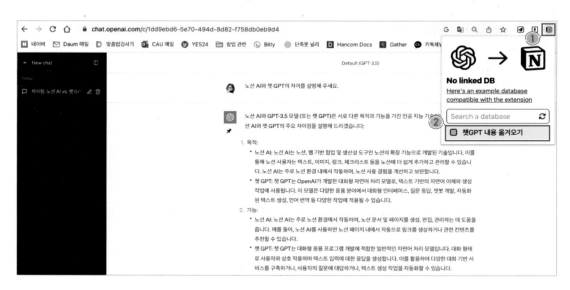

 다음 내용 그대로 설정하고 [Save full chat] 버튼을 클릭합니다.

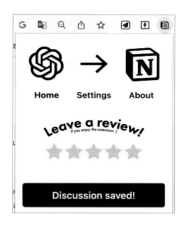 무사히 저장되면 다음과 같은 창이 나타납니다.

노션 페이지로 무사히 옮겨졌습니다.

만일 똑같이 따라 했는데 데이터베이스를 찾을 수 없다면 노션에서 연결 상태를 확인해보세요. 사이드바에서 [설정과 멤버]를 클릭하고 [내 연결]에서 확장 프로그램이 추가되어 있는지 확인합니다. 추가되어 있다면 […] 버튼을 클릭해 [선택한 페이지 엑세스]를 확인합니다.

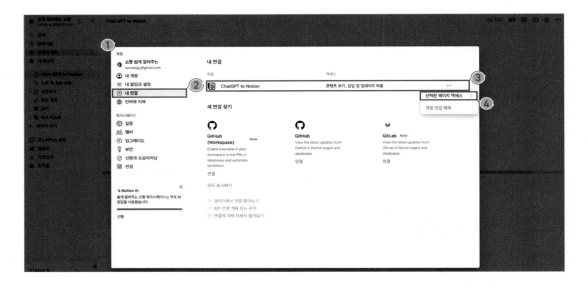

알아두면 쓸모 있는 노션 꿀팁들

1. 링크 공유할 때 나만 불안한가요?

노션은 파일이 아닌 링크를 주고받는 형태입니다. 그래서 노션 페이지 링크를 공유하는 방법을 필수로 알아야 합니다. 페이지를 다른 사람에게 공유할 때, 다른 사람과 공동 작업을 할 때, 웹상에 게시해서 검색 엔진에 잡히도록 할 때, 노션 페이지로 홈페이지를 만들어 사용할 때 등 공유가 필요한 순간은 정말 많습니다.

》링크 공유하기

노션 페이지에는 항상 공유 버튼이 있습니다. 페이지 오른쪽 상단에 [공유] 버튼을 클릭합니다.

공유 기능에는 크게 두 가지 기능이 포함되어 있습니다.

- **공유**: 노션 사용자를 해당 페이지에 초대하는 기능입니다.

노션 이메일 주소를 입력하거나 업무용 메신저 슬랙(Slack)을 연결하여 사용자를 초대할 수 있습니다.

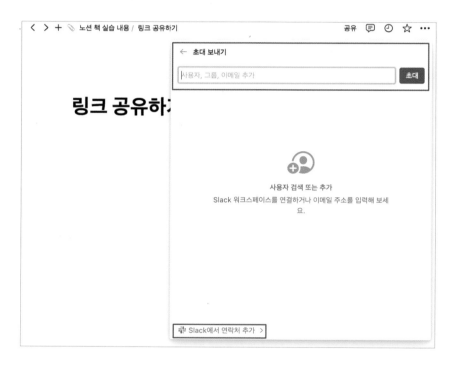

잠깐!

노션 페이지에 게스트를 초대하는 방법은 127쪽에 상세한 설명이 있습니다. 127쪽을 확인해보세요.

- 게시: 노션 페이지를 웹에 게시하여 공유하는 기능입니다.

[게시] 탭에서 [웹에 게시] 버튼을 클릭하면, 페이지 링크를 주고받거나 다른 사용자의 접근 범위를 설정할 수 있습니다. 권한 설정을 한 후 [웹 링크 복사]를 클릭하면 페이지 링크가 복사됩니다. 그리고 링크를 전달받은 대상은 본 페이지에 접근할 수 있습니다.

잠깐!

웹에 게시하면 자동으로 템플릿 복제 허용이 활성화됩니다. 복제를 원하지 않을 때는 꼭 해당 설정을 닫고 페이지를 게시하세요.

》링크 페이지 확인하기

페이지를 게시한 후에 해당 페이지가 어떻게 공유될지 궁금할 때 확인하는 방법이 있습니다. 제대로 공유가 되는 건지, 다른 페이지도 같이 공유되는 건 아닌지 걱정되었다면 이제 이 방법을 활용해 안심하길 바랍니다. [게시] 탭에서 [사이트 보기]를 클릭합니다.

그러면 인터넷 창이 새로 열리면서 해당 페이지가 어떻게 공유되는지 확인할 수 있습니다. 아래 예시 페이지를 보면 왼쪽 상단에는 현재 웹으로 게시된 페이지 위치와 이름이 표시되고, 오른쪽 상단에는 설정한 권한이 표시됩니다.

현재 '링크 공유하기'라는 페이지 1개가 공유되었으며, 이 페이지에 대한 복제가 허용된 상태로 표시되어 있습니다. 이를 확인하고 권한을 수정하면 바로 반영됩니다.

항상 노션 페이지를 웹에 게시하고 확인하는 습관을 들이면 좀 더 안전하게 페이지를 공유할 수 있습니다.

》링크 주소 줄이기 꿀팁, 비틀리(bitly)

노션 페이지 링크를 그대로 복사하면 주소가 그리 짧지 않습니다. 링크 주소를 좀 더 깔끔하고 직관적으로 줄이고 싶을 때 사용하면 좋은 꿀팁을 소개합니다. 비틀리(bitly)를 활용하는 방법입니다.

- 비틀리: bitly.com

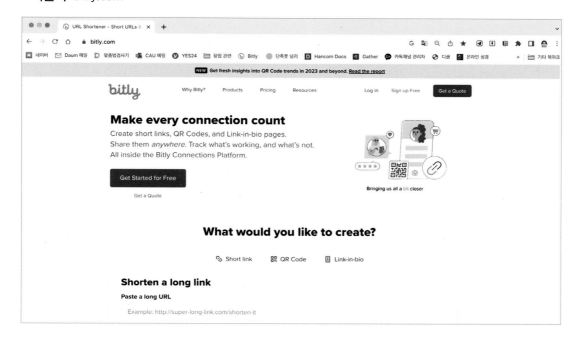

노션 페이지 링크를 복사한 후 붙여 넣습니다. 그리고 주소를 줄여서 표시할 단어를 입력합니다.

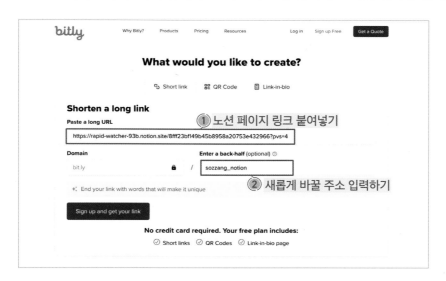

그 후 생성을 클릭하면 'bit.ly'로 도메인(domain)이 바뀌며, 상세 주소는 입력했던 단어로 바뀌었습니다. 이제 이 주소를 전달하면 노션 페이지로 연결됩니다.

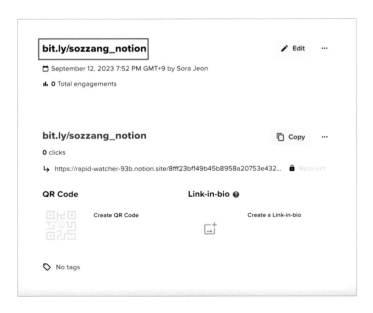

노션 포트폴리오, 홈페이지, 채용 페이지 등 장기적으로 활용하는 페이지의 경우 이렇게 주소를 바꿔서 사용하면 좋습니다.

2. 기록과 복원으로 페이지 안전 관리 완료!

'노션에서는 저장을 어떻게 하나요?'라는 질문을 종종 받습니다. 노션은 별도로 저장하지 않아도 자동으로 저장과 백업이 이뤄집니다. 모든 데이터가 클라우드에 저장되며 페이지 콘텐츠는 분 단위로 서버에 백업됩니다. 필요한 경우 언제든 직접 백업을 생성할 수 있으며 페이지의 이전 버전으로 이동할 수도 있습니다.

》 페이지 기록

노션에서 페이지를 편집하면 10분 간격으로 스냅샷이 생성됩니다. 즉 페이지의 이전 버전이 10분 간격으로 형성되고 저장됩니다. 노션 페이지 오른쪽 상단 […] 버튼을 클릭한 후 [페이지 기록]을 통해 내용을 확인할 수 있습니다.

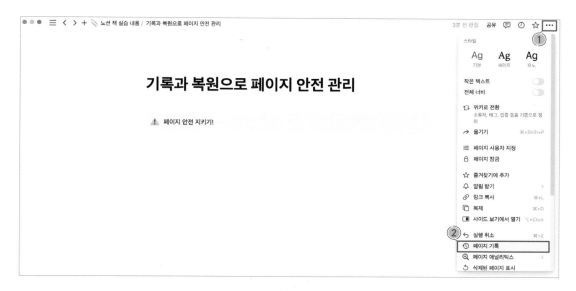

페이지가 편집된 기록이 약 10분 간격으로 저장되었습니다.

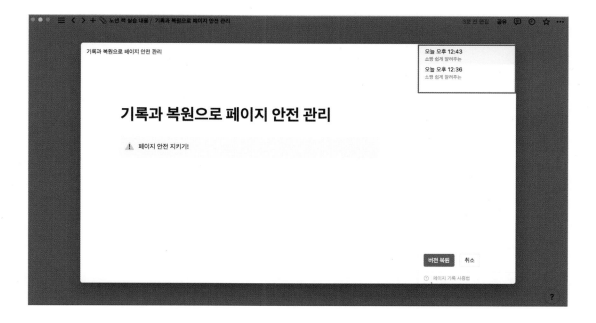

》 페이지 복원

이전 페이지 버전으로 복원하고 싶다면 해당 기록을 클릭하고 복원하려는 페이지 내용이 맞는지
확인합니다. 이전과 비교해보면 페이지 내용이 다릅니다. 그 후에 [버전 복원] 버튼을 클릭하면
완료됩니다.

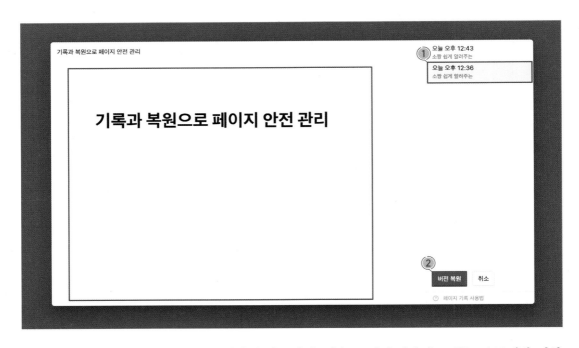

페이지 기록 기능은 요금제에 따라 기한이 다릅니다. 다음 표에서 사용하고 있는 요금제와 기한을 확인한 후 기록 기능을 활용해보세요.

요금제	기록 및 복원 가능 기한
무료 요금제	7일
플러스 요금제	30일
비즈니스 요금제	90일
엔터프라이즈 요금제	무기한

》 휴지통에서 복원하기

노션 페이지를 실수로 삭제했을 때, 페이지 기록에서 버전을 찾을 수 없다면 휴지통에서 확인해볼 수 있습니다. 사이드바 아래쪽 [휴지통]을 클릭합니다.

다음과 같이 휴지통에서 삭제된 페이지를 찾아 복원할 수 있습니다. 이때 삭제된 페이지를 찾아올 위치도 설정할 수 있습니다. [모든 페이지], [현재 페이지], [내가 최종 편집] 탭 중 선택하여 복구할 페이지 위치를 선택한 후 복원(↺) 버튼을 클릭합니다.

이제 앞으로는 실수로 삭제해도 당황하지 말고 기록과 복원으로 페이지를 안전하게 관리하세요!

3. 내 페이지 누가 얼마나 봤을까?

노션 페이지를 웹으로 공유하거나 노션 포트폴리오를 만들어 배포했을 때, 얼마나 많은 사람이 나의 페이지를 봤는지 궁금할 때가 있죠. 그럴 때 확인할 수 있는 노션 꿀팁이 있습니다. 노션 페이지 애널리틱스(analytics) 기능을 소개합니다.

》 페이지 애널리틱스

애널리틱스는 데이터 또는 통계를 체계적으로 분석하여 유의미한 패턴을 발견하는 것을 의미합니다. 데이터를 분석하여 광고 및 마케팅 전략을 짜야 할 때 자주 활용됩니다. 노션에서 페이지 인기도나 조회수 등 콘텐츠의 반응을 확인하고 싶다면 애널리틱스 기능을 활용할 수 있습니다.

노션 페이지 오른쪽 상단에 있는 업데이트(◎) 버튼을 클릭합니다.

다음과 같이 해당 페이지의 조회수, 조회한 사람, 편집자를 확인할 수 있습니다. 조회수 그래프에서 파란색 표시는 전체 조회수를 의미하고, 주황색 표시는 고유 조회수로 조회한 사람의 수를 의미합니다.

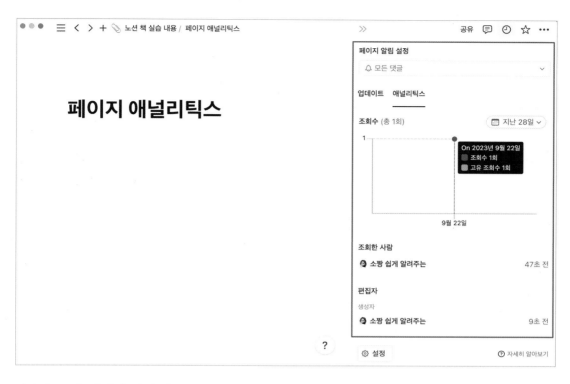

다음은 노션 강의에 직접 사용 중인 노션 페이지입니다. 이 페이지에서 애널리틱스가 어떻게 표시되는지 예시로 살펴보겠습니다.

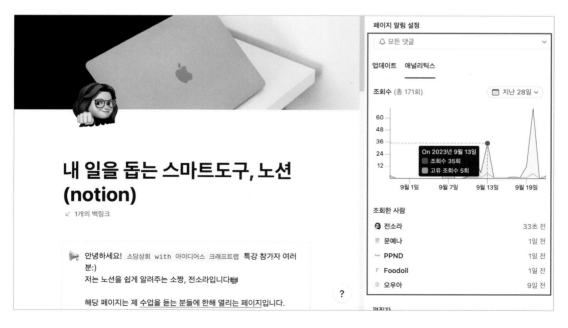

조회수 그래프가 파란색(전체 조회수), 주황색(고유 조회수)으로 나누어 함께 표시되어 있습니다. 페이지에 초대된 사람이 있을 때는 조회한 사람이 언제 봤는지도 확인할 수 있습니다.

》 조회수 표시를 위한 히츠(HITS)

만약 조회수 표시를 페이지 하단에 고정해서 공개하고 싶다면 이 사이트를 활용해보세요. 방문자 수를 표시해주는 사이트 히츠(HITS)를 소개합니다.

- **히츠**: hits.seeyoufarm.com

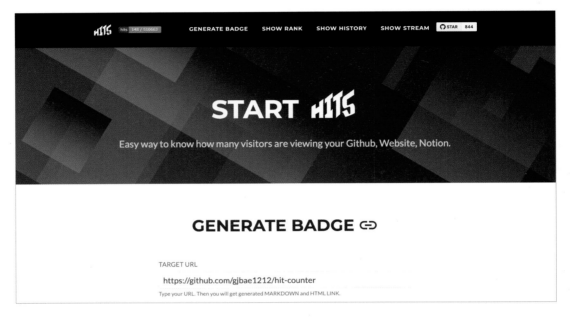

이 사이트에서는 노션의 조회수가 표시된 이미지를 생성해줍니다. 이를 활용하면 다음과 같이 페이지 하단에 조회수 표시 박스가 추가됩니다. 왼쪽 숫자는 오늘 조회수, 오른쪽 숫자는 전체 조회수를 의미합니다.

추가하는 방법은 간단합니다. 먼저 노션 페이지에서 [공유]를 클릭한 후 웹에 게시하고 웹 링크를
복사합니다.

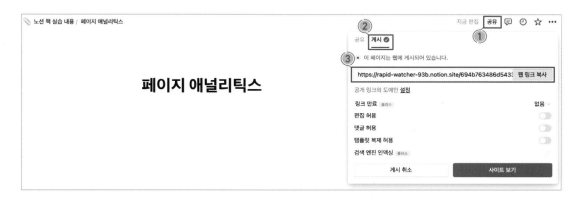

복사한 페이지 링크를 HITS 사이트에 붙여 넣고 표시 옵션을 설정합니다. 박스 색상, 모양 등을 바꿀 수 있습니다.

이후 아래쪽에서 EMBED URL(NOTION) 링크를 복사합니다.

복사한 링크를 노션 페이지에 붙여 넣고 [이미지 임베드]를 클릭합니다.

추가된 조회수 박스의 양쪽 바를 클릭한 채로 끌어당겨 크기 조절을 합니다.

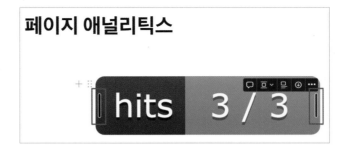

이제 페이지 내부에서 바로 방문자 수와 전체 조회수를 확인할 수 있습니다.

4. 노션으로 가져오기 & 노션에서 내보내기

노션을 쓰기 시작하면 다른 도구는 아예 쓰지 않게 된다는 이야기 들어본 적 있나요? 필자 또한 노션을 쓰고 나서 다른 프로그램을 사용하는 경우가 확연히 줄었습니다. 하지만 그렇다고 아예 쓰지 않는 건 아닙니다. 노션과 적절히 함께 쓰는 경우가 훨씬 더 많습니다. 다른 프로그램에서 작업한 파일을 노션으로 옮겨오거나 반대로 노션에서 작업한 내용을 다른 파일로 내보내는 방법을 소개합니다.

》 노션으로 가져오기

앞서 배운 임베드 블록을 활용하여 노션 페이지 내부에 다른 프로그램을 연결해서 쓸 수 있지만, 다른 프로그램과 파일에서 노션으로 데이터를 옮겨올 수도 있습니다. 사이드바에서 [가져오기]를 클릭합니다.

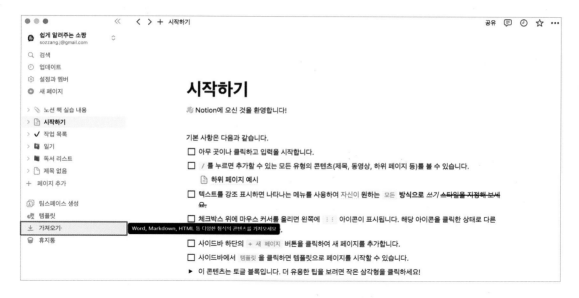

데이터를 가져올 수 있는 프로그램과 파일들이 있습니다. 일반 텍스트부터 구글 독스(Google Docs), 워드(Word) 등 파일 형식을 가져올 수 있기도 하고, 다른 프로그램(Asana, Confluence, Evernote 등)에서 데이터를 가져올 수도 있습니다. 이 중에서 데이터를 옮겨올 부분을 선택합니다.

》CSV 가져오기

엑셀 또는 구글 시트(Google Sheets) 파일을 노션으로 가져오는 방법을 소개해보겠습니다. 먼저 옮겨올 파일을 엽니다.

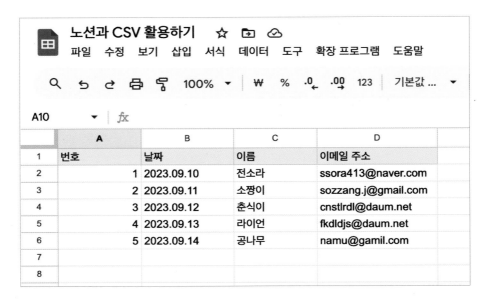

해당 파일을 CSV 형식으로 전환합니다. 파일을 엑셀 파일(.xlsx)이 아닌 [쉼표로 구분된 값(.csv)]으로 다운로드하면 됩니다.

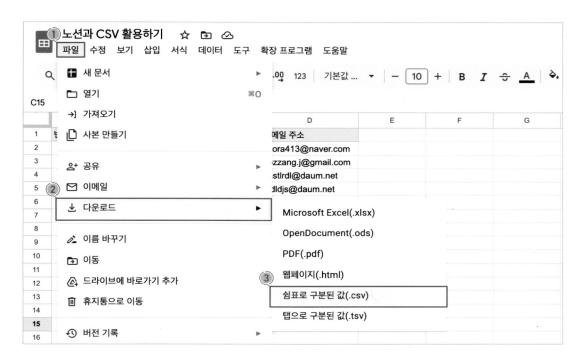

이제 노션 사이드바에서 [가져오기]를 클릭한 후 [CSV]를 선택합니다.

앞서 다운로드 받은 CSV 파일을 선택합니다.

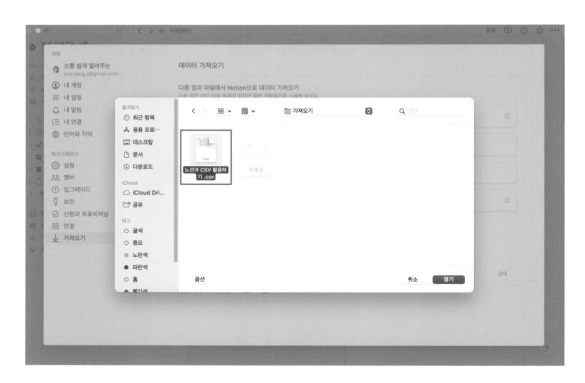

가져오기가 진행 중이라는 표시가 나타나고 파일 용량에 따라 옮겨오는 데 시간이 소요됩니다.

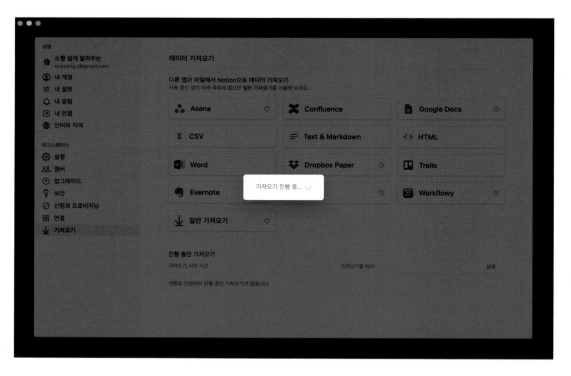

다음은 구글 스프레드시트에 있었던 표가 노션 데이터베이스 표로 옮겨진 모습입니다. 표에 입력

했던 데이터에 따라 자동으로 데이터베이스 속성 유형으로 변환된 내용도 확인할 수 있습니다.

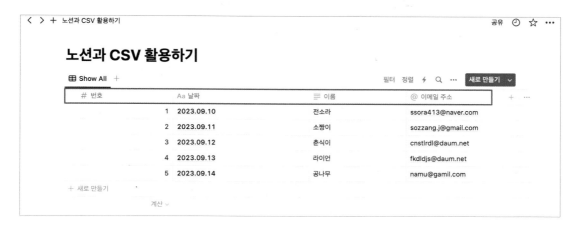

가져오기를 통해 깔끔하게 노션으로 데이터를 옮겨오세요.

》노션에서 내보내기

이번에는 노션에서 만든 페이지를 여러 파일 형식으로 내보내는 방법을 소개해보겠습니다. 페이지 오른쪽 상단 […] 버튼을 클릭하고 [내보내기]를 선택합니다.

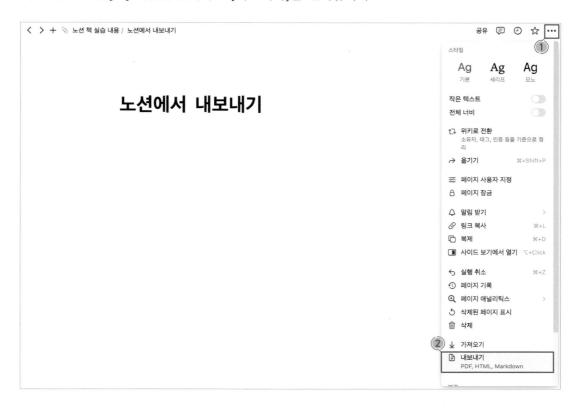

내보낼 수 있는 파일 형식은 크게 세 종류가 있습니다. PDF, HTML, Markdown & CSV 중에서 원하는 형식을 선택할 수 있습니다. 파일 형식에 따라서 설정할 수 있는 내용에 차이가 있으니 잘 살펴보세요.

》PDF로 내보내기

노션 페이지를 PDF로 내보내는 경우를 예시로 소개하겠습니다. 페이지 오른쪽 상단 […] 버튼을 클릭한 후 [내보내기]를 선택합니다. 이때 파일 형식은 PDF로 선택합니다.

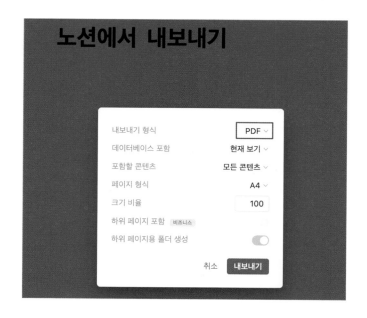

내보내기 형식을 PDF로 바꾸면 선택할 수 있는 설정이 바뀝니다. 데이터베이스 포함, 포함할 콘텐츠(파일 및 이미지 제외 여부), 페이지 형식(A4, A3, 용지 크기), 크기 비율 등을 설정할 수 있습니다. 설정 후 [내보내기]를 클릭합니다.

> **잠깐!**
>
> PDF로 내보낼 때 이 부분을 꼭 확인하세요.
> - 하위 페이지 포함은 비즈니스 요금제 이상에서만 가능합니다.
> - 실제 노션 페이지와 PDF로 변환된 형태가 다를 수 있습니다. 블록 간격과 이모지 모양 등이 다를 수 있으니 내보내기 이후 내용을 꼭 확인하세요.

5. 페이지 사용자 지정과 잠금 기능

댓글 표시를 감추거나 페이지를 편집하지 못하도록 잠가두는 기능 등 노션 페이지를 조금 더 디테일하게 관리할 수 있는 기능들이 있습니다. 페이지 사용자 지정과 페이지 잠금 기능을 살펴보겠습니다.

》 페이지 사용자 지정

노션 페이지 상단에는 항상 세 가지 버튼이 있습니다. 바로 [아이콘 추가], [커버 추가], [댓글 추가] 버튼입니다. 댓글은 누군가와 함께 노션을 사용하며 서로를 부르고 대화를 나누어야 할 때 유용합니다. 하지만 그렇지 않다면 실수로 [댓글 추가] 버튼을 클릭한 후 어떻게 없애야 할지 몰라 고민이 될 수도 있습니다. 이럴 때 설정을 바꾸는 방법을 살펴봅시다.

페이지 사용자 지정을 확인하기 위해 먼저 페이지 상단에 있는 [댓글 추가] 버튼을 클릭합니다. 그리고 댓글을 입력합니다.

이제 이 댓글 표시 설정을 바꿔봅시다. 페이지 오른쪽 상단 […] 버튼을 클릭한 후 [페이지 사용자 지정]을 선택합니다.

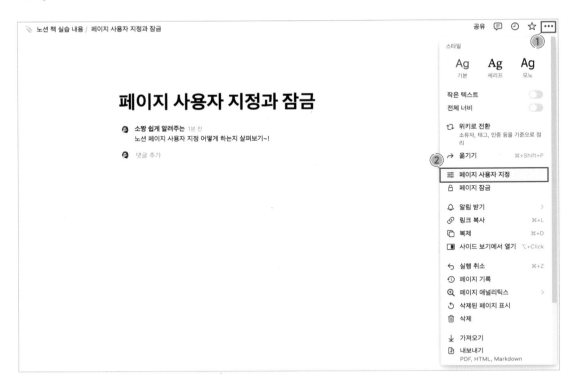

페이지 상단 댓글을 가리고 싶다면 [숨기기]로 설정합니다. 페이지 댓글을 [기본] 또는 [최소화]로 표현할 수도 있습니다.

데이터베이스 내 생성된 페이지에서는 속성 표시도 바꿀 수 있습니다. 페이지가 어디에 속해 있는지에 따라 페이지 사용자 지정 옵션이 달라질 수 있으니 확인해보세요.

》페이지 잠금

이번에는 페이지 잠금 설정에 대해 살펴보겠습니다. 본인을 포함한 누구도 페이지 수정 및 편집을 하지 못하도록 페이지를 잠가두는 기능입니다. 페이지 오른쪽 상단 […] 버튼을 클릭하고 [페이지 잠금]을 선택합니다.

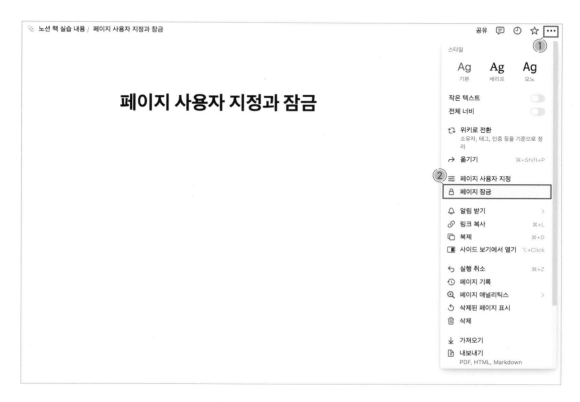

[페이지 잠금]을 선택하면 페이지 왼쪽에 잠금 표시가 나타납니다. 이렇게 잠금이 된 상태에서는 페이지 입력과 편집이 모두 제한됩니다. 작업하다가 실수를 막고 싶거나 고정된 채로 두고 싶을 때 이 기능을 활용해보세요. 잠금을 해제하고 싶다면 [페이지 잠금 해제]를 다시 클릭하면 됩니다.

STEP 03 내 노션에 날개 달기

1. 전 세계 노션 템플릿을 구경하고 싶다면

세계적으로 노션 유저가 점점 늘며 다채로운 노션 템플릿을 만날 수 있게 되었습니다. 가장 쉽고 정확한 방법은 노션 홈페이지에 있는 템플릿 갤러리를 통하는 것입니다. 여기에는 수천 가지 템플릿이 언어별로 있습니다.

》노션 템플릿 갤러리

노션 템플릿 갤러리에서 업무, 학교, 개인, 프로젝트, 위키, 문서 이렇게 총 여섯 가지 분류의 템플릿을 확인할 수 있습니다.

- 노션 템플릿 갤러리: notion.so/ko-kr/templates

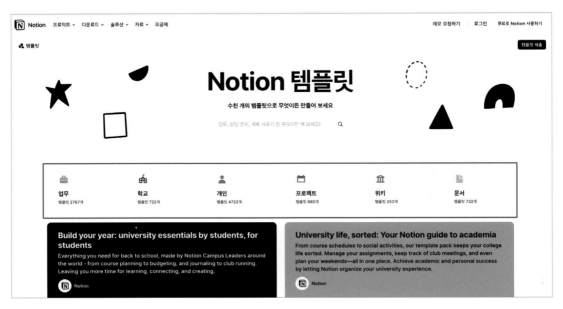

또, 카테고리마다 세부 주제로 템플릿이 구분되어 제공됩니다. 노션 자체에서 제공하는 템플릿을 비롯하여 크리에이터들이 제작한 템플릿, 커뮤니티에서 제작한 템플릿 등 다양합니다.

무료 또는 유료, 영어 또는 한국어 등 원하는 설정에 따라 다양한 템플릿이 있습니다. 활발하게 템플릿을 활용하는 추세이니 관심 있다면 확인해보세요. 템플릿 갤러리를 잘 활용하는 방법 중 하나는 원하는 주제와 목적에 따라 템플릿을 검색해보고 하나씩 직접 따라 만들어보는 방법입니다. 노션 실력도 늘고 페이지를 구상하고 설계하는 방식도 훨씬 다양해질 수 있습니다.

2. 노션을 웹사이트처럼 쓰려면 우피를 활용하세요

노션은 그 자체로도 충분하지만 디자인은 이것만으로 좀 아쉽다 싶을 때, 노션에서 제공하지 않는 기능도 써보고 싶을 때, 좀 더 웹사이트처럼 페이지를 바꾸고 싶을 때 이용하면 좋은 외부 서비스를 소개합니다.

》 노션의 탈바꿈을 위한 우피(Oopy)

우피(Oopy)는 노션 페이지를 최적화된 웹사이트로 바꿔주는 서비스입니다. 별도로 홈페이지를 개발하지 않아도, 관련 지식이 없어도 간편하게 홈페이지를 만들 수 있습니다. 노션에서는 할 수 없던 폰트 변경, 스크립트 코드 설치, 메신저 연결, 도메인 변경, 클린 URL 등 일반 홈페이지에서 활용하는 기능들을 세밀하게 적용할 수 있습니다.

- 우피: oopy.io

다음은 노션으로 생성한 페이지를 우피를 활용해 홈페이지로 전환한 모습입니다. 페이지 상단 메뉴바, 페이지 하단에 있는 콜 투 액션(Call to Action, CTA) 버튼이 추가되었습니다.

홈페이지를 따로 개발하지 않고 노션만으로 웹사이트를 만들고 싶을 때, 포트폴리오 및 채용 페이지 등 노션 페이지를 더 신경 써서 웹으로 공유하고 싶을 때 알아두면 좋은 서비스입니다. 다만 유료 서비스이기에 1주일 무료 체험 후 결제를 결정하세요.

> **잠깐!**
>
> 추천인을 입력하면 50% 할인받을 수 있습니다. 유료로 이용하고 싶다면 필자의 포트폴리오 페이지를 통해 추천인 코드를 받으세요.
> - 우피로 만든 노션 페이지: sora.oopy.io

3. 웹 클리핑 기능으로 편하게 아카이빙합시다

신문 기사도 스크랩하고, 마음에 드는 사진도 모으고, 영화 티켓도 붙이던 스크랩북처럼 노션도 본인만의 스크랩북이 될 수 있습니다. 인터넷에서 본 콘텐츠들을 노션으로 옮겨주는 웹 클리퍼 (web-clipper) 기능을 통하면 얼마든지 쉽고 간편하게 아카이빙할 수 있습니다.

》노션 웹 클리퍼(web-clipper)

웹사이트에 있는 콘텐츠를 노션 워크스페이스로 옮기는 기능입니다. 웹 클리퍼 프로그램을 설치하면 인터넷상에서 본 기사와 영상, 글 등 모아놓고 싶은 콘텐츠를 일일이 복사해서 옮기지 않아도 링크와 함께 노션 데이터베이스로 정리할 수 있습니다. 데스크톱과 모바일 모두에서 활용할 수 있습니다.

데스크톱에서는 별도의 확장 프로그램을 설치해야 하며, 크롬(Chrome)을 비롯한 파이어폭스 (Firefox), 사파리(Safari) 브라우저에서 사용할 수 있습니다. 프로그램을 설치하면 웹 브라우저 오른쪽 상단에 아이콘이 추가됩니다.

웹 브라우저 화면에서 웹 클리퍼 아이콘을 클릭하고 워크스페이스와 페이지 또는 데이터베이스를 선택하면 저장됩니다.

모바일 앱에서는 기본으로 제공됩니다. 모바일 브라우저에서 공유 옵션으로 노션을 선택해 저장할 수 있습니다. 안드로이드, iOS 모두 노션 앱을 설치했다면 가능합니다.

- 노션 공식 웹 클리퍼 다운로드: notion.so/ko-kr/web-clipper

》또 다른 웹 클리핑 프로그램 Save to Notion

노션의 공식 웹 클리퍼 외에도 웹 클리핑 기능이 가능한 확장 프로그램이 있습니다. 데스크톱에서만 사용할 수 있으며 크롬(Chrome), 파이어폭스(Firefox) 확장 프로그램으로 설치해서 사용합니다.

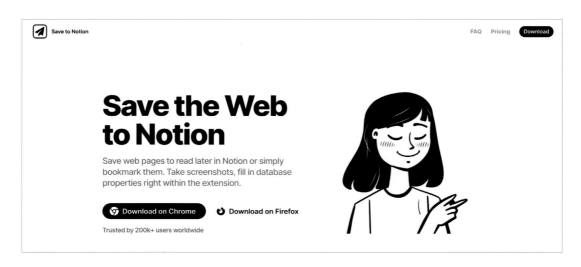

두 프로그램은 기본적으로 웹상의 콘텐츠를 노션 페이지로 옮기는 기능을 제공하며, 옮기는 방식 또한 유사합니다.

Save to Notion은 웹상에서 바로 데이터베이스 속성 유형을 설정할 수 있고, 웹사이트 내 이미지를 함께 옮기거나 문장에 하이라이트(highlight) 표시를 하는 등 좀 더 다양한 기능을 제공합니다. 각각 사용해보고 더 잘 맞는 프로그램을 활용하는 것을 추천합니다.

- **Save to Notion 설치**: savetonotion.so

4. 위젯으로 노꾸 업그레이드하기

요즘 유튜브, 틱톡, 인스타그램 등에서 노션 대시보드를 검색하면 나오는 페이지들에는 특징이 있습니다. 노션 자체 내에는 없지만 외부 서비스를 활용해서 위젯(widget)을 추가한 모습을 볼 수 있는데요. 업그레이드된 노션 꾸미기라고 할 수 있습니다. 이 위젯들을 추가하고 싶다면 이 사이트를 소개합니다.

》 노션 위젯 사이트 인디파이(Indify)

어떤 식으로 위젯이 추가되어 있는지 사례를 먼저 소개하겠습니다. 노션 페이지 내부에 날씨 위젯이 추가되어 있습니다.

본인의 현재 상태를 나타내는 그래프(life progress bar)를 확인할 수도 있습니다.

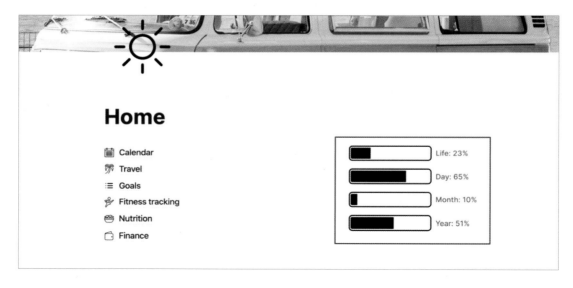

이 외에도 시계, 카운트다운, 구글 캘린더, 이미지 갤러리 등을 위젯으로 추가할 수 있습니다. 이처럼 다양한 위젯을 통해서 필요한 정보를 추가할 뿐 아니라, 노션 페이지를 더 다채롭게 꾸밀 수 있습니다.

- **인디파이**: indify.co

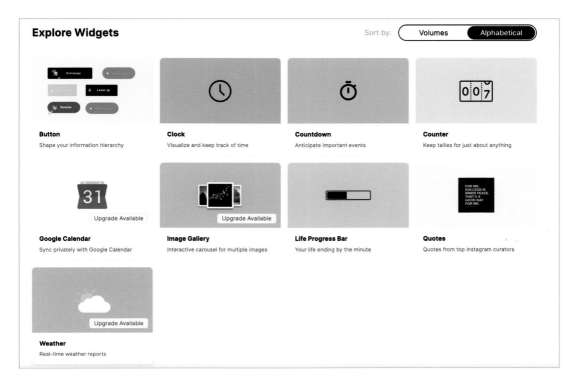

위젯을 추가하는 방법은 간단합니다. 인디파이(Indify) 사이트에서 추가하려는 위젯을 선택하고 새로 만듭니다. 그리고 해당 링크를 복사한 후 노션 페이지에 붙여 넣고 [임베드 생성]을 선택하면 완성됩니다.

5. 노션도 퍼스널 컬러 전성시대

최근 퍼스널 컬러(personal color)가 유행하며 이에 맞춰 본인을 꾸미는 사람들이 늘고 있습니다. 계절과 웜(warm), 쿨(cool)로 구분해 표현하는데 노션도 퍼스널 컬러로 꾸밀 수 있다면 얼마나 재밌을까요? 노션에서 제공되는 10가지 색상이 부족하다 느꼈다면 더 풍성한 색으로 노션 페이지를 꾸미고 싶었다면 도움이 될 꿀팁을 소개합니다.

》 색상 코드 활용하기

특정 색상을 지칭하는 이름을 색상 코드(color code)라고 합니다. 색상 코드를 살펴볼 수 있는 사이트를 소개하겠습니다. 이 사이트 외에도 '색상 코드' 또는 '색상표'라고 검색하면 다양한 정보를 확인할 수 있으니 참고하세요.

- **컬러 팔레트 사이트**: coolors.co/palettes/trending

이렇게 색상 코드를 알려주는 사이트에서 원하는 색상 코드를 복사합니다. 해당 색상을 클릭하면 자동으로 코드가 복사됩니다.

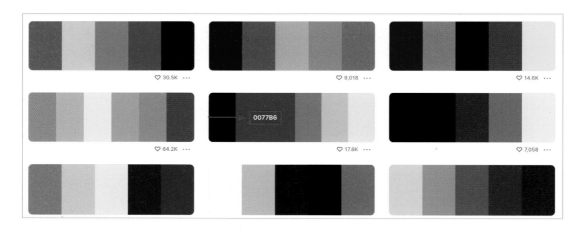

》수학 공식 블록 활용하기

색상 코드를 노션 페이지로 옮기는 방법을 살펴봅시다. 글자색을 위한 색상 코드, 배경색을 위한 색상 코드를 복사해 다음 공식에 따라 입력합니다.

잠깐!

색상 코드를 입력하는 공식 QR 코드입니다.

$$\color{#글자색 색상 코드}\colorbox{#배경색 색상 코드}{내용}$$

다음과 같이 노션 페이지에 바로 입력하면 됩니다.

노션도 퍼스널 컬러 전성시대

$$\color{#글자색 색상 코드}\colorbox{#배경색 색상 코드}{넣을 글자}$$

$$\color{#f8f9fa}\colorbox{#0077b6}{안녕하세요}$$

이렇게 입력하면 자동으로 글자색과 배경색이 색상 코드에 맞게 바뀝니다.

노션도 퍼스널 컬러 전성시대

$$\color{#글자색 색상 코드}\colorbox{#배경색 색상 코드}{넣을 글자}$$

안녕하세요

이때 입력된 블록은 수학 공식 블록입니다. 수정이 필요하면 입력된 내용을 클릭한 후 수학 공식 입력 창에서 수정하면 됩니다.

이제 원하는 색으로 노션 페이지를 알록달록 꾸며봅시다.

6. 그래프와 차트도 뚝딱!

엑셀과 구글 스프레드시트에서 입력한 내용을 토대로 그래프와 차트를 그려봤다면, 노션에서는 그러지 못해 아쉬웠을 거예요. 하지만 이 사이트를 알게 되면 그 아쉬움은 모두 사라질 것입니다.

》 차트 그려주는 차트베이스(ChartBase)

노션 데이터베이스에 입력된 내용을 토대로 그래프와 차트를 그려주는 사이트를 소개합니다. 차트베이스(ChartBase)라는 사이트입니다. 이를 활용하면 노션 데이터베이스를 그래프와 차트로 손쉽게 변형시킬 수 있습니다.

- **차트베이스**: chartbase.so

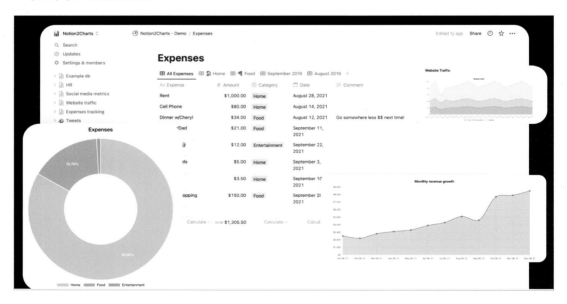

이 사이트 외에도 노션에 차트를 생성해주는 사이트는 꽤 다양합니다. 하나의 예시로만 살펴보고 다른 사이트들도 둘러보는 것을 추천합니다. 사이트마다 제공하는 무료 횟수가 다르니 유의하세요.

》노션 연결하기

대부분 노션과 연결하는 방식이 유사합니다. 해당 사이트를 예시로 설명하니 참고해서 활용하세요. 먼저 구글 계정으로 가입하고 [Connect to Noion] 버튼을 클릭해서 노션 워크스페이스와 연결합니다.

이때, 접근 권한을 허용한 후 페이지를 선택합니다.

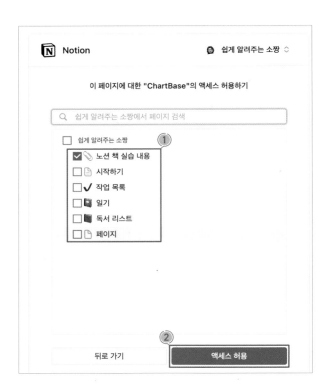

그 후 연결할 페이지를 선택하고 [액세스 허용]을 클릭하면 연결이 완료됩니다.

》 차트 생성하기

[+ Create New Chart] 버튼을 클릭한 후 원하는 차트 종류를 선택합니다.

차트로 바꿀 데이터베이스를 선택합니다. 앞서 선택한 페이지에 있는 데이터베이스들을 자동으로 불러옵니다.

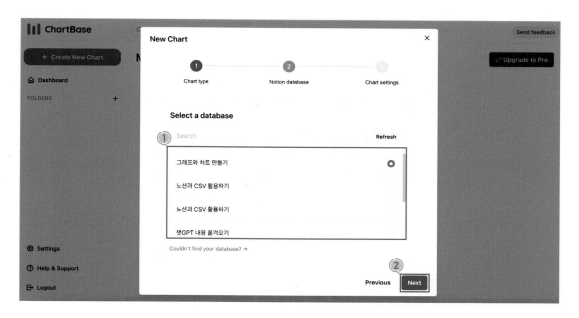

데이터베이스에 입력된 속성 유형을 기준으로 X축과 Y축이 생성됩니다. 어떤 속성 유형을 기준으로 할지 선택하고 [Create Chart]를 클릭합니다.

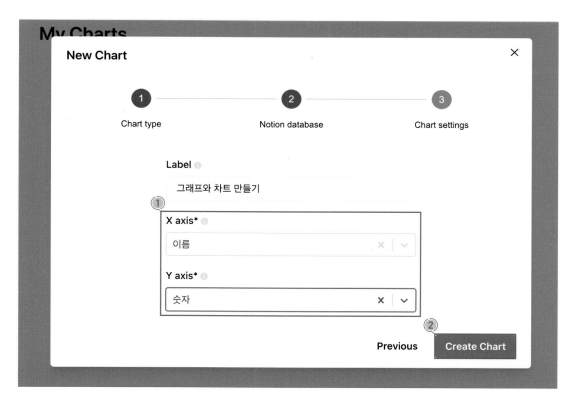

》차트 임베드하기

선택한 내용을 기준으로 차트가 완성되었습니다. 왼쪽에서 차트 유형을 바꾸거나 색상 등 디자인을 수정할 수 있습니다. 설정 수정을 완료했으면 [Get Embed Link]를 클릭합니다.

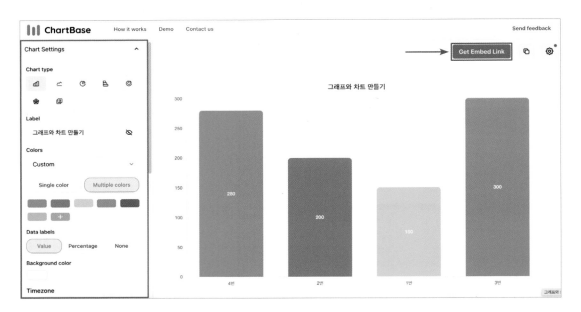

복사한 차트 링크를 노션 페이지에 붙여 넣고 [임베드 생성]을 클릭합니다.

앞서 생성한 차트가 노션 페이지 내부에 임베드되었습니다. 다음은 노션 페이지에서 열을 나눠 데이터베이스 표와 차트를 나란히 배치한 모습입니다.

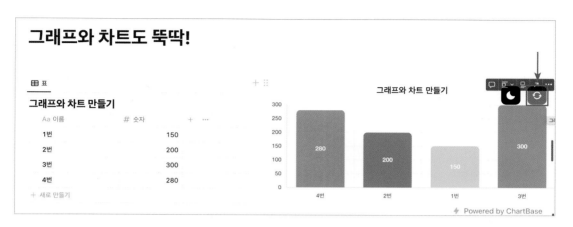

데이터베이스에 새 내용이 추가되거나 기존 내용이 수정되면 차트 오른쪽에 있는 새로 고침(🔄) 버튼을 클릭하세요. 그러면 동기화되어 차트가 수정됩니다.

STEP 04 캘린더의 끝판왕, 노션 캘린더

노션에서 야심 차게 발표한 노션 캘린더를 소개합니다. 노션에서 캘린더 소프트웨어 회사인 크론 (Cron)을 인수하여 새롭게 재탄생시킨 캘린더 앱입니다. 노션 캘린더의 제한된 기능이 아쉬웠다면, 외부 캘린더와 노션을 연결하고 싶었다면 주목하세요.

1. 노션 캘린더 시작하기

노션 캘린더로 노션과 외부 캘린더를 연결해 사용할 수 있습니다. 현재는 구글 캘린더(Google Calendar)와의 연동만 가능하지만 추후 아웃룩(Outlook), 아이클라우드(iCloud)와 같은 다른 캘린더 공급자와도 통합되도록 지원할 예정이라고 합니다(2024.01. 기준).

노션 워크스페이스 내에 있는 페이지 또는 데이터베이스와 연결하여 일정 관련 자료들을 함께 정리할 수도 있습니다. 무엇보다 다른 사람과 협업해야 하는 경우 일정을 공유할 때 매우 유용합니다.

노션 캘린더를 사용하려면 기존 노션 앱과 별개로 노션 캘린더 앱을 다운로드해야 합니다. 데스크톱과 모바일 환경 모두 설치할 수 있습니다.

- **노션 캘린더 앱 다운로드**: notion.so/ko-kr/product/calendar/download

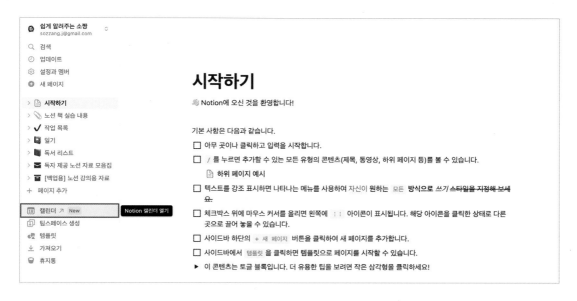

노션 사이드바에서 노션 캘린더를 연결하는 [캘린더] 메뉴를 선택합니다.

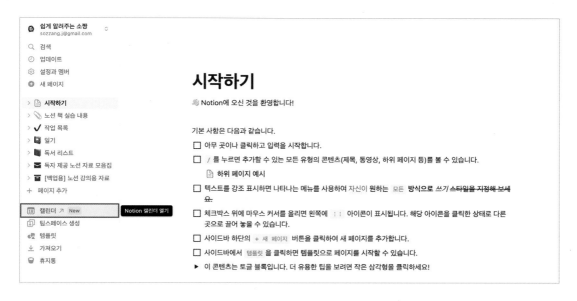

노션 캘린더는 구글 계정으로 로그인해야 하기에 기본적으로 구글 계정이 있어야 합니다. [Google 계정으로 로그인]을 클릭합니다.

캘린더에 연결할 구글 계정을 선택합니다.

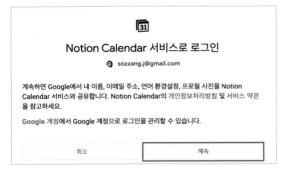

노션 캘린더 서비스로 로그인할 것에 대해 확인하며 [계속]을 클릭합니다.

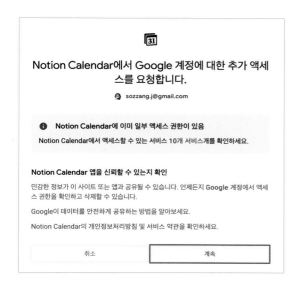

구글 계정에 대한 접근 권한 요청을 확인한 후 [계속]을 클릭합니다.

노션 캘린더가 열리면 [시작하기] 버튼을 클릭합니다. 드디어 노션 캘린더가 시작되었습니다.

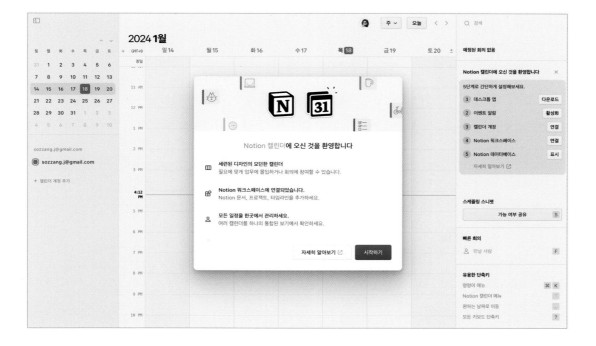

2. 노션 캘린더 5단계 기본 설정하기

본격적으로 노션 캘린더를 사용해보기에 앞서 기본 설정을 해보겠습니다. 5단계로 구성된 기본 설정은 노션 캘린더 화면 오른쪽에 친절하게 안내되어 있으니 이를 따라 진행하면 됩니다.

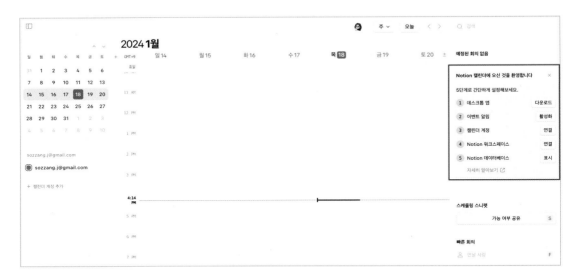

1. **데스크톱 앱**: 노션 캘린더 데스크톱 앱을 다운로드합니다.

2. **이벤트 알림**: 활성화하면 예정된 일정에 대해 리마인더를 받을 수 있습니다.

3. **캘린더 계정**: 현재 로그인한 구글 계정 외에 다른 구글 계정을 추가합니다.

세 번째 단계인 캘린더 계정 추가를 진행해봅시다. [연결] 버튼을 클릭하면 나타나는 창의 'Google 캘린더 계정 추가'에서 [연결]을 선택합니다.

처음 로그인할 때처럼 접근 권한 설정을 확인하면 연결이 완료됩니다. 추가된 구글 계정은 노션 캘린더 왼쪽 아래에서 확인할 수 있습니다. 이후에 계정을 더 추가하고 싶다면 하단에 있는 [+ 캘린더 계정 추가]를 클릭하면 됩니다.

4. Notion 워크스페이스: 노션 워크스페이스 내에 있는 캘린더와 연결합니다.

[연결] 버튼을 클릭한 후 'Notion 워크스페이스 추가'에 있는 [연결] 버튼을 선택합니다.

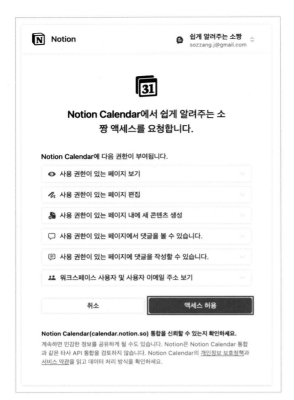

다음과 같은 창이 나타나면 노션 캘린더에서 노션 워크스페이스에 접근을 할 수 있도록 [액세스 허용]을 클릭합니다.

노션 캘린더에 기본 워크스페이스가 연결되고, 워크스페이스 내에 있는 캘린더 데이터베이스 중 일부가 자동으로 추가됩니다.

추가된 워크스페이스와 데이터베이스

노션 워크스페이스도 구글 계정처럼 여러 개 추가할 수 있습니다. 앞선 방법대로 [연결] 버튼을 클릭하여 동일하게 다른 노션 워크스페이스도 추가 가능합니다.

5. Notion 데이터베이스: 워크스페이스에 있는 노션 데이터베이스의 내용을 표시합니다.

데이터베이스 속성 중 날짜와 시간이 입력된 내용만 노션 캘린더에 연결할 수 있습니다. 워크스페이스 이름 오른쪽 [⋯] 버튼을 클릭한 후 [+ Notion 데이터베이스 추가]를 선택합니다.

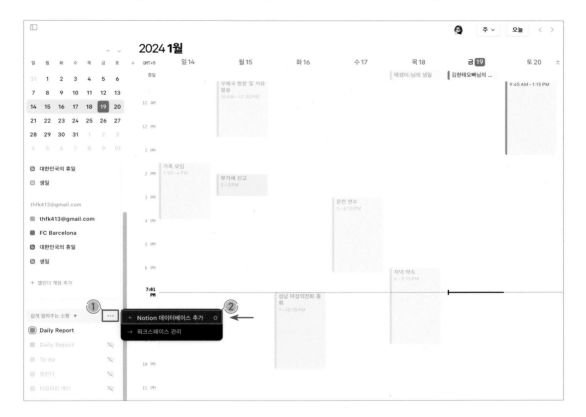

노션 캘린더에 추가할 데이터베이스를 검색하여 선택합니다.

데이터베이스를 선택하자 노션 캘린더에 노란색으로 추가되었습니다.

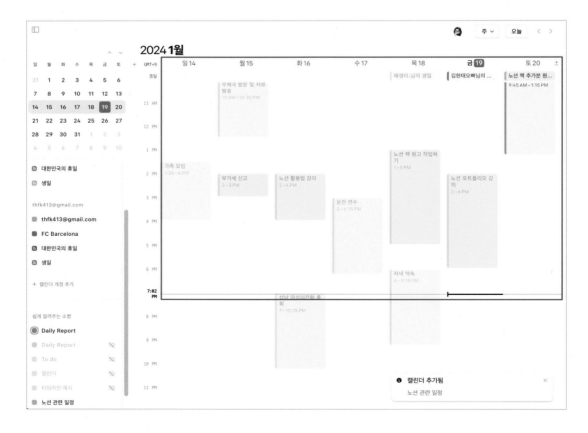

연결된 데이터베이스를 노션 캘린더에 표시하지 않을 수도 있습니다. 화면 왼쪽 아래의 데이터베이스 이름 옆에 있는 눈 모양 버튼(◉)으로 활성화 및 비활성화 상태를 설정합니다.

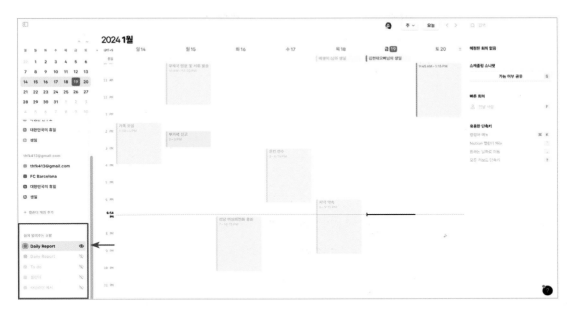

원하는 만큼 데이터베이스를 가지고 왔다면 마지막으로 노션 캘린더의 보기 기준을 설정해봅시다. 노션 캘린더 오른쪽 상단에 있는 [월] 버튼을 클릭한 후 [일], [주], [월], [일수] 중 선택하고 세부 설정을 변경해봅니다. 특히 [일수]로 설정하면 2일부터 31일까지 원하는 일수에 맞춰 표시할 수 있습니다. 이 외에도 [설정 보기]를 선택하면 주말 표시, 주차 표시, 한 주의 첫 요일 설정 등을 할 수 있으니 디테일하게 자신에게 잘 맞는 환경을 구축해보세요.

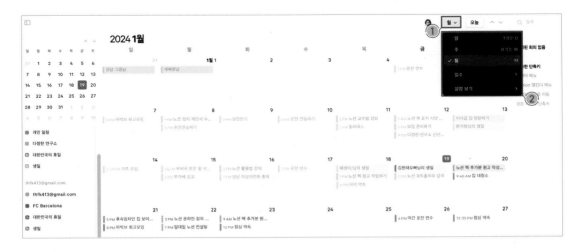

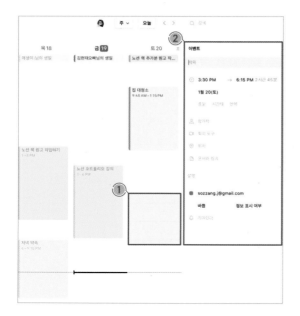

모든 연결이 끝났으니 노션 캘린더를 사용해봅시다. 일정을 추가할 일자를 선택하고 오른쪽 메뉴에 상세한 정보를 입력해보세요.

3. 구글 캘린더와의 차이점

노션 캘린더에서 새로운 일정을 추가하는 기본적인 구성은 구글 캘린더와 거의 비슷합니다. 그래서 기존 구글 캘린더 유저라면 더욱 친숙하게 노션 캘린더를 쓸 수 있을 겁니다. 하지만 모두 동일하기만 하다면 굳이 노션 캘린더를 쓸 이유가 없겠죠? 차이점을 살펴봅시다.

첫 번째 차이점은 회의 도구로서 구글 미트(Google Meet) 외에 줌(Zoom) 연결도 가능하다는 점입니다.

두 번째 차이점은 바로 노션 페이지와의 연결입니다. [문서와 링크]를 클릭하면 노션에 새 페이지
생성하기, 페이지 검색해서 연결하기, 노션 페이지 링크 붙여 넣기가 가능합니다.

노션 페이지가 연결되면 페이지 제목과 링크가 함께 표시됩니다.

4. 노션 데이터베이스와 연동하기

구글 계정에 속한 일정인지 노션 워크스페이스에 속한 일정인지에 따라 기능이 달라집니다. 앞서
추가한 일정을 노션 워크스페이스 계정으로 바꾸고 데이터베이스를 하나 선택합니다.

노션 워크스페이스 계정으로 바꾸자 구글 계정으로 연결할 때와는 다르게 [Notion에서 열기] 버튼이 나타납니다. 이 버튼을 클릭하면 노션 페이지가 열립니다.

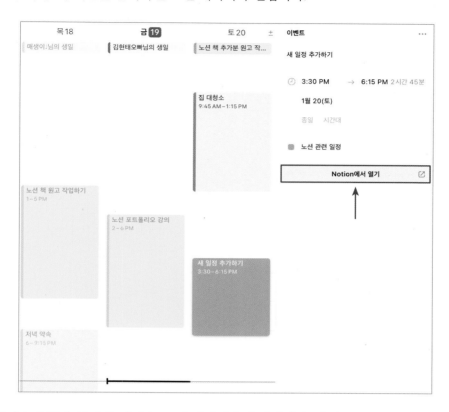

데이터베이스에 같은 날짜와 시간으로 새 페이지가 추가됩니다. 반대로, 노션 데이터베이스에 일정을 기록하면 노션 캘린더에도 추가됩니다. 노션 캘린더와 데이터베이스의 연동 속도는 무척이나 빠릅니다.

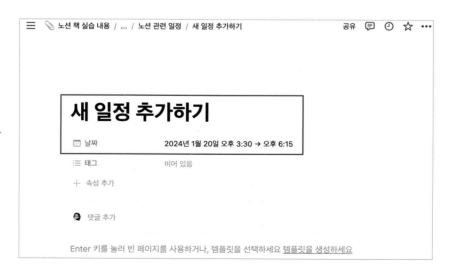

5. 협업 일정을 잡는 첫 번째 방법: 가능 여부 공유

노션 캘린더에서 흥미로운 기능 중 하나인 협업 일정을 공유하는 방법을 소개합니다. 두 가지 방식으로 가능하니 비교해보고 경우에 맞게 활용해보세요.

첫 번째 방법은 가능 여부 공유입니다. 미팅이 가능한 빈 일정을 한 번에 상대에게 공유하고 상대가 선택하도록 하는 기능입니다. 스케줄링 스니펫 항목의 [가능 여부 공유] 버튼을 클릭합니다.

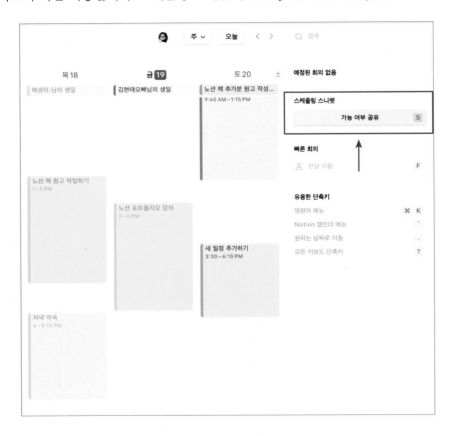

캘린더 전체에 빗금 표시가 나타나면 그중 미팅이 가능한 일자를 선택합니다. 그리고 [스케줄링 링크]를 활성화한 후 [생성] 버튼을 클릭합니다.

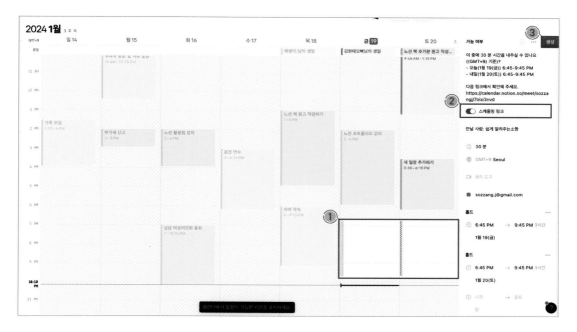

선택한 일자를 토대로 가능한 일정을 안내하는 링크가 생성됩니다.

이 중에 30 분 시간을 내주실 수 있나요((GMT+9) 기준)?
- 오늘(1월 19(금)) 6:45-9:45 PM
- 내일(1월 20(토)) 6:45-9:45 PM

다음 링크에서 확인해 주세요. https://calendar.notion.so/meet/sozzangj/7oixi3nvd

이를 미팅할 상대에게 전달하면 상대방은 해당 링크를 통해 일정을 선택할 수 있습니다.

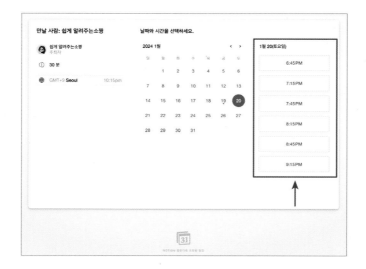

일정을 선택한 후에는 안내받을 이메일 주소를 입력하고 [회의 스케줄 잡기]를 클릭합니다.

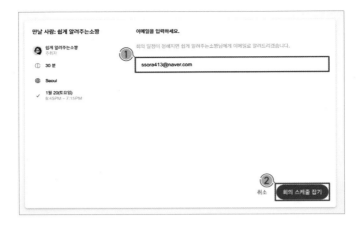

상대방이 입력한 내용에 따라 노션 캘린더에 해당 미팅 일정이 자동으로 추가됩니다. 이제 서로 언제 시간이 되는지 어렵게 고민하지 않아도 됩니다. 노션 캘린더를 적극 활용해보세요.

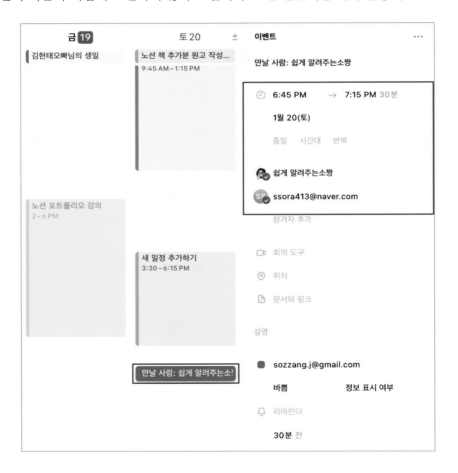

6. 협업 일정을 잡는 두 번째 방법: 빠른 회의

협업 일정을 잡는 두 번째 방법은 빠른 회의 기능입니다. 원하는 시간에 바로 상대에게 초대를 보내는 방법입니다.

스케줄링 스니펫 항목 아래에 있는 빠른 회의 항목에 초대할 사람의 이메일 주소를 입력합니다.

캘린더에서 원하는 일자와 시간을 선택한 후 [초대 보내기]를 클릭합니다.

빠른 회의 항목에 입력한 이메일로 초대장이 발송되며 상대방이 참석 여부를 선택하면 노션 캘린더에 해당 일정이 반영됩니다.

7. 메뉴표시줄에서도 일정 확인하기

노션 캘린더를 데스크톱 앱으로 설치하면 메뉴표시줄에서도 일정을 확인할 수 있습니다. 해당 설정을 위해 노션 캘린더 데스크톱 앱의 상단 메뉴에서 [설정]을 선택합니다.

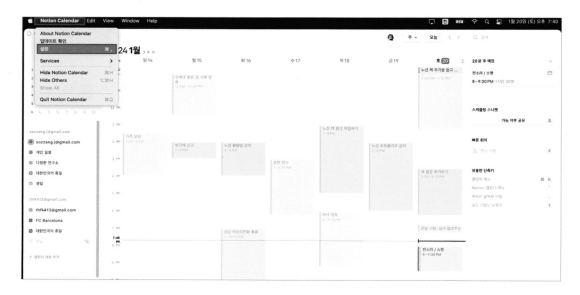

설정 창이 나타나면 [메뉴 모음]에서 [메뉴 모음 캘린더]를 활성화합니다.

이제, 메뉴표시줄에도 노션 캘린더에 등록한 일정이 나타납니다. 현재 시각 이후 일정들은 시간에 맞춰 안내됩니다.

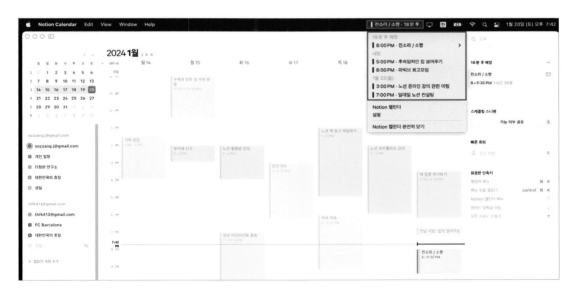

8. 데이터베이스 보기와 필터로 일정 골라오기

이미 노션 데이터베이스 하나로 다양한 종류의 일정을 다루고 있나요? 그렇다면 새롭게 캘린더를 구성하지 않아도 데이터베이스에 입력한 속성으로 일정을 구분해 가져올 수 있습니다.

노션 데이터베이스 제목 위에 있는 [+] 버튼을 클릭합니다.

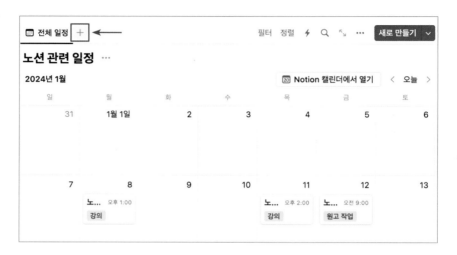

새 보기로 [캘린더]를 선택한 후 [완료]를 클릭합니다.

캘린더 오른쪽 위에 있는 [필터]를 클릭한 후 [태그]를 선택합니다.

필터 기준을 선택하고 [모두에게 저장]을 클릭합니다.

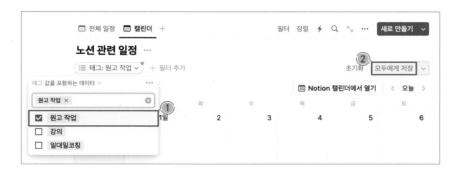

캘린더를 구분하기 위해 보기 이름인 [캘린더]를 클릭하고 [이름 바꾸기]에서 이름을 바꿉니다.
여기에서는 '원고 일정'이라고 변경했습니다.

이제 노션 캘린더에서 '원고 일정' 데이터베이스 보기를 추가해보겠습니다. 노션 캘린더 왼쪽 아래에서 워크스페이스 이름 오른쪽 [⋯] 버튼을 클릭합니다. 그리고 [+ Notion 데이터베이스 추가]를 선택합니다.

'원고 일정'이라고 검색하자 '노션 관련 일정'이라는 데이터베이스가 나타납니다. '원고 일정'은 해당 데이터베이스의 보기이기에 이를 선택합니다.

데이터베이스 보기 선택으로 '원고 일정'을 선택합니다.

'원고 일정'으로 분류해놓은 일정만 캘린더에 추가됩니다. 같은 방식으로 다른 일정들도 분류하여 노션 캘린더에 표시할 수 있습니다.

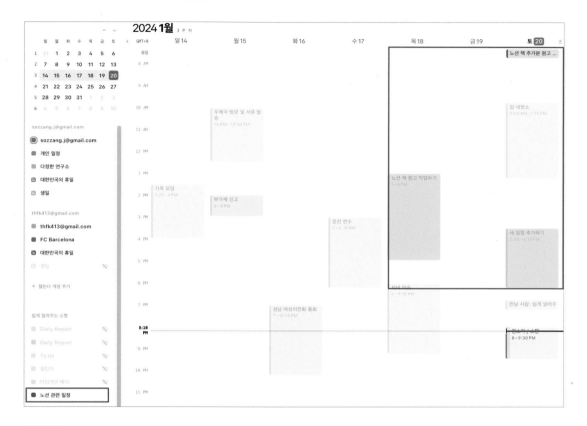

잠깐!

데이터베이스 보기 추가와 필터 기능에 대해 더 자세히 살펴보고 싶다면 228쪽과 230쪽에서 확인해보세요.

Outro 나를 돕는 스마트 도구, 노션

집필을 하면서 스스로에게 질문을 던져보았습니다. '노션을 배워서 좋은 점이 무엇이었을까?', '나는 왜 사람들에게 노션을 배우라고 말할까?'

만능 도구는 아니겠지만, 노션은 막연한 미래 대신 확실한 오늘을 살 수 있도록 도와주었습니다. 매일 작은 성취를 맛보고, 해야 할 일들을 정리하고, 모든 일을 탄탄하게 만들어가도록 힘을 주었습니다. 알아가면 알아갈수록 참 재미있고 매력적인 도구이기도 합니다.

누군가에게도 도움이 되는 서포터가 생기길 바라는 마음으로 책을 썼습니다. 누구도 알려주지 않았던, 손수 익혀 노션 강의를 하며 쌓아온 모든 것을 담았습니다.

일잘러가 되기 위해, 트렌드를 따라가기 위해, 갓생을 살기 위해 노션을 배우는 것도 의미 있죠. 하지만 그것보다 자신의 하루를 스스로 오롯이 기억하고 지지하기 위해 잘 배워두고 잘 쓰기를 바랍니다. 나를 돕는 스마트 도구 노션이 서포터 역할을 톡톡히 하리라 믿습니다.

매일 자신의 흔적을 노션에 쌓고 그것을 통해 또다시 하루를 힘내어 살아가는 데 이 책이 도움이 될 수 있다면 가장 큰 영광일 것입니다.

감사합니다.

Index

ㄱ

가능 여부 공유	422
가져오기	383
갤러리	168
게스트	127
게시	371
계산	191
계정	115
고급 속성 유형	193
공유	369
관계형 속성	193
교육용 계정	120
구분선	20
그룹화	252
글머리 기호	20, 42
글자색	34
기본 블록	20
기본 속성 유형	179

ㄴ

날짜 속성	185
날짜 형식	187
내보내기	387
노션 AI	348
노션 캘린더	408
노션 템플릿 갤러리	392

ㄷ

데이터베이스	11, 166
데이터베이스 인라인	172
데이터베이스 전체 페이지	173
데이터베이스 제목 표시	218
도메인	109, 373
동기화 블록	94
동영상 블록	78
드롭 다운 버튼	259

ㄹ

레이아웃	216
롤업 속성	193
리마인더	186
리스트	170
리스트	42
링크 복사	247
링크 임베드	87
링크된 데이터베이스 보기	246

ㅁ

막대	181
메뉴 모음	427
메뉴 버튼	27
멤버	124
모노	46
목차 블록	88
미디어 블록	72

ㅂ

배경색	34
버튼 블록	100
보기	226
보드	167

북마크 75
블록 8
블록 링크 91
비즈니스 요금제 120
비틀리 372
빠른 회의 425

ㅅ

사람 속성 189
사용자 지정 15
사이드바 10
사이트 보기 372
산세리프 44
상위 페이지 6
상위 항목 241
상태 속성 184
색상 코드 399
생성자 속성 189
선택 속성 183
설정과 멤버 17
세리프 45
속성 유형 178
속성 편집 181
속성 표시 208
수식 속성 195, 273
수학 공식 블록 42, 400
숫자 속성 180
숫자 형식 182
스케줄링 스니펫 422
시간 포함 186

시간 형식 188

ㅇ

아이콘 14
언스플래시 17, 74
언어와 지역 17
엔터프라이즈 요금제 120
열 (열 나누기) 28
열 배경색 256
우피 393
워크스페이스 9, 108
원형 181
웹 클리퍼 394
위젯 397
이메일 속성 192
이모지 14
이미지 블록 73
인디파이 397
인용 20
임베드 75

ㅈ

전체 너비 30
전화번호 속성 192
전환 99
정렬 234
종료일 186
종속성 242
진행바 표시 278

ㅊ

차트베이스 402
챗GPT 348
체크박스 속성 191, 280
최종 편집자 속성 189
캘린더 169
커버 16

ㅋ

코드로 표시 32
콜 투 액션 393
콜아웃 20, 22

ㅌ

타임라인 170
태그(다중선택) 속성 183
텍스트 속성 179
템플릿 258
토글 20
팀스페이스 122

ㅍ

파일 블록 81
파일과 미디어 속성 190
페이지 3, 12
페이지 기록 374
페이지 복원 375
페이지 사용자 지정 389
페이지 애널리틱스 378
페이지 잠금 391

표 166
표시 옵션 181
표준 시간대 189
프롬프트 349
플러스 요금제 120
필터 230

ㅎ

하위 페이지 6
하위 항목 239
하위그룹화 252
할 일 목록 20
확장 프로그램 361
히츠 380

A

analytics 378

B

bitly 372
block 8
board 167
bookmark 75

C

calender 169
Call To Action, CTA 393
call-out 20, 22
ChartBase 402
ChatGPT 348

ChatGPT to Notion 361
color code 399
cover 16
CSV 384

D

databases 11, 166
domain 109, 373

E

embed 75
emoji 14

G

gallery 168
GIPHY 74
guest 127

H

HITS 380

I

icon 14
Indify 397
layout 216
list 170

M

member 124
Mono 46

O

Oopy 393

P

page 3,12
prompt 349

S

Sans-serif 44
Save to Notion 396
Serif 45
side-bar 10

T

table 166
team space 122
template 258
timeline 170

U

Unsplash 17,74
URL 속성 192

W

web-clipper 394
widget 397
workspace 9, 108

노션 덕후의 놀라운 꿀팁 아카이브

기본 사용법과 고급 활용법을 넘나드는 마스터 플랜

발행일 2024년 02월 13일

지은이 전소라
펴낸이 김범준
기획·책임편집 최규리
교정교열 이혜원
편집디자인 나은경
표지디자인 이수경

발행처 (주)비제이퍼블릭
출판신고 2009년 05월 01일 제300-2009-38호
주   소 서울시 중구 청계천로 100 시그니쳐타워 서관 9층 949호
주문/문의 02-739-0739   **팩스** 02-6442-0739
홈페이지 http://bjpublic.co.kr   **이메일** bjpublic@bjpublic.co.kr

가 격 27,000원
ISBN 979-11-6592-268-9 (93000)
한국어판 © 2024 (주)비제이퍼블릭